U0120440

图书在版编目（CIP）数据

基于核心素养的高中生物学教科书国际比较研究 /
张秀红著 . -- 南宁：广西教育出版社，2021.12

（中国生物学教育研究丛书 / 赵占良主编）

ISBN 978-7-5435-9009-0

Ⅰ . ①基… Ⅱ . ①张… Ⅲ . ①生物课 - 教学研究 - 高
中 Ⅳ . ① G633.912

中国版本图书馆 CIP 数据核字 (2021) 第 270588 号

策　　划：廖民锂　潘姿汝　黄力平
责任编辑：马龙珠　　　　　　装帧设计：李浩丽
责任校对：何　云　杨红斌　卢佳慧　责任技编：蒋　媛

出 版 人：石立民
出版发行：广西教育出版社
地　　址：广西南宁市鲤湾路 8 号　邮政编码：530022
电　　话：0771-5865797
本社网址：http://www.gxeph.com
电子信箱：gxeph@vip.163.com
印　　刷：广西民族印刷包装集团有限公司
开　　本：787mm×1092mm　1/16
印　　张：23.5
字　　数：349 千字
版　　次：2021 年 12 月第 1 版
印　　次：2021 年 12 月第 1 次印刷
书　　号：ISBN 978-7-5435-9009-0
定　　价：56.00 元

（如发现图书有印装质量问题，影响阅读，请与出版社联系调换。）

○ 序 ○

2001 年，叶佩珉教授主编的"学科现代教育理论书系·生物学"由广西教育出版社出版。这套丛书系统总结了我国改革开放以来中学生物学教育在课程论、教学论、学习论、实验论、测量评价理论等方面的研究成果，在我国中学生物学教育领域产生了广泛影响。

20 年过去了，在中国共产党 100 周年华诞，党团结带领全国人民全面建成小康社会，实现第一个百年奋斗目标，正意气风发地向着全面建成社会主义现代化强国的第二个百年奋斗目标迈进之际，回首本世纪的这第一个 20 年，我们不禁感慨，我国的中学生物学教育也走过了一段极不平凡的探索历程。这 20 年，是新一轮基础教育课程改革从启动到深化的 20 年。在这 20 年中，我们经受了新课程理念的洗礼，实施新课标，使用新教材，探索新的教学方式和考试评价方式，改革创新的热潮一波又一波地兴起，新观点、新模式、新经验不断涌现。从总体上看，我国的中学生物学课程、教材和教学的质量和水平，已经迅速赶上了时代，极大缩短了与发达国家的距离，具有中国特色的生物学课程教材体系和学术话语体系正在形成。当然，还有许多问题需要研究，也有不少挑战需要面对，一些困惑需要破解。

展望开启新征程的未来 30 年，我们更是豪情满怀。未来 30 年，中学生物学教育更是大有可为的，并且应该大放异彩！为实现第二个百年目标培养人才，是我们每一位教育工作者肩负的重任。如何让生物学教育更好地服务于立德树人根本任务，更好地服务于国家创新驱动战略的实施？如何让生物学课程更加充分地彰显育人价值，使它在"培根铸魂、启智增慧"中发挥独特的作用？这是每一位生物学教育工作者应该认真思考和研究的问题。

站在新的历史交汇点上，总结我国这 20 年中学生物学教育的理论与实践研究成果，研究新时期我国生物学教育面临的任务和挑战，构建中国特色生物学教育理论体系和课程教材体系，探索生物学教育高质量发展的实践路径、策略和方法，是时代的需要，是生物学教育研究者的责任，也是广西教育出版社策划、我和诸位作者一道撰写"中国生物学教育研究丛书"的出发点。

我作为本套丛书的主编，主要思考和解决三个问题：写哪几本书？找谁写？如何写？

写哪几本书？我的思路是从问题到选题。这里所说的"问题"，多数是我国中学生物学教育理论和实践研究中长期关注的问题，如概念教学问题、实验教学问题、学生科学过程技能培养问题、国际教材比较问题、信息技术与生物学教学融合问题等。这些方面的研究虽然已有丰富的成果，但随着时代的发展，还有许多问题需要与时俱进地继续研究；有些是近年来研究的热点问题，如学业评价问题、STEAM 教育问题等，这些方面的研究虽然热度很高，但体现生物学学科特点、系统而实用的研究不多，有较大影响力的原创性研究成果更少；有些则属于需要重视但缺少系统深入研究的问题，如课堂教学行为分析的科学化问题、农村课程资源的开发和利用问题。问题梳理出来了，选题也就随之确定了。

找谁写？我借助自己长期担任中国教育学会生物学教学专业委员会理事长的便利条件，大致了解到圈内同行近期研究的方向和成果，比如，崔鸿教授团队对学业评价有较深入的研究，王永胜教授前些年承担了农村课程资源研究课题，谭永平编审承担过生物学课堂教学行为分析研究课题，李高峰教授联合众多大学和中学教师集体攻关、开发本土化的 STEAM 教育课程，王健教授在科学过程技能培养方面学术视野宽广，解凯彬教授关于中学生物学实验教学的讲座在全国广受欢迎，黄世勇主任带领中山市的老师们在信息技术与学科教学融合方面进行了多年不懈的探索，张秀红博士在人民教育出版社做了为期两年的国际高中生物学教材比较研究，等等。于是，我请他们分别担纲相应选题的撰写。只有"概念教学论"这一本，本来想请这方面的专家胡玉华教授写的，但她因为其他工作太忙而无暇承担，情急之下，加之广西教育出版社的热诚鼓励，我就不自量力地将它放在自己名下了。应该说，除我之外，其他八本书的担纲者都是在相应领域有较深入的研究、有较高学术造诣的专家，自然是能够胜任书稿撰写的。这里并没有"要写此书，非他莫属"的意思。中国之大，藏龙卧虎，我们抱有"苔花如米小，也学牡丹开"的心态。

如何写？首先要明确为谁写。虽然这套丛书的读者范围包括高校生物学教育专业的教师和研究生，但主要还是面向广大中学生物学教师和教研人员（以下统称"教师"）。因此，必须让教师觉得这套书有用、好用。这就需要针对教师的需求来写，而教师的需求是多方面、多层次和多样化的。教师有提升专业素养或学科教学知识（PCK）的需求，也有对教学资源、工具和环境的需求；有的教师更需要提升理论修养，有的教师更需要实用的方法；有的教师更需要提升教学成绩，有的教师更需要开展研究、实践积累。一套书旨在满足教师什么样的需求，是由其选题定位决定的。本丛书名称中的"研究"二字，说明它不是一般的教学参考书，也不是教学设计和教案，更不是教学辅助资源，而是反映我国生物学教育研究成果的系列专著，重在针对教育教学中存在的实际问题，总结相关理论研究成果和实践经验，提出未来深化改革、提高学科育人功能的基本原则和具体举措。换言之，本丛书主要是满足教师提升专业素养和综合能力的需要，助力教师专业发展。当然，本丛书突出的"研究"，并不是"象牙之塔"中的纯学术的研究，而是扎根于课程设计、教材编写和教学实施等方面活生生的实践，触角伸向教和学的各方面和各环节，具有理论与实践密切结合、学术性与实用性相得益彰的显著特点。

为了写好这套书，广西教育出版社于2019年2月在北京专门召开编写启动会，各册主要作者围绕丛书框架体系、编写思路、内容、体例等进行了热烈而深入的讨论。在确定丛书上述定位的基础上，我们还就丛书的编写要求达成以下共识：一是落实新课标中"核心素养为宗旨"的理念，将发展学生的生物学核心素养作为贯穿各册内容的一条主线；二是注重一般理论与生物学学科特点的有机结合，避免生搬硬套、"穿靴戴帽"，要着力实现教育教学一般理论在生物学学科中的创造性转化；三是要立足本土、借鉴国外，对国外的教育教学理念和方法，要在消化的基础上，根据我国经济、社会、文化和教育教学特点有选择地吸收，力求构建有中国特色的生物学教育理论框架、话语体系和实践路径；四是在继承的基础上创新，突出研究成果的原创性，正所谓"重复别人一百句名言不如说出一句自己的创见"，研究的目的是创新，而创新也离不开对优良传统的继承。

为了写好这套书，各册作者牺牲了节假日，夜以继日埋头苦干。针对作者较多的册次，开了许多次编写研讨会和统稿会，几易其稿，反复打磨。我作为丛书主编，谨向大家致以由衷的敬意和谢忱！

在本丛书还未完全成稿之际，欣闻它荣获国家出版基金资助，这让我们备受鼓舞，也更加感到责任重大。感谢北京师范大学刘恩山教授和华东师范大学郑晓蕙教授在基金申报中的热情推荐。感谢广西教育出版社在选题立项、编辑加工和出版发行工作中的大力支持和倾情付出。感谢学界先贤同侪在各自论著中奉献的智慧和经验，这些著述带给我们多方面的滋养和启迪。

我们深知，任何一个学科的教育教学都是一个复杂的、开放的、动态的系统。相比之下，我们每个人的视野都太有局限性了，费九牛二虎之力捕捉到的也许只是这个系统的一鳞半爪，甚至是幻影假象。何况中学生物学教育领域需要研究的问题和已经涌现的成果，绝不仅限于本丛书所囊括的九个方面。好在世界上完美无缺的事物是不存在的，正如没有一种生物能够完全地、绝对地适应环境一样。如果本丛书能够给广大同行一些理论上的启发和行动中的参照，能够为我们情之所系的生物学教育事业增砖添瓦，我们就甚感欣慰了。至于书中的偏颇疏漏之处，还望读者批评指正。

赵占良

2021 年 7 月 31 日

○ 前 言 ○

　　"把学生培养成为什么样的人才"历来是学校教育需要关注的根本问题。在全球化、信息化时代和知识社会的背景下，对这一问题的回答不仅要立足当下，更要着眼未来；既要实现个人发展，也要满足社会需求。实际上，在国际社会特别是欧美发达国家，从20世纪末就纷纷启动了对核心素养的研究与实践，并将国际基础教育课程改革带入一个以素养为轴心的全新时代，这里的"核心素养"就是指未来培养的学生适应全球化时代所需要的人格、态度、思想等。

　　我国在2016年发布了《中国学生发展核心素养》总体框架，将核心素养定义为"学生应具备的必备品格和关键能力"。核心素养的发展是一个持续终身的过程，是学生应具有的、起基础和支撑作用的素质与涵养，是学生不可或缺的共同素养。核心素养体现了党的教育方针，是宏观的教育目标，这一目标需要在不同学段、不同学科的课程标准研制、教科书编写、教学实施、评价设计等具体的课程改革实践中才能真正落到实处。高中生物学课程是科学领域的重要学科课程，随着《普通高中生物学课程标准（2017年版2020年修订）》的颁布，高中生物学课程的课程理念、目标、内容等都发生了较大的变化。对于广大的课程改革实践者而言，最能够直观体现这些变化的就是教科书。

　　教科书作为教育的工具和资料，是课程的重要组成部分，也是落实课程目标的重要载体。有人认为，教科书作为一种富有生命力的文本，是课程的物化形态，也是学校教育的"心脏"。可见，教科书在整个教育系统中具有不可替代的地位和作用。对于教科书编写者而言，他们需要依据课程标准的具体要求，在深刻理解核心素养的内涵和生物学育人价值的基础上，精选课程内容，设计实践活动；对于教师而言，教科书是他们与课程接触最重要和最直接的媒介，是支撑他们理解并开展核心素养教学的指南；对于学生而言，教科书是他们最重要的学习资源，它决定了他们的学习体验。基于教科书的多维价值，关于教科书的研究也成为教育界关注的研究热点之一，开展教科书研究对于改进教科书的编写、改善教科书利用、提升教学质量都具有重要的现实意义。

相对而言，一些国家较早地开展了学生核心素养的研究与探索，并取得了丰富的经验。美国于 2013 年颁布的《新一代科学教育标准》（The Next Generation Science Standards，简称 NGSS）掀起了新一轮科学教育改革的浪潮。在核心素养及学科核心素养理论研究的基础上，多个国家修订了本国的科学教育标准，促进科学课程由传统的以学科内容为中心转向以学生素养发展为中心，并对教科书的编写、教师的课程实施提出了明确的指导。这些课程标准文件的出台进一步推动了教科书改革。"他山之石，可以攻玉。"我国开展核心素养的研究和实践，不能闭门造车，必须学习与借鉴世界先进国家和地区的研究成果，这其中就包括了教科书的比较研究成果。

本研究基于"教科书如何落实核心素养"这一出发点展开。学生发展核心素养、学科核心素养的目标近几年才陆续在国内研究中出现。那么，高中生物学教科书应该如何聚焦学科核心素养，充分彰显教科书的育人价值？这是一个很值得探讨也亟待解决的问题。国外对于核心素养的研究成果也相应地体现在他们的教科书编写和修订工作中，我们期望通过对国内外有代表性的高中生物学教科书的分析与比较，能够为我国高中生物学教科书的修订及使用提供借鉴和参考。本书研究的主要目标不在于对不同国家、不同版本的高中生物学教科书的优劣进行全面的评价，而在于挖掘不同版本教科书在落实核心素养中的可取之处。

2016 年，我有幸来到人民教育出版社师从赵占良老师开展博士后研究，主要研究的课题是"核心素养视域下高中生物学教科书的比较研究"，本书的主要内容是基于我的博士后研究报告进一步充实、修改而形成的。

全书主要针对生物学学科核心素养的各个维度对国内外不同版本的教科书进行内容分析和比较研究。由于无论是教科书的编写还是分析都一定是在相关理论的指导下完成的，本书在开展教科书研究之前，首先通过文献研究对核心素养、生物学核心素养的内涵进行了阐述，并进一步明确了生物学核心素养的四个维度——生命观念、科学思维、科学探究和社会责任的具体内涵。其中，尽管生命观念素养作为最能够体现生物学学科特点的素养维度，课程标准和已有的理论研究却未对其内涵与外延进行详细的界定。

本书第一章从生物学哲学，中学生物学课程的知识体系、价值、任务多个维度出发构建了生物学基本观念体系，包括科学本质观和生命观念两个组成部分。第二章至第五章是对教科书的具体分析和比较。第二章是对国内外高中生物学教科书中的科学本质内容进行比较研究。科学本质是科学素养的重要组成部分，教科书中的科学本质内容是教师开展相关教学的主要来源和依据。本书基于教科书中科学本质分析的概念框架和信度分析，对国内外五个版本高中生物学教科书中科学本质的具体内容和呈现方式进行统计分析和比较。第三章是对教科书中生命观念的比较分析。由于生命观念具有统领性和内隐性，其内涵又十分丰富，涵盖了生物学的整个知识体系，因而在有限的篇幅内很难对教科书中所涉及的生命观念内容都逐一展开深入的研究。因此，本书选择从其中的一个维度，即"生命的信息观"为切入点，对教科书中体现生命观念的内容进行了整体分析，力求做到以点带面，获得教科书中关于落实生命观念较为全面的认识。第四章主要是对教科书中的探究活动进行比较研究。科学探究活动直接影响学生科学探究能力的发展，本书对教科书中科学探究活动的数量、科学探究活动设计中体现的科学探究技能以及对科学探究的理解进行了定量分析，同时也对教科书中科学探究活动的典型案例展开了定性研究。教科书中的习题设计是核心素养评价理念的重要体现，本书的第五章对教科书习题中评价核心素养的内容和形式进行了系统的分析与比较，并提出了习题设计的建议。

由于研究内容涉及的维度较多，笔者的研究能力有限，因此本书中的部分观点和结论难免会有不妥之处，恳请广大读者批评指正。笔者也希望能够在今后的研究工作中对本书中教科书研究的多个方面展开更为深入的研究，以期对教科书修订和使用提供有益的启示。

本书的完成获得了多方的帮助。首先，要感谢我的博士后导师赵占良先生，他严谨务实的研究态度给我树立了榜样，时至今日，导师"不要为研究而研究，更不要为论文而研究"的教诲一直鞭策着我，促使我在工作和研究的过程中时刻思考教育研究的意义和价值。感谢我的师长崔鸿教授长久以来对我工作和生活的关心和支持，才使我有机会走进人民教育出版社继续深造。为了使教科书分析的结论更加客观，我的多位研究生——王静、郭璐瑶、郭晨、常鸿茹、宋瑞雪、王雅文、叶佳慧、黄雨晴、吴佳琦、袁颖敏、赵予莎协助完成了部分文本分析和数据统计工作，我对她们的付出一并表示感谢。最后，感谢广西教育出版社的领导和编辑们的辛苦工作，为我提供与广大研究者和一线教师分享与交流的机会。

张秀红

2021 年 6 月

○ 目 录 ○

第四章　国内外高中生物学教科书中科学探究活动

对比分析　*181*

第一章

核心素养与生物学
学科核心素养

随着全球化、信息化时代的来临，世界各国基础教育面临的一个共同问题是：21世纪培养的学生需要具备什么样的知识、能力、情感，才能在未来复杂多变的知识型社会中实现个人发展和社会发展？针对这一问题，世界上许多国家和国际组织通过研究都提出"当前基础教育的目标就是要发展学生的核心素养"这一观点。

　　教科书是课程的重要组成部分。国外在落实核心素养的课程改革实践中积累了先进的经验，国外教科书的编写和修订在多个方面都体现了核心素养的要求。核心素养取向的教科书编写和修订需要关注学生的发展和成长，同时还要注重知识的结构化、情境化和活动化。[1]目前，我国高中生物学教科书已经完成修订并开始投入使用，但是一线教师对于如何用好教科书来开展核心素养的教学还存在诸多困惑。因此，基于核心素养的视角对国内外高中生物学教科书进行分析就显得很有必要。本书正是以生物学学科核心素养为线索，聚焦"教科书如何精选并设计教学内容"这一问题，分析不同版本的高中生物学教科书如何体现核心素养，旨在探索教科书落实核心素养的策略，为教科书更好地促进学生核心素养的发展提供参考。

---

[1] 彭寿清，张增田. 从学科知识到核心素养：教科书编写理念的时代转换 [J]. 教育研究，2016，37（12）：106-111.

第一节　核心素养的国际视野与本土立场

近年来，核心素养研究的浪潮席卷全球。国际上，联合国教科文组织（UNESCO）、经济合作与发展组织（OECD）等组织，美国、日本、澳大利亚等国纷纷从各国的国情和公民需要出发，提出了各有特色的核心素养框架体系。我国也在2016年9月公布了《中国学生发展核心素养》总体框架，指出"学生发展核心素养，主要是指学生应具备的、能够适应终身发展和社会发展需要的必备品格和关键能力"。中国学生发展核心素养以培养全面发展的人为核心，分为文化基础、自主发展、社会参与三个方面，综合表现为人文底蕴、科学精神、学会学习、健康生活、责任担当、实践创新六大素养。[1]核心素养具有时代性、综合性、跨领域性和复杂性的特点，学生发展核心素养关注的是学生适应当今与未来发展最关键的素养，是学生在特定情境中综合运用知识、技能和态度解决问题的高级能力，素养的发展具有整体性、连续性和阶段性等特点。[2]

一、国外核心素养框架的研究及启示

目前，世界上多个国际组织和国家都提出了各具特色的核心素养的框架，尽管对于核心素养的语言表述不尽相同，但是他们都一致认同核心素养是个体在面对复杂的、不确定的现实

---

[1] 核心素养研究课题组. 中国学生发展核心素养 [J]. 中国教育学刊，2016（10）：1-3.

[2] 张华. 论核心素养的内涵 [J]. 全球教育展望，2016（4）：10-24.

生活情境时，能够综合运用在特定学习方式下孕育出来的知识、能力和情感，以及在分析情境、解决问题的过程中表现出来的综合性品质，是能够满足个体发展和社会发展需要的最关键、最重要的必备品格、关键能力和价值观念。国际上具有代表性的核心素养框架有：以 OECD 为代表的实现成功生活与发展健全社会型、以 UNESCO 为代表的终身学习型、以美国为代表的教育系统型、以新加坡为代表的凸显核心价值观型。[1]

（一）OECD 的核心素养框架

国外核心素养研究较早、较为系统且有代表性的是 1997 年 OECD 的"素养的界定与遴选：理论和概念基础"（Definition and Selection of Competencies：Theoretical and Conceptual foundations，简称 DeSeCo）研究项目。该项目从社会愿景和个人生活需求出发，确定了关于核心素养三个维度、九个方面的素养[2]（见表 1-1），并指出素养是指在特定情境中通过利用和调动心理社会资源（包括技能和态度）以满足复杂需要的能力[3]。反思性（包括元认知、创造力和批判性思维等）是核心素养的核心。OECD 的核心素养框架是从功能的视角来构建的，只有那些能够实现个人成功和社会良好运行的、有价值的素养才能称得上是核心素养。[4] 由于素养的复杂性和联结性，核心素养的各个维度不是孤立的，而是相互依存的，在不同的情境下，三个维度的核心素养发挥不同的作用。

[1] 左璜 . 基础教育课程改革的国际趋势：走向核心素养为本 [J]. 课程·教材·教法，2016，36（2）：39-46.

[2] 褚宏启，张咏梅，田一 . 我国学生的核心素养及其培育 [J]. 中小学管理，2015（9）：4-7.

[3] 张华 . 论核心素养的内涵 [J]. 全球教育展望，2016（4）：10-24.

[4] 张娜 . DeSeCo 项目关于核心素养的研究及启示 [J]. 教育科学研究，2013（10）：39-45.

表 1-1 OECD 学生核心素养概念框架

一、能动地使用工具	二、能在异质群体中互动	三、能自律自主地行动
1. 互动地使用语言、符号和文本 2. 互动地使用知识与信息 3. 互动地使用新技术	1. 与他人建立良好关系的能力 2. 合作能力 3. 管理与解决冲突的能力	1. 在复杂大环境中行动 2. 设计人生规划与个人计划的能力 3. 维护权利、利益、限度与需求的能力

（二）联合国教科文组织的核心素养框架

1996 年，联合国教科文组织（UNESCO）出版《教育：财富蕴藏其中》，提出应把终身学习作为指导未来教育的时代理念，提出 21 世纪公民必备的四大核心素养（学会求知、学会做事、学会共处和学会生存），并将其作为终身学习的四大支柱。四大支柱的提出为"培养什么样的人"指明了方向。2003 年，公民必备的核心素养又新增了"学会改变"的主张，并被视为终身学习的第五支柱（见表 1-2）。UNESCO 认为核心素养是使个人过上想要的生活和实现社会良好运行需要的素养。针对基础教育阶段教育质量的问题，UNESCO 在 2014 年的年度报告中明确指出基础教育需要帮助学生发展作为全球公民所必需的可迁移技能，如沟通能力、问题解决能力和批判性思维等。

表 1-2 UNESCO 终身学习五大支柱的具体指标

学会求知	学会做事	学会共处	学会生存	学会改变
1. 学会学习	1. 职业技能	1. 认识自己的能力	1. 促进自我精神	1. 接受改变
2. 注意力	2. 社会行为	2. 认识他人的能力	2. 丰富人格特质	2. 适应改变
3. 记忆力	3. 团队合作	3. 同理心	3. 多样化表达能力	3. 主动改变
4. 思维品质	4. 创新进取	4. 实现共同目标的能力	4. 责任承诺	4. 引领改变
—	5. 冒险精神	—	—	—

UNESCO 的核心素养框架的构建基于人本主义的思想，其目的不是把学生培养为提高生产力的工具，而是要帮助学生在情感、智力、身体和心理等方面都获得发展的潜能。UNESCO 的核心素养框架以终身学习为取向，认为核心素养的发展贯穿个体的一生，因而需要对不同学段进行专门的细化。UNESCO 还在核心素养框架中新增了创造性、领导力、批判性的决策、数字化学习、个人理财和心理弹性等符合 21 世纪时代需求素养的具体内容，具有强烈的时代感和指导意义。[1]

（三）美国的 21 世纪能力框架

2002 年，美国对 21 世纪学生应具备的基本能力进行整合，提出了"21世纪能力"的研究性课题，制定了"21 世纪能力框架"，并于 2007 年 3月发布了该框架的最新版本（如图 1-1），提出以核心科目和 21 世纪主题课程为基础，培养学生生活与职业技能，学习与创新技能，信息、媒体与技术技能等三类能力。这三类能力之间相互联系、相互促进，共同形成完整的美国 21 世纪能力框架。美国 21 世纪能力框架建立在一个完整的教育系统支持的基础上，三个维度的能力是学生学习的结果，而每一项能力的落实都必须依赖学生对核心学科知识和 21 世纪主题的理解，需要标准与评价、课程与教学、教师专业发展、学习环境的支持。[2] 美国 21 世纪能力框架是其对核心素养研究的成果，这种综合性取向的核心素养体系体现了素养教育过程与结果的结合，重视支持系统对素养发展的作用，更加有利于核心素养的落实和推进，对于课程与教学的改革和实践也更加具有指导性。

[1] 张娜. 联合国教科文组织的核心素养研究及其启示 [J]. 教育导刊，2015（7）：93-96.

[2] 左璜. 基础教育课程改革的国际趋势：走向核心素养为本 [J]. 课程·教材·教法, 2016, 36（2）：39-46.

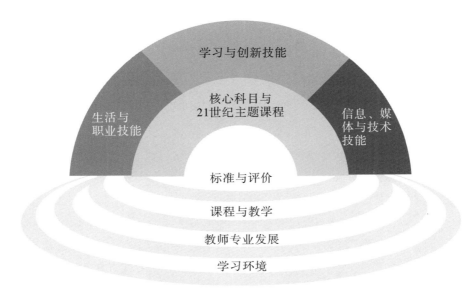

图 1-1　美国 21 世纪能力框架 [1]

（四）新加坡的核心素养框架

新加坡政府自成立以来，紧随经济的发展，进行多次课程改革。近年来为了顺应时代的要求，通过分析 21 世纪所需要的劳动力的特点，先后颁布了《新加坡教育法》《理想的教育成果》等纲领，并在此基础上提出了核心素养的框架（如图 1-2）。[2] 基于建立"思考型学校和学习型社会"的教育愿景，核心素养的框架中提出了理想教育的目标：充满自信的人、能主动学习的人、能作出贡献的人和心系祖国的公民。这一目标的实现需要 21 世纪的教育以价值观为核心，因为价值观决定了个体的性格特征、态度、信仰及行动。围绕着价值观，学生必须培养自我意识和社会意识，具备自我管理和关系管理的能力，同时能对自己的决定负责。尤其是在 21 世纪，学生还应该具备全球意识、跨文化素养、信息沟通素养、批判

[1] 师曼，刘晟，刘霞，等 . 21 世纪核心素养的框架及要素研究 [J]. 华东师范大学学报（教育科学版），2016，34（3）：29-37.

[2] Ministry of Education, Singapore.21st Century Competentcies[EB/OL][2021-09-24]. https：//www. moe.gov.sg/education-in-sg/21st-century-competencies.

与创造性思维等核心素养。

　　将价值观置于核心素养框架的中心是亚洲国家的共同趋势，新加坡的核心素养框架是凸显核心价值观的代表，该框架不仅强调学生的知识和能力，更加关注学生品格的养成。

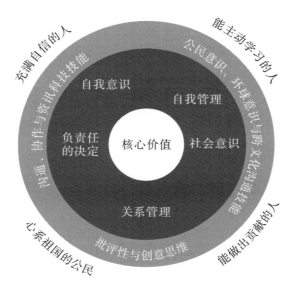

图 1-2　新加坡 21 世纪素养框架 [1]

　　除了以上国际组织和国家的核心素养框架，还有美国 21 世纪学习联盟发布的 "21 世纪学习框架"（Framework for 21st Century Learning）。该框架提出的学习与创新素养 "4C 模型" 也有广泛的影响。"4C 模型" 包括审辨思维（critical thinking）、创新（creativity）、沟通（communication）、合作（collaboration），涵盖素养发展的认知和非认知两个维度。[2]

　　纵观不同国家或组织的核心素养框架，尽管他们对核心素养的关注点和具体的内容维度存在差异，但是也表现出一些共性特征。第一，现有的

[1] 顾秀林，丁念金 . 核心素养导向的课程改革：新加坡基础教育课程改革刍议 [J]. 外国中小学教育，2017（4）：68-75.

[2] 魏锐，刘坚，白新文，等 . "21 世纪核心素养 5C 模型" 研究设计 [J]. 华东师范大学学报（教育科学版），2020，38（2）：20-28.

核心素养框架都具有很强的时代性，反映了社会发展的新要求。框架不仅对传统的素养提出了新的要求，还强调创新素养、信息素养、全球视野、自我规划与管理能力、沟通与交流能力等适应 21 世纪要求的素养，这些素养可以帮助学生应对未来社会的不确定性和复杂性。第二，核心素养的框架都体现出学科的综合性，需要通过整合不同学科的内容和设置跨学科的主题来实现。第三，核心素养关注人的全面发展。素养的发展不局限于特定的目标或者领域，而是要寻求个人发展与社会发展的统一、能力发展和品格养成的统一。[1] 价值观是核心素养的核心，为人的全面发展提供最初的原动力，也是学生核心素养发展方向的重要保证。

二、我国学生发展核心素养框架

国际核心素养的研究立足于本国的国情，是对"21 世纪教育要培养什么样的人？"这一问题的回答。在这种背景下，我国也开启了关于核心素养的研究，构建中国化的核心素养框架体系。

党的十八大以来，党中央、国务院多次强调把"立德树人"作为教育的根本任务。我国学生发展核心素养框架回答了教育"立什么德、树什么人"的问题，将党的教育方针细化为具体的人才培养目标。2013 年，我国启动"我国基础教育和高等教育阶段学生核心素养总体框架研究"重大项目，正式开始核心素养的研究。我国核心素养框架的研制，坚持以马克思主义为指导，明确了人才培养的目标指向，充分体现了社会主义核心价值观，系统落实党的教育方针，并吸收中华优秀传统文化的营养，批判性借鉴了国际核心素养研究的成果，提出了符合我国国情的核心素养框架。[2] 中国学生发展核心素养以"全面发展的人"为核心，分为文化基础、自主发展和社会参与三个方面，又细化为六项素养：人文底蕴、科学精神、

---

[1] 张传燧，邹群霞. 学生核心素养及其培养的国际比较研究 [J]. 课程·教材·教法，2017，37（3）：37-44，36.

[2] 林崇德. 构建中国化的学生发展核心素养 [J]. 北京师范大学学报（社会科学版），2017（1）：66-73.

学会学习、健康生活、责任担当、实践创新（如图1-3）。[1] 其中，文化基础强调习得人文、科学等各领域的知识和技能，掌握和运用人类优秀智慧成果，涵养内在精神，追求真善美的统一，成为有宽厚文化基础、更高精神追求的人；自主发展强调能有效管理自己的学习和生活，认识和发现自我价值，发掘自身潜力，有效应对复杂多变的环境，成就出彩人生，成为有明确人生方向、有生活品质的人；社会参与强调能处理好自我与社会的关系，遵守道德准则，履行行为规范，增强社会责任感，提升创新精神和实践能力，实现个人价值，推动社会发展进步，成为有理想信念、敢于担当的人。[2] 社会参与维度对学生理解、认同和实践中华传统文化中的价值观念、伦理道德等具有重要的影响作用，是中国根基和中国烙印的体现，能够为其他素养的形成提供价值引领。

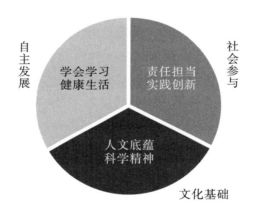

图 1-3　中国学生发展核心素养框架

　　该素养框架的提出对我国教育要培养什么样的人作出了具体的回应，也为我国课程标准修订、课程建设、学生评价和新高考改革面临的综合素质评估指明了方向。

[1] 核心素养研究课题组 . 中国学生发展核心素养 [J]. 中国教育学刊，2016（10）：1-3.

[2] 林崇德 . 中国学生核心素养研究 [J]. 心理与行为研究，2017，15（2）：145-154.

三、核心素养的基本内涵、特点及价值

（一）核心素养的内涵

　　素养最初是指人在应对一定的情境时所表现出来的综合能力。目前，国际上有代表性的核心素养框架，都强调素养是适用于特定情境下的知识、能力和情感的综合。因此，可以将素养界定为"人在特定的情境中综合运用知识、技能和态度解决问题的高级能力与人性能力"[1]。相对于我国提倡的素质教育中的"素质"而言，素养强调后天的养成。素养超越了知识和技能的范畴，还包括个体的情感态度和价值观。素养是可教、可学、可测评的，素养形成的目的不只是为了升学和就业，而是为了使个体能够在复杂的现实情境中更好地生活，从而实现个体的发展和社会的良好运作。[2, 3]

　　目前，国际上对核心素养并未有一个统一的定义。我国学生发展核心素养框架中将核心素养定义为"学生应具备的，能够适应终身发展和社会发展需要的必备品格和关键能力，是学生知识、技能、情感、态度、价值观等多方面要求的综合体现"[4]。核心素养是对以往强调培养基本技能的教育理念的发展和超越，是个体能够适应未来不可预测情境的高级能力和人性能力，因此，也被称为"21 世纪素养"。[5]

　　国内学者对核心素养的研究有两种代表性的观点：一种认为核心素养是个体在当下及未来社会中应具备的关键知识、能力及情感态度；另一种认为核心素养是个体运用各学科知识与能力解决复杂问题的一种跨学科素养，是适用于所有情境和所有人的普遍素养。[6]我们在理解核心素养时要关注以下两点：一是对核心的理解，核心素养不是全面的素养，而是可以

---

[1] 张华 . 论核心素养的内涵 [J]. 全球教育展望，2016（4）：10-24.

[2] 柳夕浪 . 从"素质"到"核心素养"：关于"培养什么样的人"的进一步追问 [J]. 教育科学研究，2014（3）：5-11.

[3] 辛涛，姜宇，刘霞 . 我国义务教育阶段学生核心素养模型的构建 [J]. 北京师范大学学报（社会科学版），2013（1）：5-11.

[4] 核心素养研究课题组 . 中国学生发展核心素养 [J]. 中国教育学刊，2016（10）：1-3.

[5] 同 [1].

[6] 李艺，钟柏昌 . 谈"核心素养"[J]. 教育研究，2015（9）：17-23，63.

满足人的个体发展和社会发展的所有素养中最关键、最重要的少数素养；二是核心素养是高级素养，而不是基础素养，是学生面对未来的竞争和挑战需要的创新素养、信息素养、交际素养等素养。[1] 核心素养和知识技能、过程与方法、情感态度与价值观三维目标都关注人的发展，核心素养本质上是三维目标在学生身上的综合表现，进一步确立了人的发展才是教育的终极目标。相对于以往的三维目标，核心素养更加强调关键性、情境性、动态性和终身性。

（二）核心素养的特点

1. 共同性

学生发展核心素养必须是社会群体成员的共同素养，也是每个学生适应社会生活、适应个人终身发展以及适应社会发展的必不可少的关键素养，贵精而不贵多。核心素养的共同性和基础性使其不同于特定职业所要求的专业素养。专业素养面向的是具体某个行业的从业人员，它更强调在个人职业发展中成功完成一份特定专业工作所需要的知识、能力和态度；而核心素养是面向所有社会成员的，是每个社会成员为了生活和工作顺利而需要的基本知识、能力和态度，它更强调教育的价值功能和过程标准。

2. 发展性

核心素养的发展性一方面体现为学生身心发展的连续性和阶段性。学生核心素养的形成不是一蹴而就的，而是具有终身的连续性——最初在学校中培养，随后在学生人生过程中不断发展完善。个体在成长的不同阶段里，对核心素养的需求和可接受程度不同，因此，在不同的教育阶段（如初等教育阶段、中等教育阶段和高等教育阶段），核心素养培养的效果会有极大差异。另一方面，核心素养的发展性还体现在核心素养的培养需要贴近时代的发展需求。不同的时代发展特征不同，对于核心素养的内容界定自然也不一样。例如，在 21 世纪以信息技术飞速发展为主要特征的时代中，信息技术素养便成为核心素养的重要内容。

---

[1] 褚宏启 . 核心素养的概念与本质 [J]. 华东师范大学学报（教育科学版），2016，34（1）：1-3.

3. 综合性

核心素养的综合性体现在核心素养的本质上。核心素养的本质是人成功应对或完成某种实际活动所需要的胜任力或竞争力，但这种能力无法通过单一学科或独立领域的学习而获得，而需要培养学生跨学科思维和处理问题的综合能力，以助其获得个人成长和社会生活所需的综合性素养。

（三）核心素养的意义和价值

1. 发展核心素养，提升学生的综合能力

发展学生的核心素养，首先要提升学生的综合能力，增强学生的竞争力和提升学生的学习兴趣，使学生能适应未来社会的发展与变化。从核心素养的内涵来看，知识和能力是其中的重要组成部分，因此，发展学生的核心素养，首先要以发展智慧为基础，使其成为一个智慧、完整的人。而其关键就是提升学生自身的综合能力，以使学生具备在当下和未来能够自主、幸福生活的生存能力。

2. 发展核心素养，提升学生的文化内涵

核心素养除了培养学生需具备的知识和能力外，还包括情感、态度和价值观，现今的教育应从核心知识教育走向核心素养教育，更强调培养学生的情感、态度和价值观，使学生不仅具备能力，而且具备品德、文化和修养等这些内在的品质。

3. 发展核心素养，实现学生终极追求

核心素养基于学生个性发展和长远发展的需要，为学生终身学习和发展奠定基础。根据马斯洛需求层次理论，工作或职业能使人获得安全感和自我价值感。因此，发展核心素养是为当下和未来的发展服务，培养学生做有价值、有意义的事情的习惯，使学生具备终身学习的能力，在未来的生活中能迅速适应职业变化和职业环境，从而实现学生的终身价值追求。

第二节　生物学学科核心素养的内涵和内容体系

核心素养凸显学校教育的根本目的和课程教学改革的方向。随着世界各国和组织机构对核心素养内涵的深入研究，很多国家都积极开展基于核心素养的课程重构，其中最直接的标志就是课程标准的研制。《教育部关于全面深化课程改革落实立德树人根本任务的意见》中明确提出，"要依据学生发展核心素养体系，进一步明确各学段、各学科具体的育人目标和任务，完善高校和中小学课程教学有关标准"。因此，课程标准修订工作的首要任务就是要提出本学科的核心素养，即学科核心素养。学科核心素养的凝练首先要明确的一个问题就是学科核心素养与学生发展核心素养的关系。学生发展核心素养指向培养什么样的人的问题，它从学生发展的需要出发，本身是超越学科的。学科核心素养指向本学科对培养学生核心素养的共性贡献和个性贡献，因此，学科核心素养具有鲜明的学科特点。学生发展核心素养不是学科核心素养的简单累加，通过某一门单独的课程也无法实现。高中阶段每一个学科都需要结合自己的学科本质，明确本学科在实现学生发展核心素养总目标中的教育意义，才能发现学科的独特育人价值，凝练学科核心素养。

一、生物学学科核心素养的内涵

生物学学科核心素养是学生在生物学课程学习过程中逐渐发展起来的，在解决实际问题时所表现出来的价值观念、必备品格和关键能力，是学生知识、能力、情感态度与价值观的综合体现。

在核心素养的指引下，理解生物学学科核心素养的内涵需要思考以下几个根本性的问题：生物学的学科本质是什么？中学生物学课程可以帮助学生形成什么样的价值观念和能力？要回答这些问题，首先要深入思考生物学的学科本质。生物学是自然科学中的一门基础学科，是研究生命现象和生命活动规律的科学。生物学的学科本质表现在研究对象的特殊性、思想观念的人文性、概念和规律的概率性、思维方式的灵活性、研究方法的综合性、学科地位的领先性、实践应用的广泛性。[1] 对生物学学科本质的理解是理解生物学学科核心素养的基础。

　　对生物学核心素养的界定，还要充分考虑中学生物学课程在发展学生核心素养方面的基本价值。中学生物学课程可以帮助学生形成基本的生命观和科学本质观，形成科学素养。[2] 学生在理解生命的本质和生物学的学科本质的基础上，可以形成对生命、生物学、科学与技术等方面的正确价值判断，并形成如何对待它们的正确看法，能够以生物学思想观念为指导、以探究能力为基础，运用科学思维方法探索生命世界，并解决与生物学相关的问题。[3] 生物学学科核心素养包括生命观念、科学思维、科学探究和社会责任，这四个维度并不是孤立存在的，而是一个相互联系的整体，共同体现生物学的育人价值。

二、生物学学科核心素养的具体内容

（一）生命观念

　　生命观念是在理解生物学概念的基础上进一步抽象而形成的，指向对生命本质的理解。《普通高中生物学课程标准（2017 年版）》中指出："生命观念是指对观察到的生命现象及相互关系或特性进行解释后的抽象，是人们经过实证后的观点，能够理解或解释生物学相关事件或现象的意识、观念和思想方法。"[4] 生命观念是学生在理解生物学概念的基础上，进一步抽象和提炼，在头脑中形成的对生命世界的意识、观念和思想方法。[5] 作为生物学中的科学观念，生命观念应该表现出远比生物学具体理论深刻

---

[1] 赵占良 . 试论中学生物学的学科本质 [J]. 中学生物教学，2016（1/2）：4-8.

[2] 谭永平 . 中学生物学课程在发展学生核心素养中的教育价值 [J]. 生物学教学，2016，41（5）：20-22.

[3] 谭永平 . 生物学学科核心素养：内涵、外延与整体性 [J]. 课程·教材·教法，2018，38（8）：86-91.

[4] 中华人民共和国教育部 . 普通高中生物学课程标准（2017 年版）[M]. 北京：人民教育出版社，2018：4.

[5] 赵占良 . 对生物学学科核心素养的理解（一）：生命观念的内涵和意义 [J]. 中学生物教学，2019（11）：4-8.

得多的本体论、方法论和价值论信念。在解决与生物学相关的问题时，生命观念不能给出具体的答案，但可以为问题的解决指明思路和方向。

生命观念虽然是一个新的名词，但是与其在内涵上十分接近的生物学思想的研究却早已有之。朱正威早在 20 世纪 80 年代就提出在中学生物教学中要开展思想教育，其中就提到生命的物质性、辩证的观点、进化的观点、生态的观点、科学的价值观和爱国主义教育。[1] 随着生物学核心素养的提出，很多学者对生命观念内涵进行了重新审视。谭永平将生命观念概括为系统观、进化观、生态观三大观念群。系统观——生命是系统，是"活"系统，统领结构、功能等概念；进化观——时间轴上看生命，追溯生命的源头与历史，解答生命为什么是这样；生态观——空间轴上看生命，生命在哪里，它与环境的相互关系。结构与功能、物质与能量观念，可以看作系统观的一部分（如图 1-4）。[2]

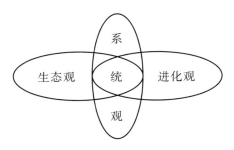

图 1-4　三大观念群之间的关系

吴成军从生命系统的视角提炼出生命的物质观，结构与功能观，物质、能量、信息观，稳态与调节观，适应与进化观，以及生态观（如图 1-5）。由于篇幅的限制，《普通高中生物学课程标准（2017 版）》以举例的形式列出了结构与功能观、进化与适应观、稳态与平衡观、物质与能量观四个观念，我们在理解生命观念时，可以在此基础上有所拓展与补充，不局限于课程标准的具体表述。

[1] 朱正威. 略论中学生物教学中思想教育的基本点及其原则 [J]. 生物学通报，1988（7）：31-34.
[2] 谭永平. 发展学科核心素养：为何及如何建立生命观念 [J]. 生物学教学，2017，42（10）：7-10.

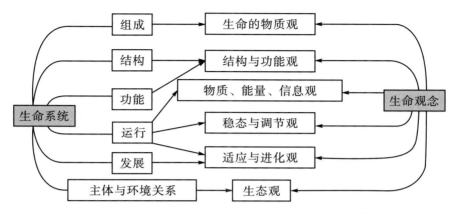

图 1-5　以生命系统的特点提炼出的生命观念 [1]

　　以上对生命观念的理解是从不同的角度理解生命的本质，我们在落实生命观念的过程中不必拘泥于具体的观念名称，重要的是要理解不同表述的内涵和外延是否真正体现了对生命本质的理解。同时，还应注意生命观念的各组成部分不是孤立的，它们相互影响、相互渗透，共同构成了对生命本质理解的全貌。生命观念的形成有利于学生从系统、历史和联系等多个视角看待生命世界，提升他们的生物学理解力，更为重要的是，这些理解力可以迁移到他们对社会和人生的认识上来，对个人终身发展和适应社会需要意义重大。

（二）科学思维

　　思维一直是多个学科关注的焦点，哲学、心理学、教育学、脑科学等学科都从不同的角度对思维的过程、特性、结构、价值等展开了研究。《现代汉语词典》（第 7 版）中对"思维"的解释是："在表象、概念的基础上进行分析、综合、判断、推理等认识活动的过程。"[2] 这一定义强调思维是一个复杂的内在过程，它的作用是产生和控制外显行为，从而解决问题。心理学研究中普遍将思维定义为：人脑借助于语言，并以知识为中介，

---

[1] 吴成军 . 以生命系统的视角提炼生命观念 [J]. 中学生物教学，2017（19）：4-7.

[2] 中国社会科学院语言研究所词典编辑室 . 现代汉语词典 [M]. 7 版 . 北京：商务印书馆，2016：1237.

对客观现实的概括的间接反映。这一定义强调了思维的间接性和概括性。

《普通高中生物学课程标准（2017年版）》对"科学思维"的界定是："尊重事实和证据，崇尚严谨和务实的求知态度，运用科学的思维方法认识事物、解决实际问题的思维习惯和能力。"[1]《普通高中物理课程标准（2017年版）》对科学思维的界定是："……从物理学视角对客观事物的本质属性、内在规律及相互关系的认识方式；是基于经验事实建构物理模型的抽象概括过程；是分析综合、推理论证等方法在科学领域的具体运用；是基于事实证据和科学推理对不同观点和结论提出质疑和批判，进行检验和修正，进而提出创造性见解的能力与品格。"[2]这个定义认为科学思维是一种认识方式、过程、运用、能力与品格的统一。

科学思维作为思维的一种形式，是在科学实践活动中形成和应用的思维。因此，有学者将科学思维看作"具有意识的人脑对自然界中事物（包括对象、过程、现象、事实等）的本质属性、内在规律性及自然界中事物间的联系和相互关系的间接的、概括的和能动的反映"[3]。可见，科学思维的目标指向的是揭示科学研究中的客体及其关系。

总结起来，科学思维是基于事实证据，通过科学概念、科学推理和论证对客观事物的本质、规律及其相互关系作出判断和解释，并对客观事物的发展变化作出预测的认识方式。[4]科学思维重视实证和逻辑，理性思维是其核心，同时科学思维还要靠想象、联想、直觉和灵感等非逻辑思维的成分。

学生的科学思维能力包括科学思维方法和科学思维品质。科学思维方法包括分析与综合、比较与分类、归纳和演绎、抽象与概括等。分析是把研究对象整体分解为不同部分并分别加以研究的思维方式，例如，对器官、

---

[1] 中华人民共和国教育部.普通高中生物学课程标准（2017年版）[M].北京：人民教育出版社，2018：4.

[2] 中华人民共和国教育部.普通高中物理课程标准（2017年版）[M].北京：人民教育出版社，2018：4.

[3] 胡卫平，林崇德.青少年的科学思维能力研究[J].教育研究，2003（12）：19-23.

[4] 赵占良.对生物学学科核心素养的理解（二）：科学思维及其教学[J].中学生物教学，2019（19）：4-7.

组织、细胞、生物大分子的结构、化学组成等的研究就需要先把它们分成一段段、一层层再去研究。综合是指把研究对象的各个部分或各方面联系起来考察，从整体上去认识和把握研究对象的思维方式。分析是综合的基础，综合是分析的发展，两者相互依存、相互渗透，甚至是相互转化。[1]分析与综合贯穿所有的思维过程。比较就是分辨两个或多个事物、要素、事实之间的相似性和不同点。分类指能够根据事物的特性将事物进行归类。归纳和演绎是一对思维方向相反的推理过程，两者都属于思维的高级技能。归纳是从已知的多个特殊事实中通过概括得出一般的原理和规律的过程，演绎则是从一般到特殊，根据一类事物都有的一般属性、关系、本质来推断这类事物中的个别事物的属性、关系和本质的过程。抽象是将对事物的感性认识去粗取精、去伪存真、由表及里地进行加工，从而抛弃事物个别的、表面的和非本质的东西，抽取出事物一般的、内在的、本质的东西的思维形式。[2]概括是指把抽象出来的个别事物的本质属性连接起来，推及其他同类事物，从而归纳同类事物的共性的思维方法。抽象与概括是形成概念和判断的主要思维技能。学生科学思维能力的形成和发展要以科学知识为基础和中介，在科学探究和科学论证的活动中，逐步发展科学思维能力。

生物学核心素养中的科学思维除了具备思维的一般属性，还应该关注其在生命科学中的独特性。生物学研究的对象十分复杂而且多样，因而决定了科学思维在生物学中的复杂性、灵活性和整体性。在生物学中有线性的因果关系，更多的则表现为非线性的因果关系，如生命活动中的调节机制表现为循环因果关系，神经—体液—免疫系统中的多个反馈环路之间相互影响、相互交织形成的调控网络表现为网络因果关系。因此，在生物学中要强调思维方式的多元性，既注重自然科学普遍运用的形式逻辑思维和分析式思维，又注重辩证逻辑思维、整体式思维和复杂性思维。[3]这些思维要求对事物进行多因素、多角度的客观分析，既要有逻辑推理，又要考

[1] 赵占良. 人教版高中生物课标教材中的科学方法体系 [J]. 中学生物教学，2007（3）：4-7.

[2] 杨蕴丽. 表象—抽象—具体　对马克思科学理论思维方法的突破性研究：读施正一教授的《论科学的理论思维方法》[J]. 集宁师专学报，2006（2）：47-52.

[3] 赵占良. 试论中学生物学的学科本质 [J]. 中学生物教学，2016（1/2）：4-8.

虑实际情况，如对概念、规律和原理不能做绝对的理解，对问题的求解不过分追求非此即彼的标准答案而应进行综合理解。

（三）科学探究

科学探究是指能够发现现实世界中的生物学问题，针对特定的生物学现象，进行观察、提问、实验设计、方案实施以及对结果进行交流与讨论的能力。探究是科学家开展科学研究的基本范式，也是学生学习科学的重要途径，学生通过科学探究，在知识、能力和科学价值观等方面得到发展和提高。科学探究以问题为核心，学生通过探究实现知识的主动建构。科学探究的方式和过程多种多样，没有一成不变的模式，但可以遵循一些基本的科学探究要素。《美国国家科学教育标准》提出，科学探究包括观察、提出问题、搜集资料、解释数据、得出结论、预测、表达交流等活动。开展科学探究，让学生在做科学和反思科学的过程中亲身经历科学知识的形成、论证和发展的过程，有利于学生对生物学概念和科学本质有更深层次的了解，形成生命观念和科学本质观。科学探究是科学实践的重要组成部分，学生要模拟科学家科学研究的过程来开展一系列的实践活动，如实地调查、观察现象、设计实验等。科学探究的顺利开展离不开科学的过程性技能，如观察、测量、设计变量、选择工具、分析和解释数据、交流结果等，这些技能要通过科学探究学习活动得以训练，同时也是顺利开展科学探究活动的保证。但是，仅仅习得这些技能或方法并不代表学生获得科学探究能力，学生对技能和方法的学习必须建立在对科学思维的培养和对探究原则理解的基础上。例如，学生不仅要会设计变量，还应该知道为什么要设计这些变量；不仅要知道怎样去收集数据，收集什么数据，还要知道为什么收集这些数据。也就是说，学生在科学探究的过程中一定要有科学思维保驾护航，才能够识别和判定所研究问题的科学性，在持续的判断、反思、决策中发展科学探究的能力，同时也发展推理、逻辑分析的思维能力。

（四）社会责任

社会责任是核心素养框架中的一个基本要点，是价值观素养的核心成分。[1]社会责任是指个体对社会应该承担的责任,包括对他人、家庭、社会、国家乃至全人类的担当和贡献。在核心素养的框架中,社会责任主要包括家庭责任、集体责任、国家责任和人类可持续发展等多个方面,是个体对自身所负责的认知、能力、情感的综合表现。[2]

生物学核心素养中的社会责任是指基于生物学的认识,个人参与社会事务的讨论,并作出理性的解释和判断,解决生产生活问题的担当和能力。生物学是研究生命的科学,人是生物学的研究对象,同时也是研究者。生物学有关生态环境、资源、人口、健康等方面的研究都与社会责任中的绿色生活方式、可持续发展理念等息息相关。生物技术的飞速发展为人类生活带来福祉的同时,也带来安全、伦理等方面的问题。生物学课程中的社会责任既包括生物学特有的健康中国、生态文明思想,也有自然科学学科共有的科学技术价值观、科学态度与科学精神等方面。[3]

学生社会责任素养的发展具有渐进性,高中生物课程要结合具体的课程内容,进一步明确和细化社会责任的要求。例如,通过对细胞生命历程的学习,能够正确地理解个体的生长、衰老和死亡,建立生命意义;通过对遗传和变异的学习,能够将遗传学的知识应用到生产生活中,解决现实社会中的问题;通过对生态系统的学习,能够认识到人是生物圈的一部分,从而主动践行"绿水青山就是金山银山"的理念,形成生态意识。学生通过科学实践活动,能亲身体验科学家的工作,从而认同科学工作的方式,强调科学的理性,特别是对社会性科学议题的判断。学生通过中学生物学的学习,还应该能够认同生物学在揭示生命奥秘、促进社会发展中的贡献,从而乐于传播生物学知识和技术等。

生物学学科核心素养的四个维度不是孤立存在的,它们共同组成一个有机联系的整体。其中,生命观念是生物学核心素养的基础和支柱,只有

---

[1] 林崇德.中国学生核心素养研究 [J].心理与行为研究,2017,15(2):145-154.

[2] 黄四林,林崇德.社会责任素养的内涵与结构 [J].北京师范大学学报(社会科学版),2018(1):27-33.

[3] 王颖.高中生物学教材中社会责任素养的内涵与体现 [J].课程・教材・教法,2020,40(2):125-131.

建立在理解概念基础上的生命观念，才能使科学探究活动得到有效的实施，科学思维得到学科内容的支撑，学生才更易于在个人生活和社会事务中作出理性的决策。同时，生命观念的形成也离不开科学探究。科学思维和科学探究密不可分，没有科学探究，科学思维将失去根据和实践价值，而科学思维始终贯穿科学探究的各个环节。[1] 生命观念、科学思维和科学探究中都包含价值观、品格的成分，所以，三者的发展都离不开学生的社会责任意识，同时三者的发展为社会责任的发展提供智力和实践的保障。

第三节　生物学基本观念的理论研究

生命观念是生物学学科核心素养中最能体现学科特色的维度。但以往对科学观念的研究多是站在学科立场，强调观念对学科知识和研究方法的价值，往往将学科观念看作静态的、客体化的学科知识。核心素养强调人的全面发展，对观念的研究立足于学生发展的需要，挖掘知识背后核心、深层次的教育价值。生物学的育人价值即根本任务在于引导学生理解生命的本质，形成生命观念；同时在于引导学生理解生物学的本质，发展科学本质观。因此，生物学基本观念包括生物学本质观和生命观念两个方面。本研究从核心素养的视角出发，对生物学观念的内涵、价值、内容体系等方面进行深入的探讨。

一、生物学基本观念的内涵和教育价值
（一）什么是观念？

在日常生活中，观念被广义地用作表示一切思想、意识，一般将其理解为客观事物在人脑中的一种能动反映形式。从字义上讲，"观"指的是对事物广泛的、概括的认识，"念"表示想法，是"观"的结果，"观念"则是个体对周围事物的存在形式和本质的感知，是一种主观体验。在哲学

---

[1] 王健. 考查科学思维的理科考试命题策略探讨 [J]. 中国考试，2016（10）：44-50.

史上，康德首先赋予观念以理性形式的确切定义，认为观念是概念的概念，是理性的知识，是知识的最高形式，是人类认识事物的最高形态的综合体。观念一旦形成，就可以对经验事实和概念进行联结与整合。列宁在《哲学笔记》中指出，概念还不是最高的概念，更高的还有观念——概念和实在的统一。马克思主义哲学观认为，观念无外乎是移入人脑并在人脑中改造过的物质的东西，观念还是指导实践最具体的原则。

因此，可以从以下几个方面来理解观念：第一，观念是人脑中形成的对事物的印象；第二，观念形成的过程中有理性思维的参与；第三，观念具有指导实践的价值。观念与国外教育研究中提到的"大概念"（big idea）具有很大的一致性，都体现了对学科知识、方法等的概括性认识。[1] 在课程层面中所说的观念，接近于以往我们常说的思想。

那么，观念与我们之前提倡的概念有何关系呢？

从两者的一致性分析，观念和概念都是人类通过抽象、概括等思维形式形成的对客观事物的认识。

观念又不同于概念。从认识论的角度分析，概念作为思维抽象的产物，往往反映一类事物的本质属性，观念是在众多概念的基础上，通过抽象、推理等思维过程，升华为对事物更全面、更本质、更深刻的认识。科学观念的形成是循序渐进、有层次的。人类对客观世界的认识一般需要经历三个阶段：一是感性的阶段，在实践中通过与对象的广泛接触全面收集资料；二是思维抽象阶段，把经验的知识进行比较、分类和科学分析后，通过思维抽象，由事物的现象进入其本质，形成概念或判断；三是理性具体阶段，将前一阶段形成的多个抽象的概念或判断进行综合，再现客观世界的多样性和统一性，形成关于事物整体的认识，深刻地揭示事物的原型和本质，把握事物的全貌和发展规律。[2] 由此可见，观念是概念充分发展的形式。科学观念的形成需要科学分析、抽象、推理等理性思维。从教育学对知识认识的角度分析，概念一般回答客观世界"是什么"和"为什么"的问题，

[1] 哈伦. 以大概念理念进行科学教育 [M]. 韦钰，译. 北京：科学普及出版社，2016：18-19.

[2] 王幼殊. 马克思主义认识论：哲学体系初探 [M]. 昆明：云南人民出版社，1990：335-336.

是关于客观世界的知识。观念还可以回答人对客观世界"怎么做"的问题，它和人的社会行动直接联系，具有明确的价值方向。[1] 观念直接影响人的价值观，并影响人的行动。观念和概念密切联系、相互依存，观念中包含概念的成分，概念需要通过观念来实现广泛应用。[2]

（二）什么是生物学观念？

生物学观念是生物学概念和规律等在头脑中的提炼和升华，是人们对生命的本质和生物学学科本质的整体理解和认识，表现为能够从生物学的视角解释自然现象、认识自然规律、解决实际问题。生物学的研究对象是有生命的有机体。与非生命的物质存在方式相比，生命的特殊性在于生命个体和物种在结构与功能、存在与发展及演化方式上的复杂性、组织性、历史性和多样性等。因此，相对于传统的以经典物理学为核心的科学观念，生物学观念在系统、自组织、耗散结构等跨学科观念的基础上，为人类认识自然界提供了一种新的观念体系。

生物学观念具有持久的影响力，是学生在忘记了具体的学科事实后保留在头脑中的信息，也被称为"可以带回家的信息"，可以在复杂的真实情境中迁移运用。生物学观念是可教、可学的，它形成的关键是分析与综合、抽象与概括等理性思维。同时，生物学观念的形成是一个渐进的过程，具有阶段性和终身性。通过中学生物学课程的学习，学生对生物学观念内涵的理解逐渐深刻，最终养成从生物学视角看待问题的思维习惯，形成对生命世界的基本看法和态度。生物学观念的价值不在于为生命过程中的种种问题提供确切的答案，而在于为我们获取答案提供思维的方向，并帮助我们克服具体的观察和实验的局限性，直接透视生命的整体本质。只有通过观念的滋养，研究和学习生命科学的人才能形成对生命科学不同层次、不同领域的知识的统一理解。换言之，生物学观念可以为生物学的研究者和学习者形成一个整体性的理论系统提供桥梁与纽带。

核心素养视域下的生物学观念所对应的不是客体化或对象化的知识，

---

[1] 金观涛，刘青峰.观念史研究：中国现代重要政治术语的形成 [M].北京：法律出版社，2009：3-5.

[2] 朱玉军，王香凤.科学核心观念的内涵及其教育价值分析 [J].化学教学，2017（8）：10-14.

它代表人们理解世界的方式，也是内隐于知识符号表征中的规律系统和价值系统。在核心素养的背景下，学生才是生物学观念的主体。在生物学观念的教育中，要关注知识和人的发展的相遇，促进学生形成科学的自然观、世界观和价值观。

二、提炼生物学基本观念的思路

我国现行义务教育和高中阶段生物学课程标准对生物学观念的内容体系没有系统的表述。以往有关生物学观念的少量研究，多局限于某一生物学观念在具体课堂教学中的教学策略研究，少见对生物学观念进行系统的梳理。而且，研究中还存在将观念与研究方法、观念与核心概念、观念与哲学思想等相互混淆的现象，对生物学观念的具体内涵没有明确的界定。因此，在中学生物学课程中开展基于观念的教学，首要问题就是构建生物学观念的内容体系。核心素养视域下生物学观念的提炼既要体现核心素养基础和关键的特点，也要彰显学科特色。具体而言，生物学观念的提炼主要应该考虑以下几个方面。

（一）从中学生物学课程价值和任务的视角提炼生物学观念

要将中学生物学课程在发展学生核心素养中的价值和基本任务，作为提炼生物学观念的出发点和落脚点。通过中学生物学课程的学习，学生一方面在建构概念的基础上理解生命，从而更好地理解自然界；另一方面又要参与科学探究和技术实践活动，建立对生物学的理解，从而更好地理解科学的本质，养成良好的科学态度和精神。[1] 因此，生物学观念的提炼应紧紧围绕学生对生命和生物学的理解这一范畴，既要关注生命观念，也要关注科学本质观。

（二）从生物学学科知识体系的视角提炼生物学观念

生物学观念的提炼要基于学科核心概念。生物学是一个内容丰富的概念体系，中学生物学课程的核心概念主要包括细胞、新陈代谢、稳态与调

---

[1] 谭永平. 从发展核心素养的视角探讨高中生物必修内容的变革 [J]. 课程·教材·教法，2016，36（7）：62-68.

节、遗传与变异、进化与适应、生态系统、生物多样性等。学生理解生命的本质，首先要理解以上核心概念。因此，生物学观念的提炼需要以生物学的核心概念为基础，建立生物学的深层结构。同时，由于科学是一个整体，学科之间存在相互关联和交叉，必然会存在一些通用概念，如系统、结构与功能等，这些通用概念与生物学概念具有广泛的联系，有利于学生更好地理解生命、理解生物学和科学。所以，生物学观念的提炼也要关注科学通用概念。

（三）从生物学哲学的视角提炼生物学观念

生物学观念的提炼还应从生命科学哲学的视角出发。生命科学哲学是研究生命的本质，生物学的理论、思想和方法等问题的哲学学科。[1] 历史上生物哲学家关于生物学在科学中的地位、生物学的社会责任、生命的本质和价值等问题的讨论，可以为人们理解生命的本质、提炼生物学观念提供参考。

三、生物学基本观念的内容体系

生物学研究对象的独特性、复杂性和多样性，决定了生物学观念的独特性和丰富性。依据上述提炼生物学观念的基本思路，笔者认为，生物学观念包括生物学本质观和生命观念两大组成部分。生物学本质观指向对生物学的理解，为学生进一步理解科学的本质、科学研究的思路和方法，养成科学的态度和精神打下基础；生命观念则指向对生命的理解，由生命的物质观、生命的能量观、生命的信息观、进化观、生态观和生命系统观组成。

（一）生物学本质观

中学生物学课程不仅要帮助学生学习用于解释生命世界的概念和理论，还应该帮助学生学习关于生物学的知识，形成生物学本质观。生物学本质观是科学本质观的重要组成部分，主要包括对生物学知识、生物学中科学探究和生物学学科价值的认识。

生物学本质上是一门自然科学，具备自然科学的一般属性，生物学本

---

[1] 李建会 . 生命科学哲学 [M]. 北京：北京师范大学出版社，2006：1.

质观反映了科学本质观。生物学是人们在研究生命世界的过程中逐渐积累形成的知识体系，它是主观的、相对稳定的、可证伪的和建构性的。生物学知识只是人们在一定阶段对生命现象和生命活动规律的认识。作为一个开放的体系，生物学知识会在新的证据下不断被修正。生物学还包括人们认识生命的思维方式和科学探究的过程。科学发现需要逻辑性思维与批判性思维、创造性思维的结合，合理的怀疑是科学探究的持续动力，理论指导下的观察和实验是科学探究获得证据的主要方式。但是，科学探究并不存在万能的科学方法。在科学探究的过程中，人们要重视实证，尽量避免主观因素带来的偏见。

仅仅强调生物学自然科学的属性并不能完全反映生物学的本质，生物学还有其独特的学科特点。与物理学不同，生物学概念多是观察、比较和归纳的结果。但是，运用归纳和概括无法应对复杂多样的生命世界。因此，通过不完全归纳获得的生物学概念和规律大都是概率性的，生物学的概念或规律往往不能普遍适用，皆有例外存在。生物学绝大多数的进展都表现为引入新概念或发展现存概念，而不是发现新的规律。生命系统是一个复杂的系统，生物界的问题很难用线性的因果关系去推论。因此，生物学研究需要对生命活动展开多因素、多角度的分析，在运用形式逻辑思维的同时，也要注重从辩证的角度去思考问题。另外，考虑到生命有机体的历史性本质，生物学在研究方法上注重历史考察法与观察、实验等方法的综合运用。[1]生物学在解决人口问题、资源问题等方面有独特的优势。生物学中的人既是研究者，又是研究对象，因而生物技术往往会给社会带来一系列伦理和道德问题，这就要求研究者在研究过程中注意遵守社会伦理和道德规范。

对生物学知识的认识，有利于学生树立实证意识和严谨的求知态度，能够用发展和辩证的眼光看待已有的生物学结论，不迷信权威，形成理性的怀疑精神。对生物学中探究本质的认识，可以促进学生理性思维的发展，培养勇于探究、批判质疑的科学精神。对生物学学科价值的认识，可以促

---

[1] 赵占良. 试论中学生物学的学科本质 [J]. 中学生物教学，2016（1/2）：4-8.

使学生理智地看待生物科学和技术，积极主动地运用生物学知识解决现实中的问题，树立社会责任。总之，中学生物学课程应当揭示并使学生形成生物学本质观，这对培养学生的生物学核心素养具有重要价值。

（二）生命观念

生物学知识体系的核心指向是理解生命。生命观念是生物学知识体系的核心，是人们在深度理解生物学概念的基础上形成的对生命本质的理解。因而，生命观念也是生物学观念的基本组成。观念是思维的产物，而思维总是指向具体的问题。因此，观念和问题密切相连。理解生命的本质包括理解"生命是什么""生命活动怎样进行""生命为什么会这样"等基本问题。[1] 生命观念处于解释这些问题的核心位置，其本质是使学生发现生命世界的内在规律，学会认识生命奥秘的思维方式和探究方法。生命观念的形成关系学生如何认识生命，包括认识和对待自我以及纷繁复杂的生命世界。

生命是物质运动的高级形式，在整个生命运动的过程中，生物体内部及其与外部环境之间贯穿物质、能量和信息的交换活动。生命活动是高度有序的，物质的运动在时间维度上表现为进化，在空间维度上表现为有序的生态系统。系统科学思维下的生命本质观认为，生命是一个多层次、开放的复杂系统，具有自我更新、自我调节、自我复制和对内外环境作出选择性反应的属性。综合起来，生命观念主要包括生命的物质观、生命的能量观、生命的信息观、进化观、生态观和生命系统观。具体内涵如下。

1. 生命的物质观

生命是从无生命的物质发展而来的，组成生物体的元素，如碳、氢、氧、氮、磷等，并无特殊之处，都普遍存在于自然界，这表明生命和非生命的物质之间并无不可逾越的鸿沟。同时，生物体是由性质特殊的大分子组成的。相对于无机小分子，生物大分子的结构更加复杂，并能执行独特的功能。例如，酶是代谢反应的催化剂，核酸是遗传信息的携带者，这些

---

[1] 迈尔. 生物学思想发展的历史 [M]. 涂长晟，等译. 2 版. 成都：四川教育出版社，2010：45-49.

都是生命活动所特有的。当这些生物大分子和其他必要的分子，如水和无机盐等，组合形成具有一定结构的细胞时，自然界就出现了完整的生命。学生对生命的物质性和生命化学组成的独特性的学习，有利于他们树立辩证唯物主义自然观。

在生命系统中，物质的运动和变化是一切生命活动的基础。生命是物质运动的最高形式，生命系统的各个层次都按照一定的方式永恒地运动着。在分子层面上，各种核苷酸不仅是组成核酸的基本单位，也参与构成辅酶、ATP 等，可以通过新陈代谢在不同的大分子之间转换；在个体层面上，生长、发育、衰老、死亡也是物质运动的过程；在生态系统层面上，物质的运动一直处于从无机环境进入生物群落，又从生物群落返回无机环境的循环之中。生命系统的物质运动体现了自然界事物的普遍联系和从量变到质变的辩证规律，这有助于学生运用发展的眼光看待世界。

2. 生命的能量观

能量和物质运动紧密联系，任何运动都需要能量，生命系统也需要能量的驱动。根据热力学第二定律，物质运动总是朝着使系统结构更混乱、更无序的方向发生变化，即系统的"熵"越来越大。同自然界封闭的孤立系统不同，生命系统是一个复杂的、由化学反应导致的耗散结构。作为一个开放的系统，生命系统与外界环境时刻保持着物质和能量的交换，从而引入"负熵"，维持生命系统的有序性。[1]

生命系统的各个层次都有能量的流动和转换。例如，神经信号传导过程中存在化学能和电能之间的转换；绿色植物通过光合作用将捕获的光能转化为化学能，贮存在有机分子中；生物通过细胞呼吸将稳定的化学能转化为 ATP；生态系统中的能量从一个营养级流入下一个营养级。生命系统的物质运动也遵循能量守恒定律，能量不会凭空地产生或消亡。生命活动总体上是消耗能量的，因此，可以说，生物个体之间的斗争，归根结底是能量的竞争。这些都体现了生命活动中物质和能量的统一。通过对生命的

---

[1] 薛定谔. 生命是什么 [M]. 罗来鸥，罗辽复，译. 2 版. 长沙：湖南科学技术出版社，2007：69-70.

能量本质的认识，学生可以更深入地理解进化、稳态和平衡等生命现象，对能源的合理利用、人与自然的关系等有理性的认识。

3. 生命的信息观

生命活动不仅表现为物质循环和能量流动，还表现为信息传递。生命是物质、能量和信息的统一体。生命的信息观不仅把生命看作物质运动的特殊形式，还看作物质运动的组织形式，体现生命的组织性。[1] 遗传信息、生理信息和神经感知信息共同组成生命的信息系统。相对于无机界的信息而言，它们可以按照生命自身的运动规律组织物质运动，从而实现生命的自组织、自复制和自适应。

信息本质上不是物质或能量，但是信息的传递、复制、加工和保存都要以物质为载体，并消耗能量。物质载体的结构不同，表达的信息也不相同。例如，DNA 四种碱基的不同排列组合代表不同的遗传信息。相同的信息在生命系统中也可能表现为不同的形式。例如，神经系统对某一刺激的传递有时表现为电位差，有时表现为某种化学物质的浓度，但是它们传递的内容始终是同一个信息。信息体现出生命系统的有序性，决定了生命系统发展的方向。从时间维度上看，信息在生物进化过程中起着重要的调控作用，进化本质上就是生物遗传信息的变化；从空间维度上看，生命系统的多个层次及层次之间都存在信息传递。例如，遗传信息以基因为单位，通过转录、翻译指导蛋白质的合成，最终影响生物的性状；细胞之间通过信号的产生、传递和接收建立联系；人体的神经调节、体液调节和免疫调节维持了稳定状态；生态系统内部的行为信息、化学信息等与来自环境的光照等物理信息都会影响生态系统的稳定性。

相对于以往强调生命的物质和能量变化的生命本质观，生命的信息观强调信息传递在生物的生长、繁殖和进化中的作用，是从更广泛的意义上去理解生命。例如，生物的多样性本质上就是遗传信息的多样性。因此，学生对生命的信息本质的认识，有助于他们进一步理解生命的多样性和统一性之间的辩证关系。生命信息可以在不同的载体之间转移的特性，也使

---

[1] 沈骊天 . 生命信息与信息生命观 [J]. 系统辩证学学报，1998，6（4）：71-73.

学生对人工智能或人工生命等有更深刻的思考。

4. 进化观

进化观是生命观念的核心。正如迈尔所言，"如果不考虑进化的话，生物学中任何问题都无法获得圆满的解决"，生物的多样性、生存和灭绝等都是进化的结果。进化观的主要内容包括以下几个方面。

（1）生物不是神造的，地球上的生物体可以溯源至共同的祖先，所有的生物之间都有亲缘关系，生物进化是由同一个祖先发展成为现在地球上各式各样生物的过程。进化观解释了生物界统一性和多样性的矛盾，统一性源于它们的共同祖先，多样性则是物种对环境的适应和种族谱系分化的结果。

（2）现代生物进化论的核心观点是自然选择学说。物种的遗传与变异会产生具有一系列性状的个体，自然选择可能导致某些遗传性状在群体中占优势，让那些能更好地适应某种环境的性状保留下来。只有群体中出现的性状差异影响了群体的生存和繁殖，自然选择才会发生。同时，自然选择并不一定导致机体长期沿着一个固定的方向发展。

（3）适应是进化的结果。在一定的条件下，具有较强适应能力的物种会被选择而存活下来，否则就会灭绝。一般来说，适应包含两方面的含义：一是生命系统各层次的结构都适应于一定功能的实现；二是生物的结构及其相关的功能或行为习性适应于该生物在一定环境条件下的生存和延续。因此，进化可以表现为分子的进化、物种的进化、生态系统的进化，也可以表现为生物对环境的适应。

进化观具有对生命现象"终极原因"的解释力，为人们认识生命世界奠定了基础。进化观的形成有助于学生理解生命系统的多样性和统一性、量变和质变的辩证关系，有助于学生从历史的视角看待生命，并运用历史的方法解决问题，进而建立历史唯物主义的世界观。进化观具有浓厚的人文色彩，它的意义远远超出生物学的范畴，对学生合理认识个人的发展、社会的进步、人类的未来等都具有重要意义。

5. 生态观

生态观应是人类关于包括人类社会在内的生态系统运动规律的基本认识和基本观点。[1]生态系统是生物与环境组成的自然系统，生物与环境是一个整体。生态系统的整体性是生态观的核心内容。构成生态系统的生物体和无机环境等各种要素是有序的、自组织的，它们以一定的方式相互联系、相互作用，并且遵循一定的规律运动，每个要素在维持系统的正常功能中都不可或缺，并具有特殊的意义。这些显示出生态系统是协调统一的整体。生态系统内存在复杂的相互作用，表现为生物与生物的竞争与合作、生物对环境的影响和适应等。生态系统内复杂的相互作用，可以使个体、种群、群落和生态系统各个层次保持较长时期的相对稳定。

随着科学技术的迅速发展，生态学的基本原理、思维方式已经超越了生命科学的范畴，而具有一般的世界观和方法论的意义。在生态观的认识中，人类社会被看作社会—经济—自然复合而成的复杂系统，人、自然和社会等要素协调有序，组成紧密相连、不可分割的整体。人作为生态系统的重要组成部分，可以能动地参与生态系统的改造过程。在运用生态学理论去认识和解决有关人、自然和社会相互作用的实际问题时，必须把人与环境视为一个有机的整体，辩证地看待个体与群体、局部与整体的关系。生态观是学生形成可持续发展观的基础，对于学生形成适应社会的必备品格是不可或缺的。

6. 生命系统观

自然界的任何事物普遍以系统的形式存在。生命系统是比物理系统更为复杂的系统，有其独特的规律。

生命系统中的物质具有层次性，表现为从分子到生物圈的有序级联结构。其中，细胞是生物体结构与功能的基本单位。

生命系统具有整体性。生命系统同一层次内各组成要素之间存在复杂的相互作用，表现为一定的结构。例如，碳、氢、氧三种元素组成了结构各异的多种糖类。系统的功能取决于它的结构，结构与功能相适应。生命

[1] 邓国天. 生态观与可持续发展 [J]. 科学技术与辩证法，1998，15（1）：12-15.

系统的高层次的功能或性质并非低层次的简单累加，高层次的生命系统会凸显新的性质，整体大于部分之和。

生命系统具有群体性。生命系统是由许多个体组成的群体，在这一群体中，每个个体都有其独特性。同时，不同的个体又相互配合，共同实现系统的功能。例如，蜜蜂群体中的蜂王、雄蜂和工蜂各司其职，又都不可或缺。对于人类而言，个体的独特价值也要在社会活动中去实现。学生对生命系统群体性和个体性的理解，有助于他们形成敬业奉献精神和团队意识，具有责任担当。

生命系统具有相对的稳定性。生命系统依靠自身的反馈机制维持动态平衡，也称稳态。生命系统的不同层次都存在稳态现象。例如，高等生物通过一定的调节和保护机制使机体保持稳态，以适应环境的变化，从而保证生命活动的正常进行，在群体水平上则表现为生态系统的自动调节。因此，可以说，稳态是生命系统能够正常运行的必要条件。生命系统通过这一自动调节机制使外部环境对系统的干扰保持在一定范围内，维持系统的协调稳定。随着系统从低级到高级、从简单到复杂地不断发展，系统的自我调节能力也会不断提高。

系统观揭示了生物体局部与整体、结构与功能、稳态与动态等辩证关系，有助于学生更好地理解自然界的组织层次和等级体系，更好地认识自然界是一个纵横交错的复杂系统。生命系统观的建立还有利于学生形成整体式思维，避免孤立、片面地看待自然界的问题。

生命观念各组成部分之间并非彼此孤立，而是相互交叉、相互渗透，组成了对生命本质认识的全貌。物质观认为所有的生命活动本质上都是物质运动，都符合物质运动的基本规律。这是生物学研究的基础，也是理解其他生命观念的前提。系统观认为生命系统是一个有机联系的统一整体，对生命系统的层次性、有序性、动态性、整体性的认识，有助于学生建立对生命的物质观、能量观、信息观的统一认识，这也是学生深入理解进化观和生态观的基础。进化观和生态观分别从时间和空间维度上解释了生命系统运动的过程和规律，是最核心也是最具学科特色的生命观念。建立生命观念可以统领对生命本质属性的认识，有利于学生从系统、历史和联系等多个视角看待生命世界，提升生物学理解力。更为重要的是，建立生命观念影响他们对社会和人生的认识，对学生个人终身发展和适应社会需要意义重大。

总之，核心素养视域下的生物学观念立足于学生的发展，关注的是学生对生物学和生命本质的认识，体现了以学科为本到以人为本的转变。生物学观念的构建是学生学以致用的关键，对学生科学思维的形成和内在品质的提高都具有重要意义。

教科书是落实课程标准的重要载体，是衡量学生学习质量的重要依托，是师生教与学的主要依据。教科书的质量直接影响课程标准的实现程度。没有恰当的教科书，不论课程标准如何充溢核心素养，都不能保证在教学实践中落实。[1] 因此，在教科书编写中如何落实核心素养，成为关系核心素养这一课程目标能否顺利实现的关键问题。石鸥等在分析核心素养内涵的基础上提出基于核心素养的教科书的研制，提出要区分学科内容与教科书内容，要精选同时具备学科价值和核心素养发展价值的内容。[2] 彭寿清等提出基于核心素养的教科书要实现从"学科本位"到"以人为本"的转变，遵循核心素养的培养逻辑，组织、整合学科知识，注重教科书的结构化、情境化和活动化。[3] 由此可见，基于核心素养的教科书应该在尊重学科知识的同时，把关注点放在学生的整体发展和成长上，围绕核心素养的基本点，精心选择和设计教科书的内容。在对核心素养相关理论研究的基础上，笔者将对国内外高中生物学教科书中核心素养落实的内容和形式展开比较研究，分析不同版本教科书中体现生物学学科核心素养的特色之处。

---

[1] 石鸥，张文 . 学生核心素养培养呼唤基于核心素养的教科书 [J]. 课程・教科书・教法，2016，36（9）：14-19.

[2] 同 [1].

[3] 彭寿清，张增田 . 从学科知识到核心素养：教科书编写理念的时代转换 [J]. 教育研究，2016，37（12）：106-111.

第二章

国内外高中生物学
教科书中科学本质
观的呈现分析

理解科学本质是形成科学素养的关键。近年来，加强科学本质教育已经成为国际科学教育的共同趋势，有些国家在科学课程标准等文件中规定了科学本质教育的具体内容和目标，我国科学教育领域对科学本质教育也日益重视，在不同学段的科学课程中都明确提出要重视科学本质的教学。中学生物学课程的根本任务之一是帮助学生理解生物学，建立生物学本质观。生物学本质观是科学本质观在生物学中的具体体现，表现出在科学本质某些内涵维度中的独特性，如概念和规律的概率性、生物学的独特价值等。

第一节　教科书中科学本质观内容分析指标框架的确定

　　科学本质指科学根本的属性，回答"科学是什么？""科学如何生成？""科学如何区别于非科学？"等问题。人们对科学本质的理解和认识，就是科学本质观。科学本质观是一种观念，是科学知识生成、科学探究、科学事业等的知识和经验体系在人脑中形成的概括性的认识。虽然科学本质是科学的根本性质，具有固有性，但不同文化、不同信仰、不同时代的人对科学本质的理解可能会有差异，因此产生了多种不同的科学本质观。科学本质观一直处在争议讨论和发展变化之中。要确定科学本质观分析指标，首先需要理解科学本质观的内涵。

一、科学本质观的内涵

（一）科学教育研究中的科学本质观

　　科学教育界认同的科学本质观对实际的科学本质教学内容具有重要影响。不同科学教育学者的科学本质观也存在差异，表 2-1 介绍了几种具有代表性的科学本质观。

表 2-1　几种具有代表性的科学本质观

年份与提出人	科学本质观	特点
1978 年，Rubba 和 Andersen	科学知识的本质： （1）非道德性：科学知识本身无好与坏之分； （2）创造性：科学知识是人的一种创造； （3）发展性：科学知识是不断发展的，并非既定真理； （4）简洁性：若有两个科学知识都能解释某一现象，则选择更简洁的知识； （5）可验证性：科学知识建立在证据的基础上，可以反复验证； （6）统一性：各科学学科是一个统一的整体，共同帮助人们理解自然规律	仅关注科学知识的本质
1996 年，Colleter 和 Chiappetta	（1）科学是一种思维方式； （2）科学是一种探究方法； （3）科学是一个知识体系，具有暂定性和动态性	开始关注科学探究的本质
1999 年，Smith 和 Scharmann	（1）科学知识的本质和科学探究的过程：经验性、可验证性、可重复性、暂定性、自我修正性； （2）科学的价值判断标准：解释力、可预测性、创造性、开放性、简约性、逻辑一致性和质疑性	将科学的价值判断标准列入科学本质范畴
2000 年，Lederman 和 Abd-El-Khalick	科学知识的本质： （1）暂定性：科学知识不是绝对真理，可能随着研究的深入而改变，但在一定时间内具有稳定性； （2）创造性：科学知识是科学家创造性工作的产物； （3）理论和定律：理论和定律都具有科学解释的能力，但它们是不同类型的科学知识体系，两者不能相互转化	总结更为全面的科学本质观

续表

年份与提出人	科学本质观	特点
2000 年，Lederman 和 Abd-El-Khalick	科学探究的本质： （1）经验性：科学知识以经验为基础，科学知识都基于观察或实验的证实； （2）主观性：科学研究会不可避免地受到研究者个人的教育背景、思想观点等主观因素的影响； （3）科学方法多元化：科学研究的方法是多种多样的； （4）观察与推论：科学工作依赖观察和推论，但观察和推论是有区别的，科学观察是基于人的感觉而获得信息，科学推论是科学家提出的对观察到的事物的解释。 科学事业的本质： 科学会受到社会与文化的影响	总结更为全面的科学本质观
2001 年，Moss	（1）科学知识依赖实证，并需经过检验； （2）科学不能为一切问题提供答案； （3）科学知识具有发展性和暂时性； （4）科学是我们认识自然界的一种方式，通过科学探究，我们可以感知、描述和理解自然界； （5）科学用于理论之间的比较，预测和解释自然现象，对已有的研究成果进行检验并提出新的问题； （6）科学探究需要逻辑思维、好奇心、想象力和偶然发现新奇事物的天赋； （7）科学是一种影响并反映社会需要的社会活动，科学家的工作受到社会文化背景和个人经验的影响； （8）科学研究中包含提出问题、收集与分析数据、得出结论、交流和讨论、观察和进行实验	对科学本质内容进行拓展

续表

年份与提出人	科学本质观	特点
2004年，邱明富和高慧莲（中国台湾）	（1）科学知识的本质：累积性、暂时性、创造性、可复制性、公开性； （2）科学探究的本质：实证性，观察是一种理论负载的行为、科学方法的多样化； （3）科学事业的本质：伦理和道德原则、科学家的身份、科学团体的重要性	至此，学界基本认同将科学本质分为科学知识的本质、科学探究的本质和科学事业的本质的分类方式
2006年，刘健智	（1）科学知识的本质：认识性、相对性、公开性、累积性、重复性、局限性； （2）科学探究的本质：实证性、归纳性、创造性、预见性、非固定性、非权威性、非绝对客观性； （3）科学事业的本质：科学与道德、技术、社会、身份，科学共同体	对科学本质三维度的具体内容进行拓展
2015年，Vesterinen	（1）科学试图解释自然现象； （2）科学中不存在唯一的方法； （3）模型和建模对于科学非常重要； （4）科学和技术相互影响； （5）科学发展过程中需要创造力； （6）科学是一个大的社会文化背景的产品； （7）科学的发展具有历史性； （8）科学对文化和社会的影响； （9）科学本质上是一种全球化的现象，对当地和全球都有影响； （10）科学知识的可靠性和暂定性； （11）科学活动具有理论负载的性质	对科学本质内容进行拓展

由表 2-1 可知，科学教育学者提出的科学本质观经历了从只关注科学知识的本质，到开始关注科学探究的本质，再到认同科学本质包括知识本质、探究本质和事业本质三维度的变化过程。虽然科学本质维度划分已确

定，但是对于科学本质三维度中的具体内容，仍然不断有学者提出新的观点。科学教育专家 Lederman 认为，中学阶段的科学本质教学内容应该选择没有争议的科学本质观内容来传授给学生，这一观点也被大多数学者所认同。

（二）国外科学教育文件中的科学本质内容

在科学教育界，对科学本质教学内容的选择存在争议和差异。科学教育文件所阐明的科学本质观是科学本质教学内容的直接体现。因此，下文将介绍国外和国内科学教育文件中的科学本质内容，为分析研究科学本质教学内容奠定理论基础。

1998 年，McComas 对当时世界各国的科学课程文件进行了分析，归纳出了各国课程文件中关注较多的科学本质观点（见表 2-2）。

表 2-2　1998 年各国科学课程文件涉及较多的科学本质观点

科学知识的本质	暂定性	科学知识是暂定但可靠的
	公开性	新产生的科学知识应得到清楚的公开
	创造性	科学具有创造性
	进化性和革命性相统一	科学的变化是进化性和革命性的
	可预测性	科学试图解释自然现象
	理论和定律	理论和定律之间相互联系，却是不同类型的科学知识
科学探究的本质	经验性	科学依赖但不完全依赖经验证据、理性思考和质疑
	主观性	科学具有主观性
科学事业的本质	科学与技术	科学和技术不一样但互相影响
	科学与社会	科学是社会文化传统的一部分，历史、文化和社会对科学都有影响
	人文性	来自不同文化背景的科学家都致力于科学研究
	科学家	科学家具有创造性
	局限性	科学及其方法不能回答所有问题

　　由表 2-2 可以发现，与科学哲学界对科学本质的关注点不同，1998 年各国课程文件更加重视科学事业的本质，强调科学、技术和社会的联系以及人对科学研究的重要影响。

　　近年来，很多国家都进行了科学课程改革，从国家层面颁布了新的科学课程文件，指导国家的科学教育。笔者对部分国家的科学课程标准进行了分析，归纳了其中涉及的科学本质内容（见表 2-3）。

表 2-3　近年来各国科学课程标准中的科学本质内容

年份与文件名	科学本质教学内容
2013 年， 美国《新一代科学 教育标准》	（1）科学知识基于经验证据； （2）科学知识是开放的，随着新证据的出现而不断修订； （3）科学模型、定律、机制和理论可解释自然现象； （4）科学探究应用多样化的方法； （5）科学是一种思维方式； （6）科学假设在自然系统中存在某种秩序和共性； （7）科学是人类努力构建的； （8）科学致力于解决自然和物质世界的问题
2015 年， 《澳大利亚国家科学 课程纲要》	（1）科学是富有协作性和创造性的人类努力的结晶； （2）科学知识具有可争议性，随着新证据的出现而得到修订； （3）科学受到社会的影响，社会价值观和需求会影响科学研究的重点，进行科学实践和技术应用时必须考虑社会影响； （4）科学涉及观察、提问、描述对象的变化和提出模式预测未来； （5）科学基于实证； （6）科学致力于解决问题并为个人决策提供信息； （7）科学知识的进步往往依赖技术的发展，技术进步往往与科学发展相关

续表

年份与文件名	科学本质教学内容
2015 年， 《法国科学课程标准》	（1）科学的建构基于观察和实验，需要假说和实证； （2）科学知识的进步和技术的发展具有相互作用； （3）科学能够影响社会； （4）科学依赖观察和推论，但观察和推论不同
2015 年， 《韩国科学课程标准》	（1）科学在技术、工程、社会、文学、体育、建筑和艺术等职业中起到重要作用； （2）科学基于实证； （3）科学依赖逻辑推理能力和论证能力； （4）科学需要创造力和想象力； （5）科学具有跨学科性； （6）科学方法多种多样； （7）科学需要考虑伦理因素； （8）观察和推论不同； （9）科学模型的作用是解释自然现象和预测未来； （10）科学、技术和社会之间相互影响； （11）科学是人类努力建构的解释自然现象的产物，会随着社会文化背景变化而不断变化； （12）科学问题产生于科学现象和社会问题； （13）合作在科学探究中起重要作用； （14）科学具有暂定性； （15）科学与道德、宗教、政治和文化有关
2015 年， 《新西兰科学课程标准》	（1）科学是一种知识体系，是解释世界的方式； （2）科学知识具有暂定性； （3）科学研究是有理论负载的； （4）科学基于实证和逻辑推论； （5）科学研究成果需要公开，以供同行检阅和讨论； （6）科学用于满足社会中的需求，解决社会中的问题； （7）科学用于开发新技术

续表

年份与文件名	科学本质教学内容
2015 年，《英国国家科学课程标准》	（1）科学试图解释自然现象； （2）科学对经济和社会具有重要影响，也会受社会文化的影响； （3）科学基于实证； （4）科学会随着实践推移发生变化和发展； （5）科学成果需要受到同行评审； （6）科学涉及观察、假设、实验、理论； （7）科学需要考虑可能出现的道德问题
2017 年，中国《普通高中生物学课程标准》	（1）科学知识可能随着研究的深入而改变； （2）科学工作依赖观察和推论； （3）科学工作采用基于实证的范式； （4）科学是创造性的工作； （5）科学工作中要高度关注主观因素的影响； （6）理论和定律赋予科学解释的能力，但二者不尽相同； （7）科学会受到社会和文化的影响

对以上各国科学课程文件涉及的科学本质维度进行归纳可以发现，同1998 年各国科学课程文件中涉及较多的科学本质教学内容相比，近年来部分国家科学课程文件中的科学本质教学内容表现出以下几个特点：一是仍然十分重视科学事业的本质，尤其是人文性和科学、技术和社会的相互影响关系；二是延伸了经验性维度的科学本质内容，更加关注基于观察的经验性证据和推论之间的区别；三是更加强调科学研究中的实证性原则；四是更强调科学的功能，如解释性、解决问题功能和科学对社会、技术的影响，不强调科学的局限性（见表 2-4）。

表 2-4　近年来部分国家科学课程文件中涉及较多的科学本质观点

科学知识的本质	暂定性	科学知识可能随着研究的深入而改变
	解释性	科学模型、定律、机制和理论可解释自然现象
	创造性	科学是创造性的工作
	观察与推论	科学基于观察和推论，而观察和推论不相同
科学探究的本质	科学方法多样化	科学方法多种多样
	实证性	科学基于实证
科学事业的本质	人文性	科学是由来自不同文化背景的人合作努力建构的
	科学与社会	科学与社会相互影响
	科学与技术	科学与技术相互影响

（三）我国科学教育文件中的科学本质内容

我国《普通高中生物学课程标准（2017 年版 2020 年修订）》（简称"新课标"）中呈现了以下科学本质内容要求（见表 2-5）。

表 2-5　《普通高中生物学课程标准（2017 年版 2020 年修订）》中的科学本质内容

科学本质维度	内涵
暂定性	科学知识不是绝对真理，可能随着研究的深入而改变，但在一定时间内具有稳定性
观察和推论	科学工作依赖观察和推论，但观察和推论是有区别的，科学观察是基于人的感觉而获得信息，科学推论是科学家提出的对观察到的事物的解释
实证性	科学工作采用基于实证的范式，科学讲求证据
创造性	科学是创造性的工作，科学研究的整个过程都需要科学家丰富的创造力和想象力
主观性	科学研究不可避免地会受到研究者个人的教育背景、思想观点等主观因素的影响。针对同一数据，不同科学家可能会得出不同的结果。科学工作强调主观因素的影响，同时也要高度关注主观因素的影响

续表

科学本质维度	内涵
理论与定律	理论和定律赋予科学解释的能力，但二者不尽相同，它们是不同类型的科学知识体系，两者不能相互转化。科学理论的产生方式是建构式，科学定律的产生方式是归纳式
社会文化植根性	科学知识受到政治、经济、宗教、哲学等社会文化的影响

将新课标中的科学本质教学内容要求与 Lederman 提出的公认科学本质观进行比较，发现前者基本来源于后者，仅是删去了"科学方法多样化"这一维度。

二、科学本质分析指标框架

2002 年，Abd-El-Khalick 借鉴《面向全体美国人的科学》和《美国国家科学教育标准》中提出的科学本质内容，开创性地提出了在科学教科书中应呈现的科学本质观的 8 个指标：①科学知识基于经验证据；②科学知识的可靠性和暂定性；③科学的重复性和确定性；④科学方法的谬误（不存在逐步的、统一的科学方法）和科学的创造性与想象性；⑤理论负载；⑥科学的局限性；⑦人类在科学的贡献与从事科学事业的权利；⑧科学事业的构成。针对这些科学本质的内容，Abd-El-Khalick 还将教科书中的科学本质内容的呈现方式划分为"显性"（explicitly）和"隐性"（implicitly）两种方式。[1]2008 年，Abd-El-Khalick 等人对之前的科学本质的分析框架进行了修订，重新确立了科学本质框架的 10 个指标，分别是：①科学知识基于经验证据；②科学的推论性；③科学的创造性；④理论负载；⑤科学知识的暂定性；⑥科学方法的谬误；⑦科学理论的性质；⑧科学定律的性质；⑨科学的社会层面；⑩科学的社会和文化嵌入性。[2]后继不断有学者采用或调整他们的分析框架以用于自己的研究，本书采用 Abd-El-

---

[1] Abd-El-Khalick F. Images of nature of science in middle grade science trade books. New Advocate, 2002, 15(2):121–127.

[2] Abd-El-Khalick F, Waters M, Le A P. Representations of nature of science in high school chemistry textbooks over the past four decades[J]. Journal of Research in Science Teaching, 2008, 45(7): 835-855.

Khalick（2008）的科学本质框架，并在该框架中增添"科学与技术的关系""科学的局限性"两个指标，这两个指标也是国际上权威的教育机构或科学教育文件所强调的。本书采用的教科书中科学本质分析指标框架的具体内涵见表2-6。

表 2-6　教科书中科学本质分析指标框架的具体内涵

科学本质的 12 个指标	具体内涵
科学知识基于 经验证据	科学观点往往源于并符合对自然现象的观察，但是科学家并不一定总是能直接观察得到。观察往往是由假设引发，要经过人的认知系统的筛选，借助科学仪器进行，并能运用理论来解释
科学的推论性	在观察与推论之间存在明显的差异。观察是利用感官或感官的外延对自然现象的描述性陈述，并且观察者对于这类自然现象比较容易达成一致（例如，物体总是从高处向低处落下），而推论描述的是不能直接感知的现象（例如，物体向下落是因为重力）。科学理论（例如，重力）都是推断性的，意味着它们只能通过表现或结果来获得或测量
科学的创造性	有时科学发现是偶然的，甚至是出乎意料的。拥有超乎寻常的洞察力和创造力往往会产生新的科学发现。产生科学发现的过程包含人类的创造性，意味着科学家能创造科学解释或科学实体。科学本质的创造性和推论性常常同时存在，这使得科学实体（例如，原子、力场、物种等）都是功能性的理论模型而非对事实的完全复制
理论负载	科学家所坚持的理论、宗教信仰、前认知和期望等的主观因素都会影响他们的科学研究工作。这些主观的背景因素影响科学家对研究问题和方法的选择，并且影响他们对观察结果的解释。这些个性特点或者个人的思维方式在产生科学知识的过程中发挥了重大作用，科学从来不从中立的观察开始
科学知识的 暂定性	科学知识虽然可靠，但从来不是绝对的。所有类别的知识（理论、定律等）都是会发生变化的。当由于概念或理念的发展导致新的证据出现时，或现存证据有了新的解释或对原有科学观念进行修正时，或由于社会和文化氛围的变化导致所建立的研究计划转向时，科学观点就可能发生变化

续表

科学本质的 12 个指标	具体内涵
科学方法的 谬误	科学中并不存在一种程序化的科学方法。虽然的确需要通过观察、假设、测量、检验、共同讨论等步骤来构建科学理论，但是并不存在固定的步骤（如实践的、概念化的或逻辑的）能够正确引导人们修正某些观点，更不用说获得确定的知识
科学理论的 性质	科学理论是稳定的、被证实的并且内在一致的解释系统。科学理论往往包含三个方面的作用：一是解释来自不同研究领域的大量观察结果；二是引发新的研究问题并引导进一步研究；三是对于未来世界具有指导性和预测性。理论往往来源于假设或者模型。因此，只有间接证据能验证理论：科学家从理论中得出具体的可验证的猜测，用于检验观察。预测与观察之间的一致性提高了被检验理论的可信度
科学定律的 性质	一般而言，科学定律是对所观察到的现象之间的关系的描述性陈述。而理论则相反，它是对所观察到的现象或现象规律的推论性解释。与传统观念不同，理论和定律之间没有等级关系（传统观念认为，当获得足够的证据时，理论可以转化为定律，或者说定律的地位更高），理论和定律都是知识的不同形式，一方不会转化成为另一方。理论是科学作为定律的合理产出
科学的社会 层面	科学的社会层面主要体现在两个方面：一是科学事业是在一个大的社会背景下进行的，来自不同国家、机构、不同文化背景的科学家共同致力于科学研究，他们之间会相互交流与合作；二是科学知识是经过社会协商的。这个层面指的是科学事业中的交流与评判机制的建立有着重要价值，通过对科学知识的共同审查有助于提高其客观性，并减少科学家在知识建构过程中的主观性和个人特质（例如，运用于期刊的双盲同行评审就是这一科学本质维度的一个实施体现）

续表

科学本质的 12个指标	具体内涵
科学的社会和文化嵌入性	科学是在一个大的社会文化环境下进行实践的人类事业。因而，科学的结果受到不同文化元素和领域的影响，包括社会结构、世界观、权力结构、哲学、宗教以及政策和经济因素等。这些影响已经通过科学研究的公共资助方面有所显示，并且在某些情况下，在自然现象可接受解释的本质中也有所显示（例如，由于女权主义视角的兴起，以及女性有更多机会加入、参与并领导生物科学事业，导致产生了不同的人类演化体系）
科学与技术的关系	科学与技术之间是相互影响、相互依存、共同发展的，但是科学并不完全等同技术。科学的目的是理解和解释自然世界，而技术的目的是改造世界，使其能满足人的需要。技术带有利益价值属性，科学则带有自然价值属性
科学的局限性	许多事情是不可以通过科学方法来进行有效检验的。例如，一些超自然的宗教信仰，它既不能被证明也不能被完全推翻。在某些情况下，一些可能有效的科学方法可能会被具有这些宗教信仰或者迷信的人拒绝。此外，有时候会产生科学不能解释的现象。科学不能明确地去定义善与恶，虽然有时候科学家可以根据这些行为的后果来讨论这些问题

　　这里需要强调两点：一是上述12个科学本质指标之间是相互联系的。例如，科学知识是基于观察和经验的，但同时它也具有主观性（理论负载）、科学知识的暂定性等特征；又如，科学的推论性和创造性往往共同作用于科学实体，科学与技术之间相互影响，也离不开社会文化背景（科学的社会和文化嵌入性）。这一特点决定了科学本质的呈现方式在教科书中具有内部一致性。二是表中提到的"科学方法的谬误"和"科学与技术的关系"与广义科学本质中的"科学是一系列的研究方法"和"科学、技术、社会"是相区别的。前者指向对科学探究、科学方法以及科学与技术关系的认识，而后者指向科学探究过程技能和方法（如实验操作）以及现代科学技术或者科学发展现状的内容。

三、教科书中科学本质呈现方式的评价标准

上述科学本质所包含的指标在教科书中有没有出现，具体怎样呈现，本书采用了 Abd-El-Khalick（2008）的内容评价标准来判断。该内容评价标准包括显性 / 隐性、理性 / 质朴、内部一致 / 内部不一致三个要素，以反映上述某一特定科学本质指标在教科书中呈现的方式、表达的准确性和各章节之间及与其他科学本质指标的一致程度。

（一）显性 / 隐性

显性 / 隐性在 Abd-El-Khalick、Lederman 之前的研究中是关于科学本质教育的两种教学策略。隐性教学策略认为，学生对科学本质的理解是科学探究活动或者科学实践学习中的"副产品"，它是一种"情感学习成果"，科学本质被认为是对科学过程的态度或倾向。在隐性教学方式中，通常缺少系统的途径来帮助学生深入思考和领悟科学活动中所体现出的科学本质。而显性教学方式则将学生对科学本质的理解看作一种"认知学习成果"，科学本质应明确列入教学目标当中，在显性教学方式中会提供充分而系统的途径（如科学史、具体案例）帮助学生理解科学本质。已有大量的实证研究表明，与隐性教学方式相比，显性教学方式更有助于学生对于科学本质的理解。那么如何区分教科书中科学本质的呈现是显性还是隐性的呢？显性呈现方式是指教科书中的某些文本材料（如陈述、图表等）或反思性的提示（如提问等）明确传达了对科学本质的认识，或者在问题中要求学生思考或总结所给材料（材料中的案例必须足够而充分）中的科学本质；隐性呈现方式是指从教科书文本材料中可能推断出来的对于科学本质的相关认识，这些材料可能不够具体和详细，也很难促进读者去认真思考。例如：

为了反驳或修正质疑，通过实验和观察获得的证据是必要的。在科学中，无论何时利用实验对理论进行推翻或修正都是必要的。（IBDP 教科书，详见后文具体介绍）

教科书中这种呈现方式被判断为对基于观察和经验的显性呈现，因为

它直接传达了科学需要实验和观察，并且教科书中还介绍了巴斯德实验，提供了具体案例支撑。

在 1960 年之前，研究者坚信只有婴儿和小孩的大脑能发生改变，而成年人的大脑是不会改变的，但是现代的研究已经证明成年人的大脑也是具有可塑性的。（IBDP 教科书）

教科书中这种呈现方式被判断为对科学知识的暂定性的隐性呈现，因为它并没有直接传达科学知识是暂定的、不断发生改变的，读者只能根据该案例从其中推断出来。

（二）理性/质朴

理性/质朴要素分析的是某一特定科学本质指标在教科书中呈现的准确度。这种准确度的判断标准来自教科书中对某一特定科学本质指标的呈现与框架中该科学本质指标具体内涵的一致程度（框架中科学本质的具体内涵来源于历史、哲学、社会学、科学心理学以及科学教育改革文件的权威观点）。例如：

为了保证实验数据的客观性，来自不同领域的科学家们常常花大量的时间一起合作，使他们的研究能得到更加广泛的认可。他们也会阅读同行的文章，以便在自己的研究中融入他人的视角。每一位研究者要在期刊上发表自己的文章时，需经过 3 位同行的审查，也就是说一篇文章在发表之前要经过来自同一领域的科学家们的评审，来保证研究的可行性与可靠性。（IBDP 教科书）

教科书中这种呈现方式被判断为对科学的社会性的理性认识，因为它与框架中的"科学的社会层面"这一指标的具体内涵是一致的。

科学家们用理论很好地解释了自然现象，这些理论包含已被验证的假说或定律。（IBDP 教科书）

教科书中这种呈现方式被判断为对科学定律的质朴认识，理论和定律都是知识的不同类型，一方不会转化成为另一方，这在框架中是有表述的。而此例中提出理论包含定律，这显然是与前者相矛盾的。

（三）内部一致 / 内部不一致

内部一致 / 内部不一致要素分析的是某一特定科学本质指标与其他相关的科学本质指标在整本教科书中是否具有内部一致性。比如，对于"科学知识的暂定性"这一科学本质指标，同一本教科书在某一章节表达了"科学知识的发展是不断变化的，会随着新证据的出现而不断修正"，但是在另一章节的陈述中又认为"科学定律是不容置疑的事实"，这样的呈现被认定为内部不一致的表述，因为在该教科书中对于"科学知识的暂定性"和"科学定律的性质"两个指标的认识是相冲突的。

第二节　科学本质观分析对象的选择

已有的研究表明，学生的科学本质观需要教师或教科书以显性化的形式帮助学生通过反思等活动而形成。目前，国际科学教育的改革文件、课程标准中也都主张科学本质内容显性化呈现。在国内外教科书科学本质观比较的研究中，笔者通过对不同版本国外高中生物学教科书的梳理，从中选择了以显性化的形式呈现科学本质内容的教科书作为研究对象，我国教科书则选择人教版《普通高中教科书·生物学》（2019 年版）。

一、AP 教科书

20 世纪 50 年代，美国为了满足高素质人才的需求，增强高中教育和大学教育之间的衔接，为学有余力的学生开设了一类具有一定难度的大学先修课程——AP 课程（Advanced Program Courses）。

（一）AP 课程简介

AP 课程是高中阶段的课程，主要针对的是成绩优异的高中生。同时，AP 课程相对于一般的高中课程难度较大，理论层次较高，其难度一般相当于美国大学一年级水平，学生可以通过 AP 考试，直接申请大学的学分。目前，AP 课程的开设不再局限于美国本土，已经成为全球高中阶段国际课程的代表，在世界各地迅速发展。AP 课程以学生的发展为核心理念，以追求卓越为目标，分别在自然科学、数学与计算机科学、语言与文化等多个领域开设了不同科目和层次的相关课程。[1]AP 课程拓展了高中阶段课程学习内容的广度和深度，为学有余力的学生提供了开发潜能的机会。在 AP 课程教学中，教学方式上多以学生为中心、以社会为中心组织教学，有利于学生的问题解决能力、批判性思维能力的发展。学生在课程的选择上具有很大的灵活性，满足个性需求，体现了多样化和个性化的结合。

（二）AP 教科书

笔者选用的 *BIOLOGY*（AP）是由 Sylvia S. Mader、Michael Windelspecht 联合编著，麦格劳 – 希尔教育集团于 2013 年出版的 AP 生物学教科书（以下简称"AP 教科书"）。该教科书内含丰富的科学本质观内容，还专门设立了"Nature of Science"（科学本质）栏目，以突出对学生科学本质观的培养，具有较大的研究价值。该教科书共包括 8 个单元，每个单元下分设多个章节，见表 2-7。

表 2-7　AP 教科书内容框架

单元	章节
单元 1：细胞	（1）生物学中的科学主题 （2）基础化学 （3）有机分子化学 （4）细胞结构与功能 （5）膜结构与功能 （6）新陈代谢：能量和酶 （7）光合作用 （8）细胞呼吸

---

[1] 张婷婷 . 美国高中大学先修课程的发展及启示 [J]. 教育科学研究，2015（11）：60-66.

续表

单元	章节
单元 2：生命的遗传基础	（9）细胞周期和细胞繁殖 （10）减数分裂和有性生殖 （11）孟德尔遗传模式 （12）基因分子生物学 （13）基因的表达调控 （14）生物技术与基因组学
单元 3：进化论	（15）达尔文与进化论 （16）种群是如何进化的 （17）物种形成和宏观进化论 （18）生命的起源和历史 （19）分类学和系统学
单元 4：微生物与进化	（20）病毒、细菌和古生菌 （21）原生生物的进化和多样性 （22）真菌的进化和多样性
单元 5：植物进化论与生物学	（23）植物进化与多样性 （24）开花植物：结构与组织 （25）开花植物：营养与运输 （26）开花植物：生长控制 （27）开花植物：繁殖
单元 6：动物进化与多样性	（28）无脊椎动物的进化 （29）脊椎动物的进化 （30）人类的进化

续表

单元	章节
单元 7：比较动物生物学	（31）动物组织和稳态 （32）循环和心血管系统 （33）淋巴和免疫系统 （34）消化系统和营养 （35）呼吸和人体健康 （36）体液调节和排泄系统 （37）神经元和神经系统 （38）躯体感觉 （39）运动和支撑系统 （40）激素和内分泌系统 （41）生殖系统 （42）动物发育与衰老
单元 8：动物行为与生态	（43）行为生态学 （44）种群生态学 （45）种群与系统生态学 （46）主要的生物圈系统 （47）生物多样性的保护

二、IBDP 教科书

（一）IBDP 课程简介

国际文凭课程（International Baccalaureate Diploma Programme，简称 IBDP）是国际文凭组织（International Baccalaureate Organization，简称 IBO）为 16～19 岁的学生提供的为期两年的、广受国际认可的大学预科课程。IBDP 秉持"终身学习、全人发展和国际理解"的教育理念，旨在通过富有挑战的、全面的教育，全面发展学生的知识、技能和态度，使他们能够理解和应对复杂的世界，在未来社会采取负责任的行动。为此，IBDP 为学生提供了均衡而有深度的课程体系，包括六个学科群（语言与文学、习得性语言、个体与社会、科学、数学、艺术）和三门核心课程[知识论（TOK），拓展论文（EE），创造、行动与服务（CAS）]。其中，第四学科群（科学）要求学生在学习完科学课程后，应达到以下目标：（1）在激励和挑战中，欣赏全球的科学研究和创造力；（2）获得有关科学及技术的知识、方法和技术；（3）应用和使用描述科学及技术的知识、方法和技术；（4）培养分析、评价和综合运用科学信息的能力；（5）培养对科学活动中的有效协作、交流的必要性及价值观的批判性认识；（6）发展实验、调查等科学技能；（7）在科学研究中发展和应用21世纪的信息技能；（8）作为世界公民，能敏锐地认识到使用科学和技术带来的道德影响；（9）对科学和技术在可能性和局限性上的认识；（10）了解科学学科之间的关系及其对其他知识领域的影响[1]。可以看出，学习 IBDP 的学生不仅要掌握基本的科学知识和技能，更为重要的是形成对科学的认知和欣赏力。因此，帮助学生理解科学本质是 IBDP 的一项重要任务。

（二）IBDP 教科书

生物学属于第四学科群（科学）。学科群的每个科目分别设立基础水平（Standard Level，简称 SL）和高级水平（High Level，简称 HL）两个层次。SL 是为普通水平的学生而准备，HL 是为学有余力、知识储备量和理解能力相对较高的学生而准备。由于我国目前所使用的高中生物学教科书面对的是全体学生，考虑到一般学生的认知和理解水平，本书所选定的教科书是 IBDP 中基础水平（SL）的教科书，是由 Patricia Tosto、Randy McGonegal 和 William Ward 联合编著，在 2014 年出版的 *Biology-Standard Level-Pearson Baccalaureate for IB Diploma Programs*（以下简称"IBDP 教科书"）。该教科书包括 6 个核心主题和 4 个选修主题，每个主题下设有多个次级主题，见表 2-8。

---

[1] International Baccalaureate Organization. Biology guide: first assessment 2016[M]. International Baccalaureate, 2015: 1-169.

表 2-8　IBDP 教科书内容框架

核心 / 选修主题	次级主题
核心	
主题 1：细胞	1.1　细胞学说、细胞分化、细胞替代 1.2　细胞的超微结构　1.3　膜结构 1.4　膜运输　1.5　细胞的起源　1.6　细胞分化
主题 2：生物分子	2.1　分子的代谢　2.2　水 2.3　碳水化合物和脂质　2.4　蛋白质 2.5　酶　2.6　DNA 和 RNA 的结构 2.7　DNA 的复制、转录和翻译　2.8　细胞呼吸 2.9　光合作用
主题 3：遗传	3.1　基因　3.2　染色体 3.3　减数分裂　3.4　遗传 3.5　基因修饰和生物技术
主题 4：生态	4.1　物种、群落和生态系统　4.2　能量流动 4.3　碳循环　4.4　气候变化
主题 5：进化与生物多样性	5.1　进化的证据　5.2　自然选择 5.3　生物多样性的分类　5.4　分支生物学
主题 6：人体生理学	6.1　消化和吸收　6.2　血液循环系统 6.3　对传染病的免疫　6.4　气体交换 6.5　神经元和突触　6.6　激素、稳态和繁殖
选修	
主题 A：神经生物学和行为学	A1. 神经发育　A2. 人脑　A3. 知觉与刺激
主题 B：生物工程和生物信息学	B1. 微生物学：生物产业　B2. 农业中的生物技术 B3. 环境保护
主题 C：生态与保护	C1. 物种和群落　C2. 群落和生态系统 C3. 人类对生态系统的影响 C4. 生物多样性的保护
主题 D：人体生理学	D1. 人体的营养　D2. 消化　D3. 肝功能 D4. 心脏

三、美国教科书

由麦格劳 – 希尔教育集团于 2017 年出版的 *GLENCOE Biology*（以下简称"美国教科书"）是美国主流生物学教科书之一，主要由"生态学""细胞""遗传""生物多样性的历史""细菌、病毒、原生生物、真菌""植物""无脊椎动物""脊椎动物"和"人体生理"等九个单元组成，涵盖美国 9 ～ 12 年级的生物学内容。该教科书的主要特点是其所有的单元和章节都围绕生物学的主题、大概念和主要（重要）概念展开，此外，前导单元中还专设一章"科学本质"，重点阐述科学本质的基本观点及内涵。美国教科书的基本内容框架见表 2-9。

表 2-9　美国教科书内容框架

单元	章节
单元 1：生态学	（1）生命科学
	（2）生态学原理
	（3）群落、群系和生态系统
	（4）种群生态学
	（5）生物多样性及保护
单元 2：细胞	（6）细胞的化学基础
	（7）细胞的结构与功能
	（8）细胞的能量
	（9）细胞的繁殖
单元 3：遗传	（10）有性生殖和遗传
	（11）复杂遗传模式和人类遗传
	（12）分子遗传
	（13）基因工程
单元 4：生物多样性的历史	（14）生命的演化
	（15）现代生物进化理论
	（16）灵长类动物的演化
	（17）生物多样性的分类

续表

单元	章节
单元5：细菌、病毒、原生生物、真菌	（18）细菌、病毒
	（19）原生生物
	（20）真菌
单元6：植物	（21）什么是植物?
	（22）植物的结构与功能
	（23）植物繁殖
单元7：无脊椎动物	（24）什么是动物?
	（25）蠕虫和软体动物
	（26）节肢动物
	（27）棘皮动物和无脊椎动物
单元8：脊椎动物	（28）鱼类和两栖类
	（29）爬行类和鸟类
	（30）哺乳类
	（31）动物的行为
单元9：人体生理	（32）皮肤、骨骼和肌肉组织
	（33）神经系统
	（34）呼吸循环和泌尿系统
	（35）消化和内分泌系统
	（36）生殖和发育
	（37）免疫系统

四、澳大利亚纳尔逊教科书

澳大利亚 *NELSON Biology*（以下简称"纳尔逊教科书"）是由圣智学习出版公司出版的高中生物学教科书，符合澳大利亚课程、评估及报告权威机构（The Australian Curriculum, Assessment and Reporting Authority，简称 ACARA）对其高级中学生物学课程的要求，旨在让学生从细胞水平到广阔的生物群落水平了解生命的复杂性，领悟生命的奇妙之美及其相互联系，理解相关真实情境，并学会理性、批判性看待科学问题。该教科书是由在学术研究及中学教育等方面富有经验的专家团队联合编著，达到澳大利亚 A 成就标准水平，分为上、下册。上册包含单元 1 和单元 2，下册包含单元 3 和单元 4，每个单元的主题不同，每个主题下设有多个次级主题，见表 2-10。

表 2-10　纳尔逊教科书内容框架

	单元主题	次级主题
上册	单元 1：生物的多样性及其相互联系	1.1　生物的多样性 1.2　生物多样性的分类 1.3　生物多样性的生态系统 1.4　生态系统中的能量和物质 1.5　种群动态 1.6　生态系统的变化
	单元 2：细胞和多细胞生物	2.1　细胞 2.2　细胞环境 2.3　细胞器 2.4　多细胞生物的细胞 2.5　动物生命系统 2.6　植物生命系统 2.7　科学调查研究
下册	单元 3：生命的遗传和延续	3.1　DNA 3.2　遗传密码 3.3　基因变异 3.4　孟德尔遗传学 3.5　生物技术和遗传技术 3.6　进化的证据 3.7　自然选择和物种的形态
	单元 4：维持内环境稳态	4.1　自我平衡：调节与控制 4.2　检测与响应 4.3　病原体 4.4　非条件反射 4.5　适应性反应 4.6　公共卫生 4.7　科学调查研究

第三节　教科书呈现科学本质观的特点分析

笔者对国内外不同版本教科书中呈现科学本质观的内容进行了梳理，具体的结果如下。

一、AP 教科书中科学本质内容呈现的特点分析

AP 教科书通过多种形式体现科学本质观，在正文、栏目中都存在大量的对科学本质的显性化描述。整体而言，教科书中对科学本质的具体维度的呈现更加侧重科学知识基于经验证据、暂定性以及科学的社会和文化嵌入性等方面。具体的分析结果如下。

（一）通过设计专栏，对科学本质观进行外显且理性的呈现

AP 教科书单独设置科学本质栏目，全书的科学本质栏目共计 34 个。科学本质栏目通过多样化的生物学内容体现科学本质的内涵，有科学前沿的热点话题（如 DNA 条形码、人工肺、生殖性克隆和治疗性克隆等），有生物学中具体的知识（如酶抑制剂可导致死亡、达尔文理论的遗传学基础、疾病中 mRNA 加工的异常、脂肪对人的作用等），有对具体的科学方法的讨论（如统计学的利与弊、DNA 微阵列技术等），也有结合科学在日常生活中应用的实例（如发酵与食品制作、竹子的多种用途、植物的清洁作用等）。科学本质栏目结合以上具体的内容，一般会在栏目正文部分的结尾处，显性化地总结出科学本质的具体内容，在最后会提出相应的问题，引导学生思考科学本质的内涵。由此，学生不仅达到科学学习的目标，还能够理解科学知识背后的意义及本质，形成科学的思维和观念。例如，教科书的"生命的物质基础——有机大分子"一节中，科学本质栏目展示了随着研究的深入，人们对动物脂肪、反式脂肪的认识逐渐发生了变化，生活习惯也受到影响。栏目的最后一段中，明确指出了"科学知识的暂定性——科学知识会随着新证据的出现而不断完善"的本质（如图 2-1）。这种专设科学本质栏目的呈现方式，通过显性化的方式呈现科学本质，能够为学生理解科学本质提供明确的指引，有利于他们科学本质观的形成。

Nature of Science

Everyone Needs a Little Fat, Right?

Fats are an essential part of the diet. They provide lots of energy, having more than twice the caloric density of carbohydrates. Fats are needed to build and maintain cell membranes, which are critical to biological life, as well as hormones like testosterone and estrogen, and they provide essential padding for our internal organs. Fats are also a major reason why some foods taste good.

A short time ago, scientists and nutritionists thought that too much fat was bad for you. Now we know that saturated fats, which come from animals and are solid at room temperature, have effects in the body that are different from those of unsaturated fats, which come from plants and are liquid at room temperature. Saturated fats are flat molecules that easily stick together in the blood, and too much saturated fat has been shown by scientists to negatively affect heart health, contributing to clogging of arteries and coronary heart disease (CHD). By comparison, unsaturated fats seem to help prevent CHD because they don't stick together in the blood, and therefore don't clog arteries.

A Food Revolution

Unsaturated fats might be healthier for you, but plant oils can easily go rancid and aren't solid at room temperature, which makes them more difficult to cook with and to use in solid food products. To get around this problem, food manufacturers hydrogenated unsaturated fatty acids by heating the oil and exposing it to hydrogen gas. This treatment made the otherwise liquid plant oils semi-solid at room temperature, and gave foods containing partially hydrogenated oils better shelf life.

An unintended consequence of hydrogenation, however, was the formation of **trans-fats**. Many commercially packaged foods contain trans-fats, which recently have been shown to increase LDL or "bad" cholesterol and lower HDL or "good" cholesterol in the blood. Trans-fat consumption also appears to increase risk of CHD and heart attack.

Scientific Evidence Changes Our Perceptions

Initially, investigators thought that the total amount of lipid in the diet caused coronary and other heart-related diseases. As scientific evidence accumulated showing a distinction between the effects of saturated and unsaturated fats, public perception changed. Until recently, trans-fats were of little concern to the general public, and people readily consumed them without much thought. As science has brought the negative effects of trans-fats to light, perception has changed once again. Public outcry has prompted changes in the food services industry, with clear labeling of trans-fats on all food products and with more restaurants using trans-fat-free oils during cooking.

This example shows how our perceptions change over time based on scientific evidence, and it illustrates the essential role that science plays in the common good. Science constantly refines what we know as new evidence provides greater insights into how we function and live.

Questions to Consider

1. How much trans-fat do you consume daily?
2. What is the chemical structure of a trans-fat compared to a non-trans-fat?
3. How might your new scientific knowledge of fats affect your nutritional decision-making?

图 2-1　AP 教科书中“呼吸和人体健康”主题下的科学本质栏目

（二）科学本质内涵的同一维度在不同单元主题中反复呈现

AP 教科书中不仅设置了专门的栏目来体现科学本质，在正文中科学本质观也有显性化的呈现。例如，教科书第 1 章第 4 节就对科学研究中的一系列方法及研究过程进行了阐述，解释了科学本质的内涵。教科书中对科学本质的呈现也有些是隐性化的描述，将科学本质蕴涵在科学史、科学探究案例等素材之中（见表 2-11）。

由此，可以看出，相同的科学本质内涵的维度在教科书的不同章节中反复呈现，通过不同的科学知识、现象来显性或者隐性地反映科学本质观，为学生科学本质观的建构提供了多样化的情境素材，而不是机械地、平铺直叙地告诉学生科学本质到底是什么，这样的设计有利于学生逐步加深对科学本质内涵的理解，继而在头脑中形成持久的科学本质观。

表 2-11 AP 教科书中科学本质指标分析框架

科学本质内涵的维度	实例节选
科学知识基于经验证据	实例 1：科学家们用他们所有的感官进行观察。黑猩猩的行为可以通过视觉手段来观察，臭鼬的性情可以通过嗅觉手段来观察，响尾蛇发出的警告可以提供危险即将到来的听觉信息。科学家还可以通过使用仪器来扩展他们的感官能力，例如，显微镜可以看到肉眼无法看到的物体。（P11 正文） 实例 2：20 世纪中叶是科学发现激动人心的时期，一方面，遗传学家忙于确定 DNA 是生物的遗传物质；另一方面，生物化学家不断地尝试描述 DNA 的结构。在这个时代，一系列经典实验的开展为现代分子生物学知识的大爆发奠定基础。（P215 正文） 实例 3：Theodosius Dobzhansk……是最早为自然选择提供实验室证据的科学家之一。他说，生物学界没有任何东西是有意义的，除非参照进化。通过自然选择理解进化论不仅会帮助你理解地球上生命的多样性，而且会帮助你预想发生在你周围的突变、适应和繁殖等一系列的事件。（P170 导入）
科学知识的暂定性	实例 1：随着系统学家更多地了解更多生物，分类学也会经常发生变化。（P6 正文） 实例 2：曾经，人们相信生物含有一种生命力，使他们得以生存。随着时间的推移，科学已经告诉我们生物和非生物都是由相同的元素构成的。（P21 导入） 实例 3：多年来，科学家认为内含子在基因中就是浪费了空间。现在，我们意识到它们在细胞中有几个关键的功能……（P227 正文）

（三）通过"生命伦理问题"栏目渗透"科学的社会和文化嵌入性"要素

AP 教科书在章尾的习题后专门设置了"生命伦理问题"栏目，展示与章节主题相关的生物医学、环境与人口、动物实验和植物保护及器官移植等方面的道德问题，旨在使学生认识科学是在一个大的社会文化环境下进行实践的人类事业。因而，科学会受到不同文化元素和领域的影响，侧重渗透科学的社会和文化嵌入性这一特征。科学事业的本质是科学本质的一个重要组成部分，有学者认为，科学事业的本质主要体现在三个方面：科学的伦理和道德原则，科学、技术与社会的关系，科学家的身份和科学共同体。其中，学生科学的伦理和道德原则的形成，如以条文的方式机械地灌输绝非明智之举，学生只有在自然的情况下通过体验性的学习来领悟科学研究中的伦理和道德原则的重要性，才能印象深刻，才能做到身体力行。AP 教科书中就为学生呈现了多个与人类生活相关的实例，学生可以通过实例的学习体会到科学中的伦理道德问题，更深入地理解科学、技术与社会的关系。例如，在学习了组成生命的各种化学分子之后，教科书在该章的末尾指出，"近年来的研究表明，人工合成的有机化合物（如杀虫剂、除草剂、消毒剂、塑料和纺织品等）可以通过生物圈的物质循环进入环境甚至人体之中，对环境和人体的健康造成危害，因此应该严格规范工业化合物的使用"，体现了工业化合物在给生活带来便利的同时，也引发环境和健康问题；在人体呼吸系统章末尾的"生命伦理问题"栏目中，教科书阐述了抗生素在细菌性疾病治疗中的重要作用，同时也表明抗生素的不当使用会导致耐药性现象，因此，要合理地使用抗生素（如图 2-2）。

Bioethical Issue
Organic Pollutants

Organic compounds include the carbohydrates, proteins, lipids, and nucleic acids that make up our bodies. Modern industry also uses all sorts of organic compounds that are synthetically produced. Indeed, our modern way of life wouldn't be possible without synthetic organic compounds.

Pesticides, herbicides, disinfectants, plastics, and textiles contain organic substances that are termed pollutants when they enter the natural environment and cause harm to living things. Global use of pesticides has increased dramatically since the 1950s, and modern pesticides are ten times more toxic than those of the 1950s. The Centers for Disease Control and Prevention in Atlanta reports that 40% of children working in agricultural fields now show signs of pesticide poisoning. The U.S. Geological Survey estimates that 32 million people in urban areas and 10 million people in rural areas are using groundwater that contains organic pollutants. J. Charles Fox, an official of the Environmental Protection Agency, says that "over the life of a person, ingestion of these chemicals has been shown to have adverse health effects such as cancer, reproductive problems, and developmental effects."

At one time, people failed to realize that everything in the environment is connected to everything else. In other words, they didn't know that an organic chemical can wander far from the site of its entry into the environment and that eventually these chemicals can enter our own bodies and cause harm. Now that we are aware of this outcome, we have to decide as a society how to proceed. We might decide to do nothing if the percentage of people dying from exposure to organic pollutants is small. Or we might decide to regulate the use of industrial compounds more strictly than has been done in the past. We could also decide that we need better ways of purifying public and private water supplies so that they do not contain organic pollutants.

Bioethical Issue
Antibiotic Therapy

Antibiotics can cure many respiratory infections, but problems are associated with antibiotic therapy. Aside from a possible allergic reaction, antibiotics not only kill off disease-causing bacteria, but they also reduce the number of beneficial bacteria in the intestinal tract and other locations. These beneficial bacteria hold in check the growth of other pathogens that now begin to flourish. Diarrhea can result, as can yeast infections.

Especially alarming is the occurrence of bacterial resistance. Resistance takes place when vulnerable bacteria are killed off by an antibiotic, while resistant bacteria continue to live and thus become more prevalent. Many bacteria that cause ear, nose, and throat infections as well as scarlet fever and pneumonia have developed resistant populations because we have not been using antibiotics properly. Moreover, new strains of the bacterium that causes tuberculosis are resistant to the usual combined antibiotic therapy. As mentioned in Chapter 20, methicillin resistant *Staphylococcus aureus* (MRSA) infection has become a major concern in hospitals and other institutions; infection with this bacterium can be deadly.

Every citizen needs to be aware of the serious problem of antibiotic resistance. Stuart Levy, a Tufts University School of Medicine microbiologist, says that we should do what is ethical for society and ourselves. Antibiotics kill bacteria, not viruses—therefore, we shouldn't take antibiotics unless we know for sure we have a bacterial infection. And we shouldn't take them prophylactically—that is, just in case we might need one. If antibiotics are taken in low dosages and intermittently, resistant strains are more likely to arise. Many experts advocate that the use of antibiotics in animals produced for food should be pared down, and household disinfectants should no longer be spiked with antibacterial agents such as triclosan, often found in hand soaps. Perhaps then, Levy says, vulnerable bacteria will begin to supplant the resistant ones in the population.[1]

图 2-2　AP 教科书中"生命伦理问题"栏目实例

　　上述两个例子分别是对环境和医学领域中出现的与章节主题相关的生命伦理问题的陈述，引导学生运用所学的科学知识分析及思考现实生活中的科学、技术与社会相关的问题，并辩证地看待问题。与此同时，该栏目隐含"科学是在一个大的整体环境下进行实践的人类事业，受到各种因素的影响，特别是道德伦理方面的影响"的观点，侧重渗透"科学的社会和文化嵌入性"这一要素的培养。

二、IBDP 教科书中科学本质内容呈现的特点分析

　　IBDP 教科书是 IBDP 生物学课程大纲的具体实施体现，在 IBDP 生物学课程大纲中对科学本质有着自己的界定。

　　Biology guide（以下简称"《指南》"）是 IBDP 生物学课程大纲文件，于 2016 年修订后投入使用。修订后的《指南》的一个重要变化就是增加了"科学的本质"这一全新的课程模块（这一模块在 IBDP 第四学科群的所有学科课程大纲文件中都以独立的模块存在，并保持一致），对科学本质进行了全面系统的描述，并将其作为课程主旨，在课程内容和课程评价

中进行一以贯之的落实，旨在帮助教师和学生理解"科学是什么"。《指南》中对科学本质的描述见表 2-12。

表 2-12　《指南》中科学本质的维度与基本内涵

维度	基本内涵（总结）
1.什么是科学，什么是科学研究	（1）科学的基本假设是世界是一个独立的、可被感知的外部现实； （2）理论科学、应用科学、工程技术这些领域是互相交叉与融合的； （3）科学方法是多元的； （4）科学探索需要创造和想象力，以及严谨的思考和应用； （5）许多科学发现常常来自直觉； （6）科学家运用的术语和推理过程是共同统一的； （7）科学需要基于证据进行合理的怀疑； （8）科学重视证据，科学家通过观察、实验等多种途径获得证据，仪器和技术的发展常常推动新发现产生； （9）新的证据可以对理论进行完善和修正； （10）模型可以解释无法通过实验或观察解释的现象； （11）实验结果可以为科学论证提供证据； （12）信息技术的发展使建模发挥更大的作用； （13）科学研究是一项人类活动，人们在科学研究中具有共同的方法体系和原则
2.理解科学	（1）理论、定律、假设都是不同的科学概念； （2）理论可以解释世界，检验假设，作出预测； （3）假说和新理论的产生都要基于已有的理论，也会出现理论的"范式转移"； （4）定律是源于对一般行为模式的观察得出的规范化的陈述，科学规律可以根据新的证据进行修正； （5）假设可通过实验和观察来验证； （6）对自然界的解释必须是简明且可检验的； （7）"奥姆剃刀定律"指理论在具有最大解释力的前提下应尽可能地简化； （8）相关性和因果关系也是重要的科学概念； （9）实验有其局限性，可以通过抽样等多种方法来开展研究

续表

维度	基本内涵（总结）
3. 科学的客观性	（1）科学研究中的数据极其重要； （2）重复测量和增多样本量可以提高数据的可靠性； （3）科学家需要避免随机误差和系统误差，提供尽可能真实的数据； （4）科学家需要理解误差、不确定性、准确性与精确性之间的差异，通过多种技术手段提高数据的可靠性； （5）科学家要尽量避免认知的偏见； （6）虽然一些科学发现不能完全被科学家精确观测，但能确定其存在； （7）技术的发展有利于大数据的收集和储存； （8）科学研究需要使用由科学家编写的软件来进行数据分析，这些数据和软件可被研究人员广泛使用
4. 科学的人文性	（1）科学是高度协作的，由科学、工程、技术等不同领域的工作人员组成科学共同体，从不同领域出发来解决同一个问题； （2）科学团队合作应当基于一个普遍认识：科学是开放和自由的； （3）科学家的合作包括研究成果的交流和各种研究活动的协作； （4）科学家发表自己的成果，并与其他科学家共享、交流； （5）科学家在一些领域的研究发现具有重大的伦理和政治意义； （6）科学研究中保证数据完整而真实地呈现是最重要的，要确保学术诚信； （7）科学研究必须得到社会的资助，资金的来源很重要； （8）科学也存在伦理道德和社会发展上的问题
5. 科学素养与公众对科学的理解	（1）科学家对于社会和公众层面理解科学有重要作用； （2）科学家在其专业之外的科学议题上，可能并不比普通公众更有资格提建议； （3）科学素养包括能够认识和辨别错误的推理； （4）偏见和谬误可以导致伪科学； （5）科学家能使用专业术语描述科学，术语在日常生活和科学语境中具有不同的意义； （6）科学领域能进行各项富有创造力和想象力的无限探索，还存在许多科学问题等待挑战

通过对比《指南》与前文教科书中科学本质分析指标框架可以发现，《指南》中科学本质模块前四个维度是教科书科学本质分析框架中 12 个指标内涵的展开与细化，第五维度"科学素养与公众对科学的理解"详细地展现了科学家所具备的区别于公众的科学素养（如能辨别和纠正错误的推理，能恰当使用科学术语等），并充分描述了公众理解科学的重要意义（如普通公众也可能在一些科学问题中提出解决的方法和策略）。《指南》中这种对科学本质的描述与其课程的目标相关，因为 IBDP 生物学 HL 课程是为有志于今后从事生物学相关领域研究的学生而设置的。IBDP 教科书在呈现科学本质内容时，有着与前文 12 个科学本质指标不同的呈现内容。另外，IBDP 教科书在栏目设置、内容组织上有独特之处，同样影响科学本质内容的传递和呈现。IBDP 教科书在每个次级主题的正文内容中都设置了大量不同的旁栏，包括科学本质、知识论、国际连线、应用、有趣的事实、提示、挑战自我等多个栏目。IBDP 教科书在呈现科学本质内容时，既对《指南》中的"科学本质"进行了具体化呈现，还在其中融合了 IB 课程本身与时俱进的培养理念，让学生在正确认识科学的同时，思维能力以及情感、态度和价值观也得到进一步发展。笔者通过分析发现，IBDP 教科书中科学本质的呈现具有如下特点。

（一）专设科学本质栏目，对科学本质进行具体且外显的呈现

在 IBDP 教科书中，每一个次级主题下都开设科学本质栏目，这些科学本质栏目分为两种。一种是呈现在正文内容之前，作为本节内容的学习目标之一。教科书中的科学本质栏目设置的目的是让学生在整个学习过程中，都能够思考科学知识的本质、科学过程的本质，从整个学科的宏观角度思考科学方法、科学成果的可信度、科学中的人为因素的影响等。[1] 教科书中的每一节课最少有一个专门的栏目来显性化地呈现科学本质，图 2-3 中展示了"细胞中的水"一章科学本质的学习目标：运用氢键的理论解释水的性质。在正式学习开始之前，专门的栏目就能让学

---

[1] 包春莹. 例谈国外生物学教科书中关于科学本质的内容及其启示 [J]. 中学生物教学，2017（11）：4-7.

生明白这一节课的内容所体现的科学本质的内涵，从而能够有目的进行学习。

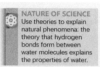

2.2 Water

Understandings:
- Water molecules are polar and hydrogen bonds form between them.
- Hydrogen bonding and dipolarity explain the cohesive, adhesive, thermal, and solvent properties of water.
- Substances can be hydrophilic or hydrophobic.

图 2-3 IBDP 教科书"2.2 分子的代谢"学习目标中的科学本质栏目

另外一种科学本质栏目嵌在正文内容之中，是结合具体案例对目标科学本质的细化。它与目标科学本质是总分的关系，目的就是让学生通过对某一主题内容的学习，不仅能够掌握相关的科学知识，还能理解科学背后的意义，形成科学的思维和观念。在这些正文的科学本质栏目中，往往结合了一些科学故事或者案例，在具体的生物学情境中呈现科学本质。以"2.2 分子的代谢"正文中的科学史为例，教科书中详细描述了维勒人工合成尿素的科学史料，以呈现科学本质（如图2-4）。在这个例子中展示了哪些科学本质呢？一是科学理论会随着时间不断发生修正，随着维勒人工合成尿素的实验证据的出现，人们对于活力论提出了质疑，并且在其他证据的支持下，提出了并没有特殊的生命元素存在的结论；二是科学发现常常是偶然的，维勒人工合成尿素实验并不是为了反对活力论而专门设计的，但是他的成果为活力论提供了有力的反证；三是"通常来说，一个新的科学发现并不会立马被所有人认识到它的重要性，这就是为什么科学发现需要公开发表的原因之一"，公开发表可以让整个科学机构都能看到并理解这一新的科学发现。

NATURE OF SCIENCE

It is difficult for people growing up and learning in today's world to truly appreciate the scientific ideas of the past. One of the philosophies that was widely held nearly two centuries ago was called vitalism. Vitalism was the belief that living organisms and inanimate things differed fundamentally because living organisms contained a non-physical or vitalistic element, and were subject to different principles of nature compared with non-living things. A part of this philosophy even suggested that the organic molecules that are characteristic of living organisms could only be produced within living organisms.

One example of an organic molecule is urea. Urea is produced in some living organisms as a nitrogenous waste product. In mammals, including humans, urea is produced in the liver, enters the bloodstream, and is then filtered out of the bloodstream by the kidneys, and becomes a component of urine. The fundamentals of this process were known in the early 1800s, and it was assumed, because of the widely held principle of vitalism, that this was the only way urea could be produced.

In 1828, Friedrich Wohler, a German physician and chemist, made a discovery that helped change the thinking behind vitalism. In his laboratory, Wohler had mixed two inorganic substances, cyanic acid and ammonium, in a beaker. He noticed the formation of a crystalline substance that looked familiar to him. After testing, he confirmed that the crystals were urea. He had previously only come across urea crystals in the study of the compounds that are characteristic of urine. For perhaps the first time in a controlled setting, an organic molecule was synthesized from inorganic substances.

Wohler did not fully appreciate the meaning and consequences of his findings at the time, but, as it turned out, his published work was soon used as evidence that vitalism should be questioned as a scientific theory. It was not long before other substances, such as amino acids, were synthesized from inorganic precursors in various laboratories.

What does this show about the nature of science?

- Scientific theories undergo modifications over time. Some are just modified, while some are proved to be completely false.
- Frequently important discoveries are made 'accidently'. Dr Wohler did not add the two inorganic substances together with the intention of making urea.
- Frequently, a scientific discovery is not appreciated immediately for its importance. This is one of the reasons why discoveries need to be published. This allows the entire scientific community to fit new knowledge into the bigger picture of science, and sometimes that only happens much later.

图 2-4　IBDP 教科书"2.2　分子的代谢"正文中的科学本质栏目

　　这一科学本质栏目就是对前面学习目标中的科学本质栏目的具体呈现，通过科学史案例，详细讲述了人工合成尿素实验前后引起的科学观念的变化。因此，读者很容易就能推断出科学知识的暂定性这一特征，而随后这一特征在该栏目中也得到了外显的强化。另外，教科书抓住了这一科学史料中的一些细节——科学发现存在的偶然性以及科学成果公开发表的意义，如果教科书没有对这两个细节进行外显的强化，读者很容易忽略它们。而科学发现存在的偶然性往往要求科学家表现出不同于常人的洞察力和想象力，而科学成果公开发表的意义在于能够得到同行的检验和认可，是对科学的社会性和科学的创造性的认识。这种具体且外显的呈现方式，可以使读者既全面又深入地理解这一科学史料中所体现出的科学本质。

（二）在不同的章节中同一科学本质目标反复强化

概念的形成需要建立在大量的事实基础上，同样，科学本质观的形成和发展也不是一蹴而就的。在教科书中需要对科学本质内容进行整体的设计，结合不同的学科内容和实例反复呈现，这样有利于学生科学本质观的持续建构。IBDP 教科书对同一科学本质目标在不同的章节内容中反复强化，例如，"利用理论解释自然现象"这一目标，就通过"水分子之间形成氢键的理论解释了水的性质""能量流动的概念解释了食物链的有限长度"等不同的学科内容来呈现（如图 2-5）。

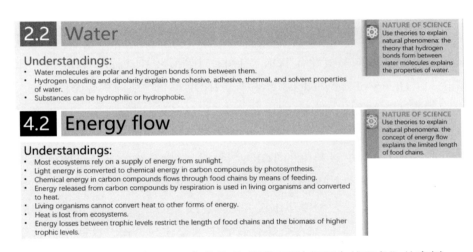

图 2-5　IBDP 教科书不同章节体现"利用理论解释自然现象"的实例

通过分析，我们发现不同的科学本质的维度在教科书中呈现的次数也存在很大的差异，其中呈现次数较多的三个指标是"科学知识基于经验证据""科学的社会和文化嵌入性""科学知识的暂定性"。科学基于观察和经验是人们对科学本质的认识中起源最早的一个观点，也是最贴近科学本质的一个特征。而科学的暂定性是在观察和经验的基础上发展而来的。这两个特征反映的是科学本身核心的特征，属于科学本质纵向维度。而"科学与技术的关系""科学的社会和文化嵌入性""科学的社会层面"反映的是科学与社会之间的相互作用，是科学本质的一种外延特征，属于科学本质的横向属性。从前文分析的结果来看，这些指标贯穿整本教科书，分别从纵向和横向上反映出科学的本体特征和外延特征。

IBDP 教科书的这种设计可以帮助教师和学生更准确、全面地理解科学本质，为科学本质的教学提供了丰富和直观的材料，为科学本质观的培养设计了锚定点，使得科学教育不再是一句空乏的口号，而是落实到每一节课的教学中。

（三）在科学思维和开放意识的训练栏目中呈现科学本质

在 IBDP 第四学科群（科学）的课程目标中，明确指出学生要能够批判性地认识全球背景下的科学研究和创造力，认识科学和技术的使用对不同文化、道德产生的影响，培养学生在科学活动中的有效协作及交流的必要性，以及对价值观的批判性认识。这一目标理念也在 IBDP 教科书中得到了落实，在教科书中设有 TOK 栏目和"国际连线"栏目。TOK 即"知识论"（Theory of knowledge），它本是 IBDP 项目中三门核心课程之一，是一门深入了解知识是如何建构而不是学习特定知识的课程。TOK 课程着重体现批判性思维和探究过程，鼓励学生分析知识的本质、探索知识建构的问题。在 IBDP 教科书的 TOK 栏目中，常常会结合一些具体的教科书内容，设置开放性的问题，引导学生反思知识获得的方法和过程，使学生形成辩证性和创造性科学思维；"国际连线"栏目则是基于国际理解的教育理念，讲述科学研究在全球化背景下的交流与合作。这两个栏目使 IBDP 教科书在呈现科学本质的时候，不仅关注科学本身，还将科学置于全球化视野中，呈现科学与技术、文化、伦理、社会政策之间的相互关系，使学生能批判、辩证地看待科学及与科学相关的问题，形成开放、宽容的意识以及跨文化的理解力和包容力。如教科书在讲述 DNA 和 RNA 双螺旋结构模型的发现过程时，"国际连线"栏目这样写道：尽管沃森和克里克在 1953 年首次发现了 DNA 双螺旋结构模型，但是来自世界不同角落的科学家们都在这一模型的建立过程中作出了贡献。来自澳大利亚的查格夫发现了腺嘌呤和胸腺嘧啶、鸟嘌呤和尿嘧啶的个数总是相等的，英国的富兰克林和新西兰的威尔金斯在 DNA 衍射图谱中计算了各种 DNA 分子内部的距离（如图 2-6）。栏目中的内容体现了科学研究是在一个大的社会背景下进行的事业，跨越不同国家和地区的科学家们可以共同致力于科学

Even though the first accurate model of DNA was produced by James Watson (American) and Francis Crick (British) in 1953, many other scientists from around the world contributed pieces of information that were instrumental in developing the final model. Erwin Chargaff (Austrian) had determined that the numbers of adenine and thymine bases were equal, as were the numbers of cytosine and guanine bases. Rosalind Franklin (British) and Maurice Wilkins (born in New Zealand) had calculated the distance between the various molecules in DNA by X-ray crystallography.

图 2-6　IBDP 教科书中"国际连线"
　　　栏目体现科学本质的实例

Even though some information was exchanged, the development of the first accurate model of DNA was highly competitive. Several groups in different parts of the world were trying to make sense of shared knowledge to produce an appropriate model. Some scientists did not share their research or findings. How is this 'anti-scientific'? Discuss what can be done to increase the sharing of personal knowledge in scientific research.

TOK

图 2-7　IBDP 教科书中 TOK 栏
　　　目体现科学本质的实例

研究。

在"国际连线"栏目之后，教科书还结合栏目中科学家合作的实例设计了相关的 TOK 栏目。尽管一些信息在世界各地得到交流共享，但第一个准确的 DNA 模型的发现还是具有非常高的竞争性的，许多来自不同领域的团队都会分享相关信息，但一些科学家却不愿意分享他们的研究和发现。应如何理解这种"反科学"的现象？（如图 2-7）引导学生反思科学研究中的信息共享和信息保密的现象，从而能辩证地看待个人竞争与合作共享之间的关系，使学生认识到科学的两面性，并在这个讨论的过程中逐渐形成批判性思维和辩证看待问题的观点。

IBDP 教科书这些栏目的设置全面且立体地呈现了科学本质，能够加深和拓展学生对科学本质的理解，并让学生在认识科学本质的同时，形成科学的思维模式和开放、宽容的国际意识。

（四）设置学习活动，关注科学本质的实践维度

科学本质观的形成离不开学生在实践活动中的亲身体验，例如，对社会性科学议题的分析和辩论等实践活动，被认为是科学本质教育的重要途径。在 IBDP 教科书中，某些科学本质栏目设置了不同类型的学习活动，让学生在活动中实现科学素养目标的达成。例如，在教科书的"碳水化合物和脂质"一节课中，教科书的科学本质栏目设计了一个实践活动：尝试评估食物中的脂质含量在饮食中的健康性（如图 2-8）。通过调查和探究活动，学生可以掌握进行科学研究所必备的一些科学探究技能和解决问题的能力，同时通过探究得到的结论，形成对食物中的脂质含量科学且合理的认识，树立正确的健康观念，并以此来指导自己日常生活中的饮食方式。

NATURE OF SCIENCE

Now that you are familiar with the terminology and basic chemical structure of lipids and fatty acids, you are ready to read and evaluate some information concerning various types of lipids in your foods. Try to evaluate the information given by researching the following.

Use a search engine to research consumer information reported by food companies concerning lipids. Try:

- one or more of your favourite fast food restaurants (or at least some you know) and couple the restaurant name with 'nutrition information'
- the company and snack name of one or more of your favourite snacks plus 'nutrition information'
- other searches that you can think of that may or may not give you reasonably reliable information.

图 2-8　IBDP 教科书中科学本质栏目的实践活动设计

可以看到，IBDP 教科书在科学本质栏目中，开设了各种理论和非理论的实践学习活动，旨在让学生通过活动掌握科学探究的相关技能，或形成辩证性、批判性的思维，树立正确的科学观念，进而引导个人的生活行为。可以说，IBDP 教科书对于科学本质的呈现也不只是停留在认知维度，而是通过实践将其上升到科学素养的高度，以实现科学本质的育人功能。

综上所述，IBDP 教科书在体现科学本质观方面有很多可借鉴之处。首先，教科书对科学本质观的呈现虽然在不同指标维度上有所差异，但是总体上对教科书分析框架中的 12 个指标都有涉及。大多数科学指标在 IBDP 教科书中都有显性的呈现方式。其次，教科书中对于科学本质的呈现情况较为理性，说明该教科书对科学本质的表述是比较准确的。最后，各科学本质指标无论是显性呈现还是隐性呈现，都具有较高的内部一致性，这种内部一致性的判断根据除目标科学本质以外，在同一文本内容中还以有没有其他相关的科学本质指标呈现来判断。这说明 IBDP 教科书注意到了科学本质各要素之间的相关性，如前文所提的"科学的创造性"和"科学的推论性"、"科学知识的暂定性"和"科学知识基于经验证据"，这些指标常常共同呈现在同一文本内容中。这种一致性的呈现可以反映出科学本身的多面性。

三、美国教科书中科学本质内容呈现的特点分析

在美国教科书的每个章节内容中都设置了包括阅读预览、迷你实验、数据分析实验、生物学实验、评估、词汇回顾等在内的多个栏目。该教科书在呈现《新一代科学教育标准》（The Next Generation Science Standards，简称 NGSS）中所要求的科学本质的同时，还充分扩展了科学本质的内容，从而促进学生全面认识科学，进一步培养其科学本质观。笔者通过对美国教科书中科学本质观的呈现方式进行分析，发现如下特点。

（一）专设章节重点阐述科学本质

美国教科书在第一章中专设一节"科学本质"对其内涵进行重点阐述。该章节围绕"科学是一个发展解释的探究过程"的重要概念，展开阐述"什么是科学"和"日常生活中的科学"两大方面内容，其中呈现了"科学知识基于经验证据""科学的推论性""科学理论的性质""科学知识的暂定性""理论负载""科学定律的性质""科学的社会层面""科学的社会和文化嵌入性"等 8 个科学本质指标，并且结合生物学研究中的实例对各维度的内涵进行了清晰的界定，帮助学生在进入生物学课程学习之前，建立对科学本质的整体印象。例如，教科书在该章节内容中对科学的界定表述为：科学是一种基于自然世界研究的知识体系，是一种基于无偏见的观察和实验的创造性的探究过程。当来自许多相关调查足够支持某一个观点时，科学家认为这个观点是一种理论，一种能够解释自然现象、被许多观察和实验所验证的理论。科学定律描述自然界中特定条件下的关系，理论和定律从根本上来说是不同的，理论不会成为定律，定律也不会成为理论（如图 2-9）。这段内容显性化地呈现了"科学知识基于经验证

据""科学理论的性质""科学的推论性""科学定律的性质"等 4 个科学本质指标，并且与之前梳理的教科书中科学本质的分析框架的内涵完全一致。

What is science?

You probably have taken science class since you were in elementary school. But have you ever compared science to music, art, or math? **Science** is a body of knowledge based on the study of the natural world. There is science in almost everything we do. The nature, or essential characteristic, of science is scientific inquiry—the development of explanations. Scientific inquiry is both a creative process and a process rooted in unbiased observations and experimentation.

When many people think of a scientist, they think of someone in a white lab coat working in a laboratory. Scientists work all over the world in many locations, such as the volcanologist shown in **Figure 9.**

When enough evidence from many related investigations supports an idea, scientists consider that idea a **theory**—an explanation of a natural phenomenon supported by many observations and experiments over time. In biology, two of the most highly regarded theories are the cell theory and the theory of evolution. Both theories are based on countless observations and investigations, have extensive supporting evidence, and enable biologists to make accurate predictions.

A scientific **law** describes relationships under certain conditions in nature. For example, the law of conservation of matter indicates that before and after a change the same amount of matter exists. The law does not explain why this occurs, but it describes the relationship between matter before a change and matter after a change. It is important to note that because they are fundamentally different, theories do not become laws and laws do not become theories.

图 2-9　美国教科书"科学本质"章节中有关科学本质的表述

通过对美国教科书的分析发现，书中对大部分科学本质的指标都有表述，且准确度较高。如图 2-10，美国教科书关于"科学知识的暂定性"指标的描述为：你如何知道哪些信息是基于科学的？大多数科学领域都是由对已知事物不断重新评估的研究所引导的，这种重新评估激发科学家对新知识的探索，从而推动科学进步。这种显性化对科学本质内容的集中呈现是国外教科书中常见的一种方式，教科书编写者常常将科学本质的内容通过一个完整的科学研究的现实案例情境来呈现，有利于学生在开始生物学学习之前，建立对科学本质的整体的认识。学生只有知道了科学的本质，在随后的课程学习和实践过程中，才能够自觉地以科学本质观指导和规范实践性学习活动。

Expands knowledge How can you know what information is science-based? Most scientific fields are guided by research that results in a constant reevaluation of what is known. This reevaluation often leads to new knowledge that scientists then evaluate. The search for new knowledge is the driving force that moves science forward.

图 2-10　美国教科书中关于"科学知识的暂定性"指标的描述

（二）科学本质观的呈现方式注重显性与隐性相结合

从分析的情况来看，大多数科学本质指标在美国教科书中都有显性的呈现方式，且注重显性与隐性相结合。这种显性与隐性混合型呈现方式在科学史内容中尤为明显。例如，在有关细胞学说的科学史中，列举在细胞学说发展的历程中不同的科学家利用显微镜观察提出的观点和贡献（如图2-11）。这一科学史料显性化地呈现了"科学知识基于经验证据"的维度，通过总结科学家们的观察和结论从而得出细胞理论这一事实，同时隐性地呈现了"科学的推论性"的科学本质。这种显性和隐性相结合的方式也是目前多数教科书采用的一种科学本质的呈现形式。这种混合型的呈现方式一方面可以利用隐性材料弥补显性材料呈现的不足，另一方面也能够潜移默化地培养学生的科学本质观。

The cell theory Scientists continued observing the living microscopic world using glass lenses. In 1838, German scientist Matthias Schleiden carefully studied plant tissues and concluded that all plants are composed of cells. A year later, another German scientist, Theodor Schwann, reported that animal tissues also consisted of individual cells. Prussian physician Rudolph Virchow proposed in 1855 that all cells are produced from the division of existing cells. The observations and conclusions of these scientists and others are summarized as the cell theory. The **cell theory** is one of the fundamental ideas of modern biology and includes the following three principles:

1. All living organisms are composed of one or more cells.
2. Cells are the basic unit of structure and organization of all living organisms.
3. Cells arise only from previously existing cells, with cells passing copies of their genetic material on to their daughter cells.

图 2-11　美国教科书中科学史中科学本质的呈现

　　总之，通过对美国教科书中科学本质观呈现的梳理，我们发现教科书中科学本质观的呈现采用显性和隐性相结合的方式，在具体的内容维度上，教科书更加关注"科学知识的暂定性""科学知识基于经验证据""科学与技术的关系"几个维度，对于"科学的局限性"教科书中有所欠缺。除了这些与科学本质直接相连的部分，教科书中还设置了大量与生物学相关的职业的介绍，这也可以从侧面反映科学家是如何工作的，帮助学生全面地认识科学。

四、澳大利亚纳尔逊教科书中科学本质内容呈现的特点分析

　　澳大利亚纳尔逊教科书每一章节均以"科学理解"概念框开头，它全面涵盖本章节要求学生掌握的重要科学思想、概念和理论，同时也是澳大利亚生物课程大纲内容的具体细化。在正文部分设置多样化的栏目，包括科学素养、WOW、案例研究、章后问题回顾等栏目。通过分析发现，纳尔逊教科书在呈现科学本质内容时具有如下特点。

（一）多样化栏目对科学本质的呈现

　　纳尔逊教科书设置了多样化的栏目渗透科学本质要素。"案例研究"栏目结合真实情境帮助学生形成持久的科学本质观。"科学素养"栏目则提供一篇科学文章或媒体文章，鼓励学生批判、辩证地看待问题，且使用证据来评估所提出的观点和结论，或者运用推理和知识来构建一个有效的科学论证。下文对"案例研究"和"科学素养"栏目进行举例说明。在"4.4　非条件反射"一节中，对免疫系统与疼痛关联的研究案例进行陈述，并且在案例之后设计了两个问题，引导学生思考与科学本质相关的问题（如图 2-12）。

Case study

Pain and the immune system

Two specialist pharmacologists from the University of Adelaide's School of Medical Sciences have found a link between our immune system and how we feel pain. Their research shows that while the brain and nerves play a role in pain signalling, the immune system is involved too. Costing in excess of $12 billion per annum, pain and its associated suffering is the fourth most prevalent health issue in Australia and has the single biggest societal impact. Dr Mark Hutchinson and Professor Paul Rolan are collaborating in a search for ways to not just treat chronic pain, but to prevent and cure it.

Ninety per cent of the cells in the brain and spinal cord are immune-like cells. The question was 'how did the immune cells detect the pain?' Dr Hutchinson says. 'Work conducted in the USA first implicated the innate immune system receptors, toll-like receptor 4 (TLR4), in chronic pain. We extended this work to demonstrate that drugs that can block TLR4 are capable of reversing chronic pain. This work was extended even further when we showed that some types of pain killers, that are known to have significant side effects, could activate the same TLR4 signalling and this contributed significantly to their unwanted actions. We are now developing new drugs to target this system in the hope we can treat pain more effectively and more safely.'

Dr Hutchinson commented on the acceptance of his novel findings: 'Interestingly, the scientific community were much more resistant to some of the ideas than the medical community. This has changed gradually over time, but established concepts are hard to modify, even if you have the data to prove it.'

▲ Figure 11.8
Dr Mark Hutchinson from the University of Adelaide's School of Medical Sciences

Courtesy of Dr Mark Hutchinson

Questions

1 Write a letter to the Australian Research Council in which you use reasoning to construct scientific arguments to support the funding of Dr Hutchinson's current and future research.

2 Given that the acceptance of scientific knowledge can be influenced by the social, economic and cultural context in which it is considered, create an argument as to why scientists may be more resistant than doctors to new theories.

图 2-12　纳尔逊教科书中 "4.4　非条件反射" 主题下 "案例研究" 栏目

　　"非条件反射" 主题下案例研究栏目通过医学专家探索治疗人类疼痛方法的最新案例，一方面展示关于免疫系统研究的最新进展，体现了教科书内容的与时俱进；另一方面展现科学家在探索过程中共同致力于科学研究，他们之间相互交流与合作，以寻找不仅可以治疗慢性疼痛还能预防和根除疼痛的方法，隐性地呈现了科学本质中的 "科学的社会层面" 要素。同时，案例中还通过哈钦森博士对他的新发现的评论——医学界比科学界更容易接受一些想法，隐含 "科学家所坚持的理论、前认知、期望等主观因素都会影响他们的科学研究工作。这些主观因素会影响科学家对研究问题和研究方法的选择，以及对观察结果的解释" 的观点，即隐性地呈现了 "理论负载" 的科学本质指标。在此基础上，该案例还显性、理性地呈现 "科学知识可能受到社会、经济和文化等领域的影响" 的观点，即呈现科学本质中的"科学的社会和文化嵌入性"的指标。此外，该栏目在案例后面往往还设置了思考问题，帮助学生强化在案例正文中获取的科学本质观念。

教科书中还通过设置多个科学素养的栏目来体现科学本质。例如，在"3.4　孟德尔遗传学"一节中的"科学素养"栏目是源于学术期刊 *Age* 上的一篇科学文章，讲述了人体中某些和犯罪有关联的基因的检测，可能造成罪犯通过指责他们的基因来逃避他们的罪行，并且引发一系列伦理问题（如图 2-13）。通过案例，可以引导学生批判、辩证地看待该问题，运用知识和推理有效地进行科学论证。在这个过程中，学生认识到科学会受到道德伦理因素的影响，从而建构科学本质中"科学的社会和文化嵌入性"的观念。同时在该文章的结尾明确指出运用科学不能解决由于邪恶基因所带来的伦理问题，即显性且理性地呈现科学本质中"科学的局限性"的指标。

Scientific literacy: Evil gene would make punishment a tricky business

Are there evil genes or is it only people who can be evil? A recent story in *The Age* ('Deep Divide of "Evil Genes"') raised the question of whether criminals might evade responsibility for their crimes by blaming their genes.

The suggestion that there may be biological causes of crime is troubling in many ways. It reminds us of the horrors of the Nazis, and the evasion of responsibility seems like a slap in the face for victims of crime.

The very notion of a crime gene makes us reflect on the purposes of punishment. Should the courts try to give offenders what they deserve, or should they just protect the community from those with dangerous genetic profiles?

An example of a so-called 'evil gene' might be the low-activity MAOA gene. MAOA is a neurotransmitter in the brain and some research has suggested that those males who have low levels of the substance are particularly vulnerable to the effects of being maltreated when young.

Experience of childhood maltreatment has long been thought to be an influence on criminal conduct but it seems that being maltreated and having the genetic vulnerability is particularly likely to lead to bad behaviour.

But children don't get to choose their genetic profile nor whether they are maltreated. These are just things that happen to them and it is a matter of luck whether they receive the 'evil gene' and a matter of luck whether they are abused. Some are very unlucky on both counts.

So it's not a level playing field. Some people appear to have genetic and environmental misfortune that brings difficulties in complying with the criminal law.

This becomes problematic when punishing offenders. Once a person has been convicted of an offence, it is up to the judge to sentence them. But if a person has 'evil genes' – or, put another way, a genetic vulnerability – and is unlucky enough to have been maltreated, one might ask whether it is fair to give them the same punishment as an offender without these issues.

It is well recognised in the law that the characteristics of the offender are relevant to punishment. A mentally impaired young person from a severely dysfunctional background deserves less punishment than an unimpaired adult, even if they have committed the same type of crime.

It's just not fair to treat them the same because one has more difficulty in behaving well.

Similarly, it seems unfair to treat maltreated low-activity MAOA offenders the same as those who are more fortunate in their genetic profile and family circumstances.

But things are not so simple. Those with the 'evil gene' and difficult backgrounds may still be very dangerous.

This is how the purposes of punishment come into question. Should judges focus on giving offenders what they deserve or should they just try to prevent future crimes?

Perhaps judges should just lock them up until they won't cause any more trouble. Or even lock up those with 'evil genes' before they cause any trouble.

But that doesn't seem right. It seems to be a condition of a decent society that only the guilty are punished and that they not be punished in excess of their guilt. Criminals shouldn't get a worse punishment than they deserve and people who haven't committed a crime shouldn't get any punishment.

The proper consideration of 'evil genes' just draws attention to the complexity of the practice of punishment. It is easy to present it as a simple matter but it just isn't.

However, one thing seems clear. The ethical issues described here are likely to be forced on the courts by developments in science and there is no simple resolution in sight.

图 2-13　纳尔逊教科书中"3.4　孟德尔遗传学"主题下"科学素养"栏目

（二）专设科学调查章节，渗透科学本质观

纳尔逊教科书尤其重视学生科学调查技能的培养，在上、下两册教科书中均专门单独设置科学调查章节，将科学调查与科学本质观结合，不仅可以引导学生进行科学调查，还可以渗透科学本质观。例如，在"科学调查研究"一节中（如图 2-14），认为进行科学调查是体验科学的机会。科学是通过观察和实验来发现事物。有时，科学的一个重要进步始于偶然的观察或幸运的意外。例如，在听了挤奶女工的意见后，那些感染了牛痘的人免受一死。英国医生爱德华·詹纳实际上启动了疫苗接种。詹纳用牛痘的样本给一个小男孩接种疫苗，保护他免受天花的侵害。然而，在科学家真正开始理解免疫的生物学基础之前，还需要 50 年的时间和大量经过仔细规划的研究。像这类偶然的事情可能会开启一个新的研究领域，但随后会经过精心策划的调查。科学调查可能需要数年时间才能完成，可能需要许多科学家相互合作，还可能需要在澳大利亚或海外获得特殊仪器设备。

Performing investigations is your chance to experience what doing science is really like. Science is about finding things out through observation and experiment, which is what doing investigations is all about. This is why investigations are central to science, *and* why they are so much fun.

　　Sometimes an important advance in science begins with a casual observation or a lucky accident. For example, after hearing from milkmaids that people who contracted cowpox (a relatively innocuous disease picked up after working with cattle) were protected from deadly smallpox, the British physician Edward Jenner effectively kick-started the science of vaccination. Jenner used samples from open cowpox sores on a dairymaid's hands to inoculate a young boy and protect him against smallpox. However, it would be another 50 years and a lot of carefully planned research before scientists truly began to understand the biological basis for immunity. This sort of lucky accident may begin a new field of research, but it then proceeds by carefully planned investigation.

图 2-14　纳尔逊教科书中"4.7　科学调查研究"主题下对科学本质的呈现

教科书中对科学调查的一段简短描述，能使学生初步认识科学调查，同时以显性且理性的方式分别呈现科学本质中的"科学知识基于经验证据""科学的创造性""科学的社会层面"等指标。

（三）在正文中显性化地呈现科学本质

对于科学本质的内容，纳尔逊教科书除了在专设的章节和栏目呈现，

在正文中也穿插了体现科学本质的内容，与具体的学科内容结合起来，相同的科学本质要素在不同的章节中通过不同的内容载体呈现。例如，对于"科学与技术的关系"这一科学本质的要素，在生物多样性、进化等章节中都有显性化的表述（如图2-15）。

The impact of new technologies on taxonomy

New technologies have transformed cladistics and taxonomy. One of the most important developments has been the use of DNA technology to provide new and highly detailed information about evolutionary relationships. In some cases DNA evidence has supported previous hypotheses about these relationships, but in other cases it has led to reclassification of organisms. Additionally, because some changes in DNA occur at a predictable rate, DNA technology has allowed scientists to understand when certain groups evolved.

Evolution's revolution

The diversity of life on Earth today is astonishing. It is the result of evolution, the scientific explanation for the mechanisms that drive species to change over time. Understanding how evolution works, and how evolutionary theory has developed, can be complex. The contemporary view of evolution, the 'modern evolutionary synthesis', has come from more than 150 years of research and observations. Research in the fields of genetics and earth sciences, as well as countless newly discovered species of living and fossil organisms, all provide evidence that builds on early ideas. Emerging technologies can help with identifying new discoveries and can also be used to identify mechanisms that drive evolution, and patterns within the process itself. But understanding the scale of time involved can be difficult to comprehend; in order to understand the history of life on Earth, we first need to understand the history of Earth itself.

图 2-15　纳尔逊教科书中"1.2　生物多样性的分类"内容的正文

由上述的例子可以发现，虽然两个例子出现的单元主题不同，但是均呈现了相同的科学本质要素——科学与技术的关系，且均以嵌于正文内容的形式显性而理性地体现该要素。这样有利于学生建立科学知识与科学本质要素之间的联系，挖掘科学知识背后所蕴涵的共性科学本质要素。同时，学生通过前后跨章节的学习，能够不断对共性科学本质要素进行强化，继而在头脑中形成持久的科学本质观。

除此之外，教科书中还有大量的对科学本质观隐性呈现的内容，例如，达尔文进化理论提出的过程等科学史素材中就隐性地呈现了"科学知识的暂定性"等科学本质观的内容，需要教科书使用者在教学过程中进一步发掘。

综上所述，纳尔逊教科书设置的多样化栏目，特别注重科学本质观念的呈现，每一个栏目均涉及一个或多个科学本质指标。有些科学本质指标在栏目中反复出现，可得到进一步巩固和强化。同一栏目中出现多个科学本质要素，有利于学生系统、有组织地建立各个要素之间的联系，从而形成持久的科学本质观念。

五、我国人教版教科书中科学本质内容呈现的特点分析

我国人教版《普通高中教科书·生物学》（以下简称"人教版教科书"）在修订的过程，从学生发展的角度出发，注意发挥生物学课程作为科学课程在培育科学精神和科学态度方面的教育价值，通过生命科学史的有机融入、科学家的故事以及教科书中的探究实践活动等，帮助学生理解科学的本质，并在学习过程中获得科学精神和科学态度方面的启示。[1]已有的研究表明，我国人教版高中生物教科书在科学本质的呈现上表现出以下特点：一是科学本质的部分内涵有所缺失，例如，"科学的推论性""科学方法的谬误""科学理论的性质"和"科学定律的性质"四个科学本质的维度在教科书中较少得到体现，而"科学知识的暂定性"和"科学的社会层面"两个维度的科学本质则多次出现；二是在科学本质内容的呈现方式上，多表现为隐性呈现。[2]教科书中呈现了大量的科学史素材和"科学·技术·社会"栏目，可以帮助学生在学习中潜移默化地体会科学的本质。整体而言，教科书中对科学本质的具体维度的呈现更加侧重于"科学知识基于经验证据""科学知识的暂定性""科学的社会和文化嵌入性"等方面。具体的分析结果如下。

（一）章小结中对科学本质显性化地提炼和升华

由于科学本质的抽象性，尽管科学史、探究活动天然承载了科学本质的内容，但是如果缺少显性化的提炼，这些科学本质的内容会一直隐含于科学知识之中，教师和学生在使用教科书时对科学本质只有模糊的感觉，并不能形成对科学本质的清晰的认识。因此，教科书对章小结进行了较大

---

[1] 赵占良，谭永平．聚焦学科核心素养，彰显教材育人价值：普通高中生物学教材修订的总体思路 [J]．课程·教材·教法，2020，40（1）：82-89.

[2] 吴慧，任山章．中美高中生物教材中科学本质内容呈现的比较研究 [J]．中学生物学，2017，33（4）：62-64.

的改动，除了保存以往对概念的梳理——"理解概念"这一部分，还特别设立了"发展素养"部分，帮助学生全面梳理本章落实了哪些核心素养，这其中就包含科学本质的内容。例如，在必修 1 第 1 章"走近细胞"本章小结的"发展素养"部分就对科学本质做了提炼——"通过分析细胞学说建立的过程，认同科学发现的基本特点：重视观察与实证，需要归纳和概括；科学的发现依赖技术的进步；科学理论的建立往往要经历不断修正完善的过程"。对科学本质的这种提炼和升华可以为教师开展科学本质教学提供明确的指引，有利于科学本质观目标的落实。

（二）通过科学史促进科学本质的反思

生命科学史是培育科学本质观的重要途径，科学史可以还原历史形成的过程，体现科学研究的方法，彰显科学精神和科学态度。人教版教科书中科学史出现的形式多种多样，包括正文、生物科学史话、生物科技进展、思考与讨论、科学家的故事等。通过对科学史中科学本质的分析发现，实证性、观察与推论、暂定性是教科书中较为侧重的科学本质内容。在必修 1 的科学史中，这三个维度占据了科学本质总体水平的 44%，在必修 2 中为 39%，其中，必修 1 侧重暂定性、观察与推论，必修 2 侧重实证性。但是，必修 1 缺少对"科学理论和科学定律"维度的陈述。同时，有些科学史栏目中蕴涵多个维度的科学本质，而有些科学史中科学本质的内容相对而言比较单一，例如，教科书中细胞学说的建立过程对"科学的暂定性""科学以观察和推论为依据"等多个科学本质指标都有涉及（见表 2-13），而"世界上第一个人工合成蛋白质的诞生"中只对"科学的社会和文化嵌入性"和"人文性"进行了隐性的体现（见表 2-14）。

表 2-13 人教版教科书中细胞学说建立过程的科学本质内容分析

科学本质	显性表述	隐性表述
暂定性	细胞学说……经历了漫长而曲折的建立过程	施莱登认为新细胞是从老细胞的细胞核中长出来的……耐格里（K.Nageli）……发现新细胞的产生原来是细胞分裂的结果……魏尔肖（R.L.C.Virchow）总结"细胞通过分裂产生新细胞"。细胞学说的建立者主要是两位德国科学家施莱登（M.J.Schleiden，1804—1881）和施旺（T.Schwann，1810—1882）。后人根据他们分别于1838年和1839年发表的研究结果进行整理并加以修正……
创造性	无	无
理论与定律	科学观察和归纳概括的结合——形成理论	植物学家施莱登通过对……的观察……在此基础上，他进行了理论概括，提出了植物细胞学说……
观察与推论	科学观察和归纳概括的结合——形成理论	植物学家施莱登通过对……的观察……在此基础上，他进行了理论概括，提出了植物细胞学说……
实证性	无	无
主观性	无	植物学家施莱登通过对……的观察……在此基础上，他进行了理论概括，提出了植物细胞学说……施旺主要研究了动物细胞的形成机理和个体发育过程……
科学方法多元化	无	维萨里通过对器官进行解剖观察、列文虎克通过显微镜观察细胞、施旺研究动物细胞的形成机理和个体发育过程等，科学家通过不同的方法为细胞学说的建立作出了贡献
社会文化植根性	无	无
科学影响社会	无	无
科学与技术	无	无
人文性	无	施莱登把他的研究成果告诉了动物学家施旺，施旺很感兴趣并大受启发……发表了研究报告《关于动植物体的结构及一致性的显微研究》

表 2-14　人教版教科书中"世界上第一个人工合成蛋白质的诞生"的
科学本质内容分析

科学本质	显性表述	隐性表述
暂定性	无	无
创造性	无	无
理论与定律	无	无
观察与推论	无	无
实证性	无	无
主观性	无	无
科学方法多元化	无	无
社会文化植根性	无	20 世纪初，人们发现胰岛素能治疗糖尿病……人类梦想着有一天能用人工方法来合成胰岛素
科学影响社会	无	无
科学与技术	无	无
人文性	无	后来，英国科学家桑格……测得了牛胰岛素全部氨基酸的排列顺序……中国科学院上海生物化学研究所、北京大学和中国科学院上海有机化学研究所……科学家通力合作……这项艰巨的任务由北京和上海两地的科研小组共同承担……终于在 1965 年完成了结晶牛胰岛素的合成……

　　从整体上来说，教科书中的科学史内容以显性和隐性相结合的方式较为全面地体现了科学本质的多个维度，显性化的呈现主要是穿插于科学史的素材中，更多地通过设置激发学生思维的问题，帮助学生通过反思加深对科学本质的理解。例如，在"关于酶本质的探索"这一思考讨论活动中，教科书设计了"2.在科学发展过程中出现争论是很正常的。巴斯德和李比希之间出现争论的原因是什么？这一争论对后人进一步研究酶的本质起到了什么作用？"和"4.萨姆纳历时 9 年才证明脲酶是蛋白质，并因此荣获诺贝尔化学奖。你认为他取得成功靠的是什么样的精神品质？"这两个问题促进学生对科学本质的反思。总之，教科书中的科学史不仅有历史事

实和知识，更通过重现知识发现的过程体现科学本质，彰显科学思想的光辉。

（三）科学本质内容的螺旋式设计

以上对科学史中科学本质内容呈现的分析，体现的是人教版教科书对科学本质内容的集中呈现。除此之外，教科书还通过显性或隐性的方式，以多种形式、多种栏目，如正文、习题、思维训练等，立体化螺旋式地呈现科学本质。科学本质相同的维度散布于教科书的不同章节之中，反映了教科书对科学本质的呈现的集中和分散相结合的特点。例如，对"科学知识的暂定性"这一科学本质，教科书的必修 1 和必修 2 共有 32 次显性或隐性的呈现（见表 2-15）。这种螺旋上升的设计，可以帮助学生循序渐进地理解科学本质。

表 2-15　"科学知识的暂定性"在人教版教科书中的呈现

必修 1		必修 2	
页码	教科书实例	页码	教科书实例
2	细胞学说的建立者主要是两位德国科学家施莱登（M.J.Schleiden，1804—1881）和施旺（T.Schwann，1810—1882）……后人根据……的研究结果进行整理并加以修正……（隐）	2	融合遗传的观点曾在 19 世纪下半叶十分盛行……孟德尔（G.J.Mendel，1822—1884）冲破了这个错误观点的"束缚"，提出了完全不同的理论（隐）
3	细胞学说……经历了漫长而曲折的建立过程（显）	13	1909 年，丹麦生物学家约翰逊（W.L.Johannsen，1857—1927）给孟德尔的"遗传因子"一词起了一个新名字，叫作"基因"（隐）
3—4	施莱登认为新细胞是从老细胞的细胞核中长出来的……耐格里（K.Nageli）用显微镜……发现新细胞的产生原来是细胞分裂的结果……魏尔肖（R.L.C.Virchow）总结出"细胞通过分裂产生新细胞"（隐）	18—19	当孟德尔向人们解释遗传规律的时候，细胞学研究也取得了可喜的进展。与孟德尔同时代的德国动物学家魏斯曼（A.Weismann，1834—1914）从理论上预测……这个天才的预见被其他科学家通过显微镜观察所证实（隐）

续表

必修 1		必修 2	
页码	教科书实例	页码	教科书实例
4	通过分析细胞学说建立的过程，你领悟到科学发现具有哪些特点？（显）	32	细胞遗传学的研究结果表明，孟德尔所说的一对遗传因子就是……（隐）
13	通过分析细胞学说建立的过程，认同科学发现的基本特点：重视观察与实证，需要归纳和概括；科学的发现依赖于技术的进步；科学理论的建立往往要经历不断修正完善的过程（显）	42—46	20 世纪 20 年代……因此，当时大多数科学家认为，蛋白质是生物体的遗传物质……后来的研究证明……因为绝大多数生物的遗传物质是 DNA，所以说 DNA 是主要的遗传物质（隐）
43—44	1959 年，罗伯特森（J.D.Robertson）……提出了细胞膜模型的假说……20 世纪 60 年代以后，人们对这一模型的异议增加了……在新的观察和实验证据的基础上……1972 年，辛格（S.J.Singer）和尼科尔森（G.Nicolson）提出的流动镶嵌模型为大多数人所接受（隐）	46	后来的研究证明，遗传物质除 DNA 外，还有 RNA（隐）
44	科学家首先根据已有的知识和信息提出解释某一生物学问题的一种假说，再用进一步的观察与实验对已建立的假说进行修正和补充（显）	61	基于科学家对基因本质的探索历程，认同科学探究是一个不断深化的过程；科学家探索求真的科学精神，以及交流合作、技术进步、多学科交叉渗透等，对于科学的发展都具有重要作用（显）
45	对细胞膜的深入研究发现，细胞膜的外表面还有糖类分子（隐）	69	随着研究的不断深入，科学家对中心法则作出了补充（隐）

续表

必修 1		必修 2	
页码	教科书实例	页码	教科书实例
59	细胞膜结构的探索历程等内容说明，科学探索永无止境，科学理论是在不断修正的过程中建立和完善的，这需要探索精神、科学思维和技术手段的结合。对其他科学理论、假说和模型等，也应作如是观（显）	77	通过了解中心法则的提出和修正过程，以及表观遗传的发现等，认同科学是不断发展的，科学概念也是在不断更新或修正的，人们对自然界的探究永无止境（显）
67	过去人们普遍认为，水分子都是通过自由扩散进出细胞的，但后来的研究表明，水分子更多的是借助细胞膜上的水通道蛋白以协助扩散方式进出细胞的（隐）	107	物种不变论认为，各种生物都是自古以来就如此的。法国博物学家拉马克（J.-B.Lamarck，1744—1829）彻底否定了物种不变论……拉马克提出的进化学说在当时是有进步意义的……达尔文提出的自然选择（natural selection）学说对生物的进化和适应的形成作出了合理的解释（隐）
68	当然，这一认识并不是自古就有，而是到 20 世纪末期才逐渐变得清晰起来的（隐）	109	受当时科学发展水平的限制，达尔文对于遗传和变异的认识还局限于性状水平……随着生物科学的发展……已经从性状水平深入到基因水平，人们逐渐认识到了遗传和变异的本质（隐）
79	糖类是怎么变成酒精的呢？许多化学家都相信这是一个纯化学过程，与生命活动无关……发酵是由酵母菌细胞的存在所致（隐）	123—124	生物进化理论在发展……上面所概括的现代生物进化理论的要点，尽管已被学术界广为接受，却不意味着生物进化的一切奥秘都真相大白，而是仍有争论和疑点（显）

续表

必修 1		必修 2	
页码	教科书实例	页码	教科书实例
79—80	萨姆纳……证明脲酶是蛋白质……后来，科学家又相继获得胃蛋白酶、胰蛋白酶等，并证明这些酶都是蛋白质。20 世纪 80 年代，美国科学家切赫（T.R.Cech，1947—）和奥尔特曼（S.Altman，1939—）发现少数 RNA 也具有生物催化功能（隐）	124	有些学者的研究表明……大量的基因突变是中性的……更多学者则认为……有人提出物种形成……总之……进化理论比其他学说的影响要广泛和深远，它仍然是以后各个方面研究的基础。同其他科学理论一样，生物进化理论不会停滞不前，而是在不断发展（显）
80	写一篇短文，谈谈对科学发展过程的认识（显）	125	通过了解生物进化理论发展的历史，认同科学的基本特点是以怀疑作审视的出发点，以实证为判别的尺度，以逻辑作论辩的武器；科学是一个动态的过程，在不断地怀疑和求证、争论和修正中向前发展（显）
100	科学家在 19 世纪早期就从植物细胞中分离出叶绿素，但当时并不清楚色素在植物细胞中的分布情况。后来，科学家才弄清楚，叶绿素并非遍布整个植物细胞，而是集中在一个更小的结构里，这个结构就是叶绿体（隐）	—	—
102	19 世纪末，科学界普遍认为，在光合作用中，CO_2 分子的 C 和 O 被分开……然后甲醛分子缩合成糖。1928 年，科学家发现甲醛对植物有毒害作用……（隐）	—	—

续表

必修 1		必修 2	
页码	教科书实例	页码	教科书实例
107	基于酶和光合作用的探索历程的学习，认同科学是在实验和争论中前进的，伟大科学家的观点也可能有一定的局限性。科学工作者既要继承前人的科学成果，善于汲取不同的学术见解，又要有创新精神，锲而不舍，促进科学的发展（显）	—	—
128	近些年来，在上述 3 位科学家工作基础上，细胞凋亡研究获得大量研究结果……已揭示出……（隐）	—	—

六、总结与启示

通过对国内外不同版本教科书中科学本质观内容的选择与呈现特色的分析，笔者认为，教科书的编写可以从以下几个方面加强对科学本质的呈现。

（一）教科书对科学本质的呈现可采用显性与隐性相结合的方式

科学本质的内涵较为抽象，大多课程标准等文件对科学本质的阐释也相对抽象，不利于教学中科学本质的落实。教科书在编写的过程中可以将科学本质细化，并整体设计科学本质的内容体系，将其与具体的生物学知识相结合，通过设置专门的栏目、反思性的问题、总结提炼等形式显性地呈现科学本质，也可以将科学本质潜移默化地渗透在科学史、科学探究活动、社会性科学议题等素材之中，实现科学本质的隐性化呈现。

目前，以上研究中的国外四个版本的生物学教科书中大多数科学本质维度都有显性的呈现方式。显性的呈现方式更有助于科学本质教育目标的达成，但是由于显性呈现方式对科学背景材料要求比较严格（一般要求是科学史和科学叙事），且还要与相关的教科书内容结合起来，因此，呈现材料往往受到限制。这四个版本的生物学教科书采用了显性和隐性相结合的方式来呈现科学本质，可以弥补显性科学材料呈现的不足。虽然隐性呈现方式不是直接呈现相关的科学本质指标，但由于它往往蕴涵于一些活动中或者用于进行情感教育的内容中，在加强教师和学生的互动、改善课堂氛围上有其独特的价值。

（二）科学本质内容在教科书中涵盖较为全面而准确

通过对教科书的分析发现，除了美国教科书中缺少"科学的局限性"指标呈现外，其余三个版本的国外生物学教科书中对 12 个科学本质指标均有呈现，且多数表达都是理性和内部一致的。这与相关课程标准对科学本质的重视不无关系，如在 IBDP 科学课程的 10 条课程目标中，许多都是从认知水平上对学生提出了相应的科学课程学习要求，旨在让学生能在全球视角下批判性地欣赏和认识科学及科学与技术、社会之间的相互关系。

人教版教科书中明显加强了科学本质的内容，通过章小结的发展素养、课外阅读栏目、生物科学史话、教科书正文及习题等立体化地呈现科学本质，有些栏目如科学家访谈、生物科学史话等集中反映了科学本质的多个方面，有时也会在行文中及时穿插渗透。[1] 当前对于科学本质的表述主要集中在科学基于观察和经验、科学知识的暂定性、科学与技术的关系，它们仅能反映科学的本体特征，而对于科学理论、科学定律、科学方法的性质以及科学与社会和文化的关系等方面虽然较旧版教科书而言有了明显的提升，但还不够充分 [2]。由此，学生对科学本质的理解是不全面的，学生很难通过学习领悟科学家在创造科学理论或者使用研究方法过程中所展现的品质。同时，也很容易将科学看作一个孤立的领域，忽视科学与社会之间的双向互动，这对于学生核心素养的培养是不利的。因此，在今后对生物学教科书进行修订时，尤为要注意的是明晰科学知识和方法的性质，提

[1] 包春莹. 例析人教版高中新教科书中关于科学本质的内容 [J]. 中学生物教学，2019（17）：7-11.

[2] 吴慧，任山章. 中美高中生物教材中科学本质内容呈现的比较研究 [J]. 中学生物学，2017，33（4）：62-64.

炼科学家在科学发现过程中所表现出来的优秀品质，同时时刻注意联系科学、技术与社会。让学生通过学习不仅能掌握知识和技能，还能够真正领悟科学家不盲从、敢于质疑、敢于创造的优秀品质，关心并积极参与科学与社会议题，树立社会责任，培养人文情怀，从而促进学生核心素养的达成。

（三）教科书应以多样的方式螺旋式呈现科学本质内容

科学本质内涵丰富，螺旋反复的呈现能够帮助学生在循序渐进的生物学课程学习中逐渐强化对科学本质的理解。例如，"科学知识的暂定性"这一指标的内涵就包含以下几个方面：①科学知识不是绝对的、固定不变的，而是动态变化的，科学知识的变化多数情况下是逐渐完善的，也会出现原有的知识被新知识完全取代的情况；②随着新证据的发现，或者对同样的数据采用不同的解释视角，都可能带来科学知识的变化；③科学知识具有相对的稳定性和真理性，现有的科学知识是人们对自然界的最优的解释。[1] 对这一科学本质的呈现很难通过一节教科书或一个栏目设计来实现，需要教科书在不同的内容中反复地以多种形式呈现出来。例如，人教版教科书必修部分对"科学知识的暂定性"这一维度的显性和隐性的呈现有 32 处，学生能够结合多个科学史料、科技前沿进展等内容的学习，逐渐形成对这一维度科学本质的全面而深入的理解。

---

[1] 郭舒晨，刘恩山 . 科学本质观中"科学知识可能随着研究的深入而改变"对科学教学的启示 [J]. 生物学通报，2018，53（12）：16-19.

第三章

国内外高中生物学教科书中生命观念的呈现分析

由于生命观念的内隐性和抽象性，教科书中对生命观念的呈现需要从内容选择、活动设计、评价等多个方面精心设计。同时，由于不同国家不同课程的课程标准中生命观念的内涵有差异，造成不同版本的教科书在生命观念的呈现上有明显的不同。因此，本书首先对教科书中生命观念呈现的特色进行整体分析，同时也对信息观的呈现进行了重点研究。

第一节　教科书呈现生命观念的整体分析

目前，对核心素养的研究走在前列的国家、地区或组织有：经济合作与发展组织、联合国教科文组织、欧盟、美国、加拿大、英国、澳大利亚、新西兰、新加坡、日本，以及我国台湾地区和香港特别行政区。考虑到这些国家、地区或组织的教育质量水平和影响力、核心素养的实施进展、教科书获取的难度等因素，笔者对这些国家、地区或组织的科学教育标准进行了分析。在这些国家、地区或组织中，美国的课程文件《新一代科学教育标准》（NGSS）明确提出了要培养学生的跨学科通用概念和学科核心概念，而 AP 课程的生物学教学大纲中也提出要发展学生的大概念。因此，以下内容主要对 AP 教科书、坎贝尔教科书、美国教科书进行分析。

一、AP 教科书呈现生命观念的整体分析

AP 生物学课程作为自然科学领域的课程之一，其主要目标是帮助学生形成一套现代生物学的基本概念体系，帮助学生深刻地理解生命科学是一个探究过程，并且学会探究、善于探究。[1]AP 生物学的教学大纲由 AP 生物学课程发展委员会（AP biology development committee）负责编制，每两年修订一次教学大纲，是 AP 生物学教科书编写和 AP 考试的重要依据。AP 生物学课程特别强调学生对于核心概念的理解，其教学大纲紧紧围绕生物学中的大概念精选课程内容，并提供了学科的概

---

[1] 杜程鹏，李幽兰 . 美国 AP 生物学课程简介及对我国高中生物学教学的启示 [J]. 生物学教学，2009，34（9）：8-10.

念框架。相对于我国的高中生物学课程标准中的课程内容，AP 生物学课程教学大纲中的知识更加宽泛，特别强调进化、物质与能量、信息、系统内的相互作用等大概念，并且围绕这四个大概念建立课程的内容框架，在每个大概念下，教学大纲都列出了支持大概念的核心概念，并且列举了一系列的基础概念和关键事实来帮助学生理解概念，重视学生对各个知识点及其关系的融会贯通的能力。[1]AP 生物学课程教学大纲中的概念框架见表 3-1。这里的"大概念"与我国 2017 年版普通高中生物学课程标准中的观念类似，都是居于学科核心的综合概念，都是持久的、可迁移的、抽象的，两者的习得都需要一个缓慢而逐渐深化的过程。因此，也有人将"Big Idea"翻译为"大观念"。[2] 相对而言，我国课程标准对生命观念是采用词语的形式来表达，因此，可以将这里的四个"Big Idea"分别与进化观、物质观和能量观、信息观、系统观相对应。生态观在 AP 生物学课程教学大纲中并没有独立出来，而是融合到其他观念之中。

表 3-1　AP 生物学课程教学大纲中的概念框架 [3]

| Big Idea 1：进化形成生命的多样性和统一性 | A. 进化是种群遗传信息的组成的改变 | （1）自然选择是进化的主要机制。
（2）自然选择作用于种群表型的变异。
（3）进化中的改变是随机发生的。
（4）包括数学在内的多个学科可以为进化提供证据 |
| | B. 地球上的生物来自共同的祖先 | （1）有机体中某些核心的生命活动或特性在进化中保留下来并广泛存在。
（2）进化树和分支图是表征进化历程的重要模型 |

[1] 宋洁，李越，邓石燕，等 . 美国 AP 生物学课程革新对我国实验教学的启示 [J]. 中学生物学，2018，34（4）：64-66.

[2] 盛慧晓 . 大观念与基于大观念的课程建构 [J]. 当代教育科学，2015（18）：27-31.

[3] AP Biology course and exam description[EB/OL].[2021-06-25].https: //apcentral collegeboard.org/pdf/ap-biology-course-and-exam-description-o.pdf.

续表

Big Idea 1：进化形成生命的多样性和统一性	C.环境的改变促使生物持续的进化	（1）在地球演化的过程中不断发生着物种的产生和消亡。 （2）两个种群发生生殖隔离时形成新的物种。 （3）种群的进化是持续性的
	D.生命系统的起源可以通过自然的进化去解释	（1）生命的起源有多个假说，并且它们都有证据支持。 （2）不同领域的科学证据支持生命起源的不同模型
Big Idea 2：生命的生长发育繁殖及动态平衡的保持都需要物质和能量	A.有机体的生长、繁殖和生命系统的稳定都需要能量和物质	（1）所有的生命系统都需要能量的输入。 （2）生物体为生命活动捕获和储存能量。 （3）生物的生长繁殖和系统的稳定都需要与外界进行物质交换
	B.生长、繁殖和动态平衡需要细胞内环境	（1）细胞膜的结构决定了其选择透过性。 （2）持续的跨膜运输维持了细胞的生长和内环境的动态平衡。 （3）真核细胞的膜系统将细胞划分为不同的区域
	C.有机体利用反馈调节维持细胞的生长繁殖和动态平衡	（1）有机体利用反馈调节维持细胞内环境并对外环境的变化作出反应。 （2）生物对外部环境的变化作出反应（生理和行为）
	D.生物系统中的生长和动态平衡会受到系统外环境的影响	（1）从细胞到生物圈的所有系统都受到复杂的生物和非生物相互作用的影响（包括物质和能量的交换）。 （2）稳态机制反映了生物来自共同的祖先，进化是由于生物对不同环境的适应。 （3）生命系统的动态平衡会受到环境的干扰。 （4）植物和动物存在多种维持动态平衡的化学机制
	E.生长繁殖和平衡等多种生命活动存在节律性的协调	（1）节律性对生命活动非常重要。 （2）生理活动的节律性由多个机制调控。 （3）生命活动的节律性是自然选择的结果

续表

Big Idea 3：生命系统存储、检索、传输和应对生活中必不可少的信息	A. 遗传信息提供了生命的延续性	（1）DNA（某些情况下 RNA）是遗传信息的主要来源。 （2）真核生物中，通过包括细胞周期和细胞有丝分裂或减数分裂以及受精的过程，遗传信息传递给下一代。 （3）以染色体为基础的遗传为基因从亲代到子代的传递提供了一种理解方式。 （4）许多性状的遗传模式并不能简单地用孟德尔定律去解释
	B. 遗传信息的表达涉及细胞和分子机制	（1）基因的特异性表达导致细胞的分化。 （2）各种细胞内外的信号传输介导了基因表达
	C. 遗传信息的加工是不完美的，这正是遗传变异的来源	（1）基因型的变化导致表型的变化。 （2）多种因素可以导致遗传信息的变异。 （3）病毒复制导致的遗传变异，病毒感染可以引入主体的遗传变异
	D. 细胞之间通过信号的产生传递和接收建立联系	（1）细胞信号通路的相同的特性反映了它们进化的历史。 （2）细胞与其他细胞通过直接接触或通过化学信号进行远距离交流。 （3）细胞通过化学反应连接信号的传递和接收。 （4）信号转导通路的变化可以改变细胞的反应
	E. 生态系统的内部以及生态系统之间都存在信息的交流	（1）个体可以按信息工作也可以将信息传递给其他个体。 （2）动物的神经系统，检测外部和内部信号传输和信息集成，并产生反应

续表

Big Idea 4： 生命系统的 相互作用具 有复杂的特 性	A. 在生物系统内的相互作用导致生命系统复杂的属性	（1）生物分子的子组件以及它们的顺序确定，分子的属性。 （2）亚细胞的结构和功能及其相互作用，提供基本细胞过程。 （3）外部刺激和调节基因表达之间的相互作用导致专业化的细胞、组织和器官。 （4）生物个体具有复杂的性能，且它们的成分部件之间相互作用。 （5）种群由复杂且相互作用的个体组成。 （6）在生命系统和环境中的相互作用导致物质和能量的运动
	B. 竞争与合作是生物系统的两个重要方面	（1）分子之间的相互作用影响其结构和功能。 （2）器官之间的相互协作提升了物质和能量利用的效率。 （3）物种之间和种群之间相互作用影响物种的分布和丰度。 （4）本地区和全球的生态系统随时间发生变化
	C. 生物系统中的组件之间自然发生的多样性影响与环境的相互作用	（1）分子组成单位的变化为细胞提供了更广泛的功能。 （2）环境影响基因的表达。 （3）种群变异的水平影响种群的活力。 （4）物种的多样性影响生态系统的稳定性

　　AP 教科书内容的选择和设计都依据 AP 生物学课程教学大纲中规定的内容，紧紧围绕四个大概念，精选课程内容。AP 教科书特别重视为学生提供生物学的概念框架，通过多种形式，帮助学生理解生命的本质，掌握大概念，形成生命观念。AP 教科书中体现生命观念内容的主要特色如下。

（一）显性化地呈现大概念的生物学概念框架

　　生命观念的形成是建立在对概念、规律等生物学知识的理解的基础上，但是知识的积累并不必然带来观念的发展。教科书需要为观念的形成提供丰富的生物学事实、现象、概念等，更重要的是要帮助使用教科书的教师和学生梳理概念之间的关系，帮助他们理解事实、概念、观念之间的关系。AP 教科书尤其注重对生命观念及其概念框架的显性化的呈现，主要表现在以下几个方面。

首先，在 AP 教科书各章节内容之前的学习指导中，为学生呈现了教科书中 AP 课程概念框架的具体分布。以概念框架中的大概念 1 为例，教科书列出了大概念下属的一般概念及教科书中选取的典型事实材料或关键知识的具体分布（如图 3-1），帮助学生对整本教科书中从大概念到具体的知识点的概念框架建立整体的认识。

Advanced Placement Correlation

Bid Idea 1:The process of evolution drives the diversity and unity of life

Essential Knowledge	Pages	Illustrative Examples Covered
1.A.1 Natural selection is a major mechanism of evolution	6-8,272-286,290-303	• Graphical analysis of allele frequencies in a population(293) • Application of Hardy-Weinberg Equation(291)
1.A.2 Natural selection acts on phe-notypic variations in popuations	174-175, 278-280, 290-292, 296-303, 376-377, 679,908	• Peppered moth(279-280,290-292) • Sickle cell anemia(302-303) • Artificial selection(278-279) • Overuse of antibotics(279-280,376-377,679) • Loss of genetic diversity witnin a crop species(908)
1.A.3 Evolutionary change is also driven by random processes	290-295	
1.A.4 Biological evolution is supported by scientific evidence from many disciplines,including mathematics. 1.B.1 Organisms share many conserved core processes and features that evolved and are widely distributed among organisms today.	275-286, 290-295, 333-337, 354-353 67-68, 72-74, 76-81, 216-217, 224,328-337	• Graphical analyses of allele frequencies in a population(293) • Analysis of sequence data sets(285) • Analysis of phylogenetic trees（355） • Construction of phylogenetic treed based on sequence data(358) • Cytoskeleton(is a network of strustural proteins that facilitate cell movement,morphological integrity and organelle transport)(68,78-81) •Membrane-bound organelles(mitochondria and/or chloroplasts)(67,76-77) • Endomembrane systems,including the nuclear envelope(67,72-74)

图 3-1　AP 教科书中呈现 AP 课程概念框架节选

其次，AP 教科书的章首页都以列表的形式呈现本章内容涉及的大概念及其具体的内涵。例如，在"第 3 章　生物大分子"中，教科书列出了本章中涉及的 4 个大概念及内涵：①进化——生物多样性的形成是由于 DNA 及其编码的化学分子的变化而形成的；②能量和稳态——碳原子通过稳定和多样的共价键形成了糖、核酸和脂质等生物大分子物质；③信息与信号——核酸在遗传信息的储存和传递中有独特的作用；④相互作用与系统——生物大分子是所有细胞行使其功能的基础（如图 3-2）。科学观念是科学知识的核心成分，在表述观念时一般用"词语＋观"的形式，但是其具体的内涵是非常丰富的，以物质观为例，物理、化学、生物学的学科基本观念中都包含能量观，但是在不同的学科中，能量观又体现出不同学科的特性。AP 教科书中对大概念内涵的呈现有利于学生建立对大概念的深入认识。

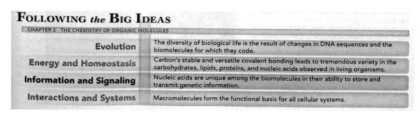

图 3-2　AP 教科书章首呈现生命观念的实例

最后，AP 教科书在每章的结尾设计了专门的版块，呈现该章涉及的大概念与概念的关联。例如，在"第 3 章　生物大分子"中，教科书列出了该章中涉及的 4 个大概念与概念的联系，与章首页的大概念列表首尾呼应，有利于学生观念的逐步建构（如图 3-3）。

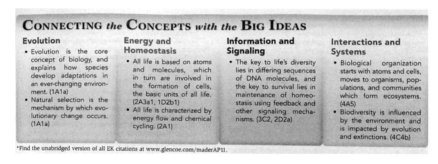

图 3-3　AP 教科书章末呈现生命观念的实例

（二）凸显系统观和进化观在生命观念中的地位

AP 教科书强调进化、相互作用与系统两个大概念在生物学中的重要地位。

对于进化观，教科书在"第 1 章　生命概述"中就将其作为生物学的统一概念进行了专门的介绍，进化体现了生命多样性中的统一性。除了进化这一单元，其他单元的内容也都注重与进化观的联系，例如，在"4.3　真核细胞"一节中，教科书在介绍真核细胞的结构与功能之前，首先介绍了真核细胞的起源及进化历程，在后面的单元设置中，教科书也设置了专门的章节先介绍这一物种的进化历程，再介绍物种的结构和功能。

对于系统观，教科书在第 1 章"第 1 节　如何定义生命"中，除了阐述生命需要物质和能量、生命的应激性、稳态、生殖和发育、进化和适应等特性，还专门强调了生命的涌现性，这正是系统的一个重要特性。同时，教科书中还设置了专门的栏目体现进化观和生态观，例如，在光合作用一章中，教科书中专门设计了"生物系统"栏目，从系统的视角论述了热带雨林被破坏对全球气候的影响；在 DNA 复制一节中，教科书除了在正文中描述了 DNA 复制的过程，还专门在"生物系统"栏目中介绍了 DNA 的复制需要在多种酶的参与和配合下完成，体现了生命系统内部的协调运作。

二、坎贝尔教科书呈现生命观念的整体分析

Campbell Biology（以下简称"坎贝尔教科书"）是生物学专业学生必学的课本，其所涵盖的知识深度和广度使其成为生物学领域最经典的教科书之一。所有生物学类学术竞赛，从热门的美国生物学奥林匹克竞赛（United State Biology Olympiad，简称 USABO）、英国生物学奥林匹克竞赛（Britain Biology Olympiad，简称 BBO）到级别最高的国际生物学奥林匹克竞赛（International Biology Olympiad，简称 IBO），坎贝尔教科书都能用作基本参考书。

坎贝尔教科书的一个标志性的特征是它为学生的学习提供了一个围绕五大科学主题（Theme）的概念框架，帮助学生区分生物学概念的"树木与森林"，并且促进学生对概念之间逻辑关系的理解。科学主题位于科学知识体系的最高层次，具有统领科学知识的价值和地位。由于自然界本身是一个具有普遍联系和相互作用的统一整体，在不同科学领域对自然界开展研究的过程中，形成了一些跨越学科的、普适的科学概念和规律。从这些共通的科学概念和规律中，可以提炼出具有普遍意义的、能够统领科学

教育各分支学科的概念，如物质、能量、平衡、变化、系统、相互作用等，我们将之称为科学主题。[1] 科学主题解释了科学知识的本质，将不同领域的科学知识关联起来；科学观念被认为是对科学研究的过程、结果及其应用的概括性的理解和认识。科学主题是站在跨学科的角度提出的科学知识中最精华的部分，反映了自然界最本质的规律和内在联系；科学观念则是人们站在现代科学知识的基础上，对自然界、人类社会及科学本身的一般规律的认识，是人们在研究和学习科学知识的过程中逐步建立的知识在思想领域里的反映。[2] 科学主题与科学观念都具有对科学知识的统领性，在对教科书分析的过程中可以将科学主题和科学观念等同起来，因此，对坎贝尔教科书中如何体现"科学主题"的分析，可以为教科书中如何体现生命观念提供借鉴和启示。

坎贝尔教科书在内容的选择和组织上以生命观念为脉络，精选课程内容，通过多种形式帮助学生建立生物学知识的概念框架。

（一）对生命观念及其内涵显性化的呈现

生命观念是科学观念的重要组成部分。科学观念包含三个层次：学科核心概念、跨学科概念和核心观念。坎贝尔教科书中的科学观念包括（系统的）组织（Organization）、信息（Information）、物质和能量（Matter and Energy）、相互作用（Interactions）、进化（Evolution）。其中，组织、信息、物质和能量、相互作用是生命科学研究揭示的自然界的一般理论，属于跨学科的科学主题，进化才是生物学所特有的、最核心的科学观念。[3] 因此，可以说学生在学习科学知识的过程中逐步形成科学观念，又运用科学观念指导学习和实践活动。

坎贝尔教科书中生命观念的内涵包括以下几个方面。

1. "组织"主题的内涵

坎贝尔教科书中的"组织"这一科学主题是从系统的视角看待生命的

---

[1] 胡玉华.科学教育中的核心概念及其教学价值 [J].课程·教材·教法，2015，35（3）：79-84.

[2] 何彩霞.对"科学主题"、"科学观念"的认识 [J].北京教育学院学报，2001，15（3）：51-54.

[3] 谭永平.中学生物学课程在发展学生核心素养中的教育价值 [J].生物学教学，2016，41（5）：20-22.

复杂性。生命系统是高度组织化的，表现为细胞、组织、器官、个体、种群、群落、生态系统的有序级联结构，每个层次都是其上一层次系统的组成部分。

（1）整体的涌现性。生命系统作为一个复杂层级系统，一个显著的特征就是其涌现性，也就是通常所说的"整体大于部分之和"。系统整体表现出的新特性并不是其组成部分性质的叠加，一旦把整体还原为它的组成部分，这些特性便不复存在。因此，早期的还原论试图通过研究部分的性质及其相互作用的规律，从而推断出整体的性质，但最终发现这在生命系统中很难实现。涌现性并不是生命系统独有的特性，自然界中的很多系统，从手表、自行车到大气、山脉等都显示出各自作为系统的整体涌现性。但是，生命系统相对而言更加复杂，因此，学生在生物学的学习过程中应更加关注从系统、整体的角度去理解生命系统。

（2）结构与功能。生命系统的各个层次都存在结构与功能相适应的关系。对生物体结构的分析有利于我们了解它的结构，反之，对功能的了解也有利于认识生物体的结构。生命系统的结构与功能的这种适应关系可以用自然选择的理论来解释，是进化的结果。

（3）细胞是结构与功能的基本单位。在生命系统的结构层次中，细胞是最基本的单位，可以执行生命所需的所有活动。细胞根据结构可以分为真核细胞和原核细胞两种类型，它们具有一些共同的特征，例如，都有细胞膜的包被、可以调节物质的进出。

2."信息"主题的内涵

生命是物质、能量和信息的统一体。生命系统中的信息有多种类型，如遗传信息、神经生理信息、化学信息等，坎贝尔教科书中的信息主题仅是围绕遗传信息在生命活动中的表达、传递和调控，其他形式的信息并没有被抽提出来。

（1）DNA 是主要的遗传物质。作为遗传信息的 DNA 储存在细胞核中的染色体上。在细胞分裂时，DNA 复制使两个子代细胞都继承了亲代细胞完整的染色体组，保证了遗传信息的稳定性。基因是有遗传效应的 DNA 片段，在染色体上呈线性排列，基因是遗传的单位。随着细胞的生长和分裂，由 DNA 编码的遗传信息指导各项生命活动。DNA 的双螺旋结构为遗传信息的储存提供了结构基础。遗传信息流可以通过从 DNA 到 RNA 再到蛋白质以指导生命活动。

（2）基因组学（DNA 序列的大规模分析）。目前，包括人类在内的多个物种的全基因组测序已经完成，蛋白组学的研究也在开展之中。高通量测序技术为基因组和蛋白组的研究提供了技术保证，生物信息学运用计算机等工具来存储、组织和分析遗传信息的大数据。不同领域的科学家展开合作，对 DNA 编码蛋白质的相关机制及非编码 RNA 等展开研究。

3."物质与能量"主题的内涵

生命活动离不开物质、能量的传递和转换。生物体的一个重要特征是能够利用能量进行生命活动。生物体的运动、生长、繁殖及细胞的各项活动都需要能量。生命系统的能量来源于太阳，在生命活动的过程中，伴随物质的循环，能量从一种形式转换到另外一种形式，大部分的能量最终以热能的形式散失。在细胞、个体、生态系统的各个层次都有能量的流动和转换。

4."相互作用"主题的内涵

从分子到生态系统的各个层次，系统组成部分之间的相互作用使其形成一个整体。例如，生态系统的生物与生物、生物与环境之间存在广泛的相互作用。在较低层次的生命系统中，组成生物体的器官、组织、细胞和分子的组分之间的相互作用保证了生命活动的顺利进行，如在血糖平衡调节过程中，各种器官和激素之间协调一致从而保证了机体血糖的平衡。生命系统自我调节的具体机制是反馈，其中负反馈较为常见。

5."进化"主题的内涵

进化解释了生命的多样性和统一性。现今生活在地球上的多种多样的生物体有着共同的祖先，化石、胚胎学和分子生物学都可以提供进化的证据。

（1）生物多样性的分类。早期的生物学家通过对生物的结构、功能和其他明显特征的比较对生物多样性进行分类，随着达尔文进化理论的提出，生物学家便开始建立基于进化关系而非表型相似性的分类系统，即所谓系统发育分类系统。分子生物学的发展，尤其是 DNA 序列比对等新技术为生物多样性的分类提供了新的证据。研究者由此提出了三域分类学说，将生物分为真核生物、真细菌和古细菌三域，域被定义为高于界的分类单位。生物多样性中蕴涵统一性，在生命系统的不同层次中都有所体现。例如，生物共用同一套遗传密码、不同生物细胞结构有很大的相似性等。进化的机制可以为生命系统中的多样性和统一性提供解释。

（2）达尔文和自然选择学说。达尔文的进化论包括两大要点，即共同来源和自然选择。达尔文通过持续的观察提出了自然选择学说，包括生存斗争、遗传和变异、适者生存。生物通过连续的选择以更加适应环境的变化，长期积累，从而出现了新的结构和功能，并导致新物种形成。

（3）系统树。系统进化树是运用支序分类的方法对物种进行分类，表明被认为具有共同祖先的物种之间的亲缘关系。每一个进化支的物种都来自一个共同的祖先，具有一个共同的分支点，并具有某些共同的形状特征。系统树展示了现有的生命是如何通过漫长的历史进化而来。

综上所述，坎贝尔教科书中的科学主题的内涵充分体现了生命是一个复杂的系统，通过生物学的学习，学生能够运用系统思维理解生命的层次性、整体的涌现性和复杂性。进化观在坎贝尔教科书中占有非常重要的地位，学生应通过生物进化内容的学习，建立起生物学各部分的联系，从而更好地理解生物学。

（二）教科书中生命观念的显性化呈现

生命观念是学生通过生物学的学习，对生命本质的整体领悟，相对于生物学概念，具有模糊性和内隐性。但是，生命观念并非是只可意会不可言传的虚无缥缈的存在，而是可教、可学的，可以通过基本理解的形式将处于意识形态的观念外化为概括性的语言，显性化地呈现出观念的具体内涵。[1] 不同水平的教师对科学主题（生命观念）内涵的理解也会有差异，一些教师可能对科学主题并未形成系统的把握和认识，学生更是如此，而

[1] 毕华林，万延岚. 化学基本观念：内涵分析与教学建构 [J]. 课程・教材・教法，2014，34（4）：76-83.

坎贝尔教科书对科学主题基本理解的显性化表达，可以帮助教师和学生加深对生命观念的认知。坎贝尔教科书在第 1 章就明确地介绍了教科书中的五个生命观念的具体内涵（见上文），体现出坎贝尔教科书对科学主题的重视。另外，在每一章的章引言部分都会介绍本章的学习要点，并提示学生从观念的角度去理解该章的知识点。例如，第 5 章的章引言中就提出本章要学习的主要内容是生物大分子，并提示学生从整体的涌现性、结构与功能相适应的角度去理解大分子的结构、性质和功能（如图 3-4）。这样，学生既可以通过概念的学习来发展观念，又可以以观念为框架，将新的概念纳入已有的概念框架之中，实现有意义的学习。

> The architecture of a large biological molecule plays an essential role in its function. Like water and simple organic molecules, large biological molecules exhibit unique <u>emergent properties</u> arising from the orderly arrangement of their atoms. In this chapter, we'll first consider how macromolecules are built. Then we'll examine the <u>structure and function</u> of all four classes of large biological molecules: carbohydrates, lipids, proteins, and nucleic acids.

图 3-4 坎贝尔教科书中"第 5 章 生物大分子的结构和功能"
章引言核心概念示例

生命观念是抽象的，在教科书编写和教学实践的过程中能够显性化地专门陈述生命观念的内涵固然重要，但是，这样做并不意味着学生就能够充分理解或形成生命观念。学生生命观念的形成必须建立在对概念深入理解的基础上，不可能一蹴而就，而是要经历一个循序渐进的过程。因此，在实践的过程中必须找到生命观念在相应的生物学概念中的锚定点，梳理出观念对应的概念和关键事实。[1] 编写教科书时，也可以适时对生物学概念进行梳理，并将概念与观念联系起来，有利于为学生生命观念的发展提供持续的、及时的指导。坎贝尔教科书在每一章的开头，都列出了该章要学习的关键概念（Key Concepts），在每章的结尾也会对该章的关键概念及其次级概念进行梳理和罗列。以"第 5 章 生物大分子的结构和功能"

---

[1] 谭永平. 发展学科核心素养：为何及如何建立生命观念 [J]. 生物学教学，2017，42（10）：7-10.

下的单元为例，在单元首页列出了该单元需要学习的 6 个关键概念：①大分子是由单体构成的聚合物；②碳水化合物是生命的燃料和组分；③脂质包括多种疏水分子；④结构多样的蛋白质具有多样的功能；⑤核酸储存、传递并表达遗传信息；⑥基因组学和蛋白组学推动了生物学的研究和应用（如图 3-5）。这些概念可以帮助学生明确学习的核心内容，也为学生理解生命观念提供了概念的支撑，有利于他们建立以生命观念为核心的概念框架。

KEY CONCEPTS

5.1 Macromolecules are polymers, built from monomers

5.2 Carbohydrates serve as fuel and building material

5.3 Lipids are a diverse group of hydrophobic molecules

5.4 Proteins include a diversity of structures, resulting in a wide range of functions

5.5 Nucleic acids store, transmit, and help express hereditary information

5.6 Genomics and proteomics have transformed biological inquiry and applications

图 3-5 坎贝尔教科书中"第 5 章 生物大分子的结构和功能"
单元首页核心概念示例

在每章的结尾，教科书会对该章的核心概念进行进一步的总结，以陈述句的形式分别列出每节的核心概念，从而与章首页中的核心概念的列表首尾呼应。同时，还对支撑这一核心概念的次级概念或者关键事实进行了梳理和呈现。若该章各节内容之间存在较为明显的对比关系，教科书会以表格的形式对各节的知识点进行比较和对比，有利于学生建立各节知识点之间的联系（如图 3-6）。

观念的形成离不开情境。在坎贝尔教科书的章首页中都配有一幅与本

章内容相关的插图，结合插图的情境设置启发性的问题，引入本章的学习
主题。在章引言中，坎贝尔教科书会对插图中的情境进行介绍，并将情境
与相应的生命观念联系。例如，第 5 章的章首页插图为乙醛脱氢酶的立体
结构，提出的问题是"为什么蛋白质的结构对其功能非常重要？"，由此
启发学生思考本章应形成的生命观念——结构与功能观。

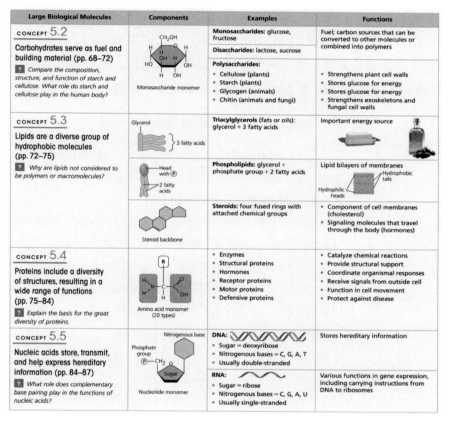

图 3-6　坎贝尔教科书中"第 5 章　生物大分子的结构和功能"
章末核心概念总结示例

（三）注重概念的相互联系

　　个体的知识具有网状结构的特征，知识网络由众多的概念、规律、
规则、事物组成，这些组成被称为知识节点。知识节点是可以相对独立存
在的知识单体，不同的知识节点之间又存在着相互关联，形成有意义的系

统联系，即知识网络。知识节点之间的关联存在同一性关联、隶属性关联和相关性关联几种形式。[1]通过概念之间的关联，可以促进学生对核心概念的理解。观念形成的过程本身也包含通过对比与比较、抽象与概括、推理等思维过程，以概念为材料，最终形成观念。坎贝尔教科书致力于学生对概念及其之间关系的整体理解，并且在教科书中通过多种形式来实现这一目标。

第一，教科书突破了传统插图设计中孤立、割裂的现状，将多个相联系的生命活动从直观、整体的角度设计了多个联结图，把不同章节的主题结合起来，充分展现了概念之间的网络关系和整体面貌（见表 3-2）。

表 3-2　坎贝尔教科书中的联结图示例（部分）

章节位置	具体内容	意义和价值
第 5 章 图 5.26　基因组和蛋白组研究对生物学的贡献	随着生物技术的进步和生物信息学的发展，大规模的基因测序和蛋白质分析可以低成本并快速地完成。对基因组和蛋白组的研究成果使我们可以更深入地理解生物学的各个领域。联结图中包括基因组学和蛋白组学对进化、人类学、医学、保护生物学、物种间的相互作用等多个方面的贡献	从基因和蛋白质的视角将不同章节的知识点联系起来，增强学生对于各种生命现象的本质上的认识，从而形成信息观
第 10 章 图 10.23　细胞的运作	细胞内进行着复杂的生命活动，联结图中将教科书第 5—10 章中涉及的生命活动设计到一幅图中呈现，总结起来包括物质的交换、能量的流动和利用、信息的传递，帮助学生认识细胞这一基本的生命系统是物质、能量和信息的统一体	有利于学生建立生命的物质观、能量观、信息观和系统观，并在今后其他生命活动的学习过程中运用这些观念理解相应的生物学概念

[1] 赵蓉英. 论知识网络的结构 [J]. 图书情报工作，2007，51（9）：6-10.

续表

章节位置	具体内容	意义和价值
第 18 章 图 18.27　基因组、细胞信号和癌症	现代医学将全基因组的分子研究和细胞信号的研究融为一体，这种趋势正在改变多种疾病的治疗方法，如乳腺癌。通过微阵列分析和其他检测，研究人员对乳腺癌的四个主要亚型的分子机理进行了分析，发现它们主要是由于调节细胞生长和分裂的三个信号受体的基因没有表达或者过量表达，从而导致信号传导途径的异常。对这些机制的了解，有利于对不同的亚型展开针对性的治疗，提高疾病治疗的效果	将遗传单元的基因的表达调控与细胞单元中的信号传导联系起来，是从基因的视角理解细胞的生长、分化等生命现象的本质，细胞内的信息传导归根结底受遗传信息的调控，遗传信息是最根本的生命信息。有利于学生对生命信息观的深入理解
第 23 章 图 23.17　镰刀形细胞贫血症的等位基因	镰刀形细胞贫血症是一种遗传性疾病，基因突变使控制血红蛋白结构的等位基因有两个拷贝，患者的血红蛋白的结构和功能异常。但是，这样一个有害的等位基因在某些地区却较为普遍。联结图中以流程图的形式呈现了该疾病由于基因的突变而在分子、细胞和个体水平的级联反应，并呈现了其对进化的意义	将遗传信息流和进化联系起来。遗传信息的流动需要确保其准确性，否则导致生命活动的异常。但是从进化的角度看，基因的突变也有积极的意义，它为进化提供了丰富的原材料。对这些问题的理解有利于学生从遗传信息的角度理解进化的本质，从而将生命的信息观与进化观融合起来

续表

章节位置	具体内容	意义和价值
第 55 章 图 55.13　生态系统的运作	以北极的冻原生态系统为例，展示了生态系统中的生物及其与环境之间多种形式的相互作用，主要包括：生态系统中各种群数量动态变化，如出生率和死亡率、迁入率和迁出率等；物种之间的相互作用，如竞争、捕食、寄生等；生态系统中的物质和能量传递，如食物链、碳循环与氮循环等。联结图中呈现出生态系统运作的整体面貌及其组成部分之间相互作用的关系	有利于学生理解生态系统组成、结构、相互作用关系的复杂性，认识生命系统的整体性和复杂性。生命系统的正常运作离不开物质和能量，生命系统的不同层次都存在物质循环和能量传递，帮助学生进一步理解生命的物质观和能量观

　　插图在教科书中具有举足轻重的作用，从组织形式上看，既可以与正文高度相关，也可以具有一定的独立性；从功能上看，既有点缀装饰的作用，也可以强化、概括、促进文本的理解。[1] 坎贝尔教科书中的联结图在组织形式上具有独立性，插图中的内容常常跨越教科书的若干章节的知识，提供了部分学科主题的总体轮廓，建立了教科书文本中的各知识元素的一致性关系。生命系统在自然界中本身就是高度有序的整体，为了研究或者学习的需要，常常将其分割为孤立的事件。联结图的设计呈现出了生命系统运作的真实面目，对学生理解生物学各分支领域的概念之间的关系、从整体上认识生命的本质、建立生命观念具有重要意义。例如，在学完生命的物质基础、细胞的结构和功能之后，教科书在第 10 章的结尾处设计了一幅组合的联结图，以对开页的形式展示植物细胞中各细胞器如何协调一致，并作为一个整体完成了细胞内外的物质交换、能量转换和信息传递（如图 3-7）。这种联结图的设计可以帮助学生将之前学习的概念联系起来，细胞内的一系列的生命活动（如遗传信息的复制、转录、翻译，

---

[1] 宋振韶．教科书插图的认知心理学研究 [J]．北京师范大学学报（社会科学版），2005（6）：22-26.

细胞呼吸和光合作用，物质跨膜运输等）不再是一个个孤立的事实，而是一个整体，是细胞生命活动的真实写照。细胞作为一个系统，其功能并不是各个细胞器功能的简单叠加，而是细胞结构、组分涌现的新的特征。因此，对插图的分析有利于学生对生命的物质观、能量观、信息观、系统观有更深入的理解。

图 3-7　坎贝尔教科书中"工作中的细胞"的联结图

第二，坎贝尔教科书的节习题或插图注释中设计了大量的建立概念联系（MAKE CONNECTIONS）栏目，引导学生通过前后知识的联系理解本节的内容。例如，在第 2 章"第 1 节　元素和化合物"的节习题中，概念检测第一题要求学生依据科学主题"组织性"来解释食用盐具有哪些涌现的特性；第三题要求学生联系进化这一科学主题去解释自然选择在耐蛇纹石（一种含水的富镁硅酸盐矿物的总称）物种进化过程中可能起到的作用。在第 6 章"第 2 节　细胞的内膜系统"中，教科书插图 6.6 呈现了细胞膜的结构，在插图的注释中，设计了专门的"MAKE CONNECTIONS"色块，引导学生联系第五章关于细胞中磷脂的性质的相关知识，解释为什么磷脂可以成为细胞膜的主要成分（如图 3-8）。坎贝尔教科书注重知识的前后关联，加强了知识的逻辑联系。学生只有在认识和把握了概念之间的内在逻辑联系后才能将知识内化形成一定的知识结构，才能将学科的内容结构顺利地转化为学生的知识结构。[1]

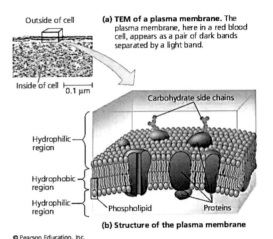

图 3-8　坎贝尔教科书插图中的概念联系实例

（四）通过科学写作考查生命观念的达成

科学写作是指学习者通过解释、组织、回顾和反思等，将输入的知识通过自己的理解用自己的语言以文字的形式呈现出来，以达到对科学概念的理解。科学写作不同于一般写作，它更加强调学生在写作过程中对科学思维的运用、对科学观念的表达，学生通过科学写作将新学习的知识和头脑中已有的知识联系起来，从而建立个人的科学理解。[2] 学生生命观念的

———————

[1] 赵占良.生物学教学强化知识间逻辑联系的意义和策略 [J].生物学通报，2009，44（9）：28-31.

[2] 蔡铁权，陈丽华.科学教育中的科学写作 [J].全球教育展望，2010，39（4）：85-89.

形成同样是建立在对概念逐步的理解和概念整合的基础上，因此，科学写作有利于学生生命观念的建构。坎贝尔教科书中每一章的习题都按照布鲁姆的教育目标进行了分层设计，包括记忆与理解、应用与分析、综合与评价三个层次。在综合与评价层次中，教科书设计了专门的"科学写作"模块来考查学生的生命观念。例如，在"第5章　生物大分子的结构与功能"的章习题中设计了"科学主题的写作——组织：蛋白质都是由核苷酸组成的，不同的蛋白质在细胞中具有不同的功能。请你写一篇100～150字的短文，讨论氨基酸形成的多种结构如何使蛋白质发挥如此多的功能"。通过短文的撰写，学生对蛋白质结构与功能的多样性，以及从氨基酸到蛋白质形成过程中的涌现性都会有进一步认识。在"第10章　光合作用"的章习题中，教科书设计了"科学主题的写作——物质与能量：生命是以太阳能为动力的。生物圈的几乎所有生产者都依赖太阳能为生命活动提供能量。请你写一篇100～150字的短文，描述植物如何通过叶绿体中的光合作用将太阳能转化为糖分子中的化学能"。学生通过短文的写作，对于物质观和能量观将会有更进一步的理解。这种围绕生命观念的科学写作，既明确了本章学习内容与何种观念有直接的关联，有利于观念的提炼，也为学生提供了对知识反思、再组织的机会，促使他们在观念的指导下进一步理解概念，同时也有利于学生对观念的深入理解。

（五）凸显进化观的核心地位

现代生物进化理论为人们理解生命的发展、理解各生物及其与环境之间的关系提供了一个统一的准则。进化观可以将生物学中不同领域的概念构建为一个整体的框架。进化论是生物学中最大的统一理论，生物学各学科无不贯穿进化的原则。[1] 例如，DNA可以作为进化的标尺、生命的起源，细胞结构与功能的进化、细胞的代谢和生殖方式、基因组和染色体的进化、稳态调节机制的进化、生态系统的进化等，都是与进化紧密相连的知识。因此，高中生物学可以从生物多样性、生物对环境的适应等角度安

---

[1] 安军. 高三生物学专题复习：生物学知识与进化的联系 [J]. 生物学通报，2013，48（9）：42-45.

排进化的内容。例如，在内环境稳态中，可以增加对生命起源的讨论，在稳态调节中可以增加关于生命活动调节方式的进化。这样既有利于学生对生物进化理论的理解，形成进化观，也有利于学生从进化的角度整体认识生命世界，认识生物学。[1]

坎贝尔教科书尤其强调将进化这一核心主题贯穿整个生物学学习的过程之中，教科书每章的正文中包括至少一个与进化相关的内容模块。例如，在"第 3 章　水和生命"中，在介绍完水的特性之后，教科书对其他星球上可能的生物进化进行了探讨，提出对有水存在的其他行星的生命迹象的研究结果，从全新的角度揭示生命的起源和进化；在"第 6 章　细胞的结构"中，在学习有关叶绿体和线粒体的结构之后，教科书对叶绿体和线粒体的进化的由来专门展开了论述，从线粒体和叶绿体都具有双层膜、都含有核糖体与环状 DNA、都可以自主繁殖的角度去论述线粒体和叶绿体起源的内共生学说（如图 3-9）。

Possible Evolution of Life on Other Planets

EVOLUTION Biologists who look for life elsewhere in the universe (known as *astrobiologists*) have concentrated their search on planets that might have water. More than 800 planets have been found outside our solar system, and there is evidence for the presence of water vapor on a few of them. In our own solar system, Mars has been a focus of study. Like Earth, Mars has an ice cap at both poles. Images from spacecraft sent to Mars show that ice is present just under the surface of Mars and enough water vapor exists in its atmosphere for frost to form. **Figure 3.9** shows streaks that form along steep slopes during the Mars spring and summer, features that vanish during the winter. Some scientists have proposed that these are seasonal streams of flowing water occurring when subsurface ice melts during the warm season, while others think they are the result of CO_2 rather than water. Drilling below the surface may be the next step in the search for signs of life on Mars. If any life-forms or fossils are found, their study will shed light on the process of evolution from an entirely new perspective.

The Evolutionary Origins of Mitochondria and Chloroplasts

EVOLUTION Mitochondria and chloroplasts display similarities with bacteria that led to the **endosymbiont theory**, illustrated in Figure 6.16. This theory states that an early ancestor of eukaryotic cells engulfed an oxygen-using non-photosynthetic prokaryotic cell. Eventually, the engulfed cell formed a relationship with the host cell in which it was enclosed, becoming an *endosymbiont* (a cell living within another cell). Indeed, over the course of evolution, the host cell and its endosymbiont merged into a single organism, a eukaryotic cell with a mitochondrion. At least one of these cells may have then taken up a photosynthetic prokaryote, becoming the ancestor of eukaryotic cells that contain chloroplasts.

This is a widely accepted theory, which we will discuss in more detail in Chapter 25. This theory is consistent with many structural features of mitochondria and chloroplasts. First, rather than being bounded by a single membrane like organelles of the endomembrane system, mitochondria and typical chloroplasts have two membranes surrounding them. (Chloroplasts also have an internal system of membranous sacs.) There is evidence that the ancestral engulfed

图 3-9　坎贝尔教科书正文中进化观的示例

---

[1] 谭永平 . 生物进化内容与我国中学生物教育 [J]. 课程・教材・教法，2004，24（5）：93-96.

　　坎贝尔教科书每章的习题中还在综合与评价层次设计了"与进化的联系"的习题，引导学生从进化的角度理解本章的概念。如图 3-10，在第 3 章的章习题中，考查进化观的习题为"结合本章关于水的特性及其为生命提供了适宜的环境条件的内容，科学家对极端微生物的研究，分析极端微生物研究的意义，以及极端微生物的存在是否能够说明其他星球上有生命存在的可能性"；在第 6 章的章习题中，考查进化观的习题为"细胞结构的哪些方面最能揭示进化的统一性？又有哪些特别的细胞结构的实例？"。

> **8. EVOLUTION CONNECTION**
> This chapter explains how the emergent properties of water contribute to the suitability of the environment for life. Until fairly recently, scientists assumed that other physical requirements for life included a moderate range of temperature, pH, atmospheric pressure, and salinity, as well as low levels of toxic chemicals. That view has changed with the discovery of organisms known as extremophiles, which have been found flourishing in hot, acidic sulfur springs, around hydrothermal vents deep in the ocean, and in soils with high levels of toxic metals. Why would astrobiologists be interested in studying extremophiles? What does the existence of life in such extreme environments say about the possibility of life on other planets?

> **9. EVOLUTION CONNECTION**
> Which aspects of cell structure best reveal evolutionary unity? What are some examples of specialized modifications?

图 3-10　坎贝尔教科书章习题中进化观的示例

　　这种在正文和习题中都显性化地呈现生物学各领域的知识与进化相联系的实例，可以及时地提醒学生建立本章知识与进化观的联系，在学生学习了生命"是什么"和"怎么样"的问题之后，进一步帮助学生理解生命"为什么会这样"，实现进化观与其他生命观念的联系与融通。学生通过进化的视角去理解生物学中的概念，理解多种多样的生命现象的本质，有利于他们深入理解内因与外因、偶然与必然、平衡与非平衡的辩证思想。[1]在此基础上，学生能够更好地理解生物学各学科领域的关系，理解生物学的学科本质，形成科学本质观；能够对生命系统的自组织、开放性、平衡

---

[1] 赵玲. 现代生物进化思想的两次飞跃及其哲学意义 [J]. 吉林大学社会科学学报，1994（3）：93-95，87.

态、非线性关系等有更具体的理解，形成生命观念。

三、美国教科书呈现生命观念的整体分析

21 世纪，全球科学教育改革的共同趋势是课程的整合。美国自 1996 年颁布《美国国家科学教育标准》以来，在科学教育实践的过程中发现课程标准中的内容广而不深、知识缺乏关联性等问题。为了改变这一现状，美国科学教育界依据其在学习进阶领域的研究成果，于 2011 年颁布了《K-12 年级科学教育框架：实践、跨领域概念和核心概念》（*A Framework For K-12 Science Education：Practices，Crosscutting Concepts，and Core Ideas*），提出 3 个科学课程的维度：科学与工程实践（Science and Engineering Practices）、学科核心概念（Disciplinary Core Ideas）和跨学科的共通概念（Crosscutting Concepts）。其中，跨学科的共通概念包括：①模式，②因果关系，③尺度、比例和数量，④系统和系统模型，⑤物质和能量，⑥结构与功能，⑦稳定与变化。生命科学领域的学科核心概念包括：①从分子到生物体的结构和过程，②生态系统的互动、能量和动力，③遗传和变异的特征，④生物进化的统一性和多样性。每个学科核心概念又以若干个次级核心概念为支撑。[1]2013 年，美国发布《新一代科学教育标准》（NGSS），提出要在大概念的引领下组织课程内容。NGSS 聚焦少数核心概念，期望学生在有限的学习时间内学习到核心知识，通过由表及里、由浅入深的探索、实践和应用，在头脑中逐步建构知识的整体框架。[2]NGSS 中的跨学科的通用概念在内涵上和生命观念具有很大的一致性，因为科学观念本身就是统领科学知识的属性，是高度抽象的，因而也具有跨学科的属性。例如，物质与能量可以对应于我国生命观念中的物质观和能量观。因此，对美国教科书中如何呈现科学主题进行研究，可以为生命观念在教科书中的呈现提供直接的参考。

美国教科书遵循 NGSS 整合的理念，围绕科学主题设计课程内容。教

[1] 李佳涛，王静，崔鸿. 以"学习进阶"方式统整的美国科学教育课程：基于《K-12 科学教育框架》的分析 [J]. 外国教育研究，2013，40（5）：20-26.

[2] 胡玉华. 美国《新一代科学教育标准》的设计理念及启示 [J]. 中小学管理，2015（8）：27-29.

科书中课程内容的组织遵循了观念形成逻辑主线，以主题（Themes）→大概念（Big Idea）→重要概念（Main Idea）的线索组织课程内容。其中，主题对应美国《新一代科学教育标准》中的跨学科概念；大概念是统领本章内容、支撑主题的生物学学科核心概念；重要概念则是支撑大概念的次级概念。美国教科书呈现生命观念的主要特色如下。

（一）显性化地呈现概念的层级框架

美国教科书在每一章的章首页部分，都以主题聚焦和大概念专栏显性化列出本章对应的主题和大概念，并且呈现了与本章内容相关联主题和大概念的具体内涵。在每一节的开头，教科书列出了该节的重要概念。例如，在"第 10 章 有性生殖和遗传"中，章首页的主题聚焦陈述为"因果关系——减数分裂导致遗传的多样性"，紧随其后的大概念为"减数分裂产生配子，遗传性状代代相传"，如图 3-11，在该章"第 1 节 减数分裂"的开头部分列出了重要概念——减数分裂可以产生单配子。此外，在每节的习题部分，教科书还总结出了该节的知识要点，以便学生能够更好地理解该节的重要概念。

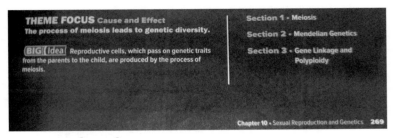

图 3-11 美国教科书章首页和节开头对观念的呈现示例

在每一章结束时，教科书又专门设计了包含主题、大概念、重要概念和知识要点的层级列表，作为学生的学习指南（如图 3-12）。教科书对概念的这种呈现方式体现了科学主题统摄下的知识的层级结构，突出了知识的整体性和逻辑性，为学生提供了"概念聚合器"，帮助他们将零散的生物学事实和一般概念进行进一步归纳整合，建构概念网络，最终形成生命观念。

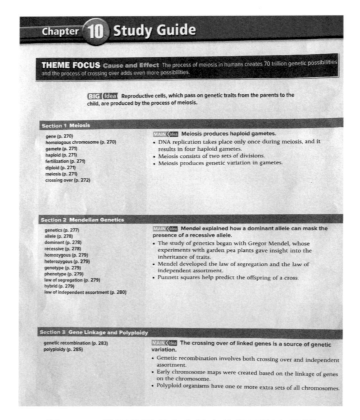

图 3-12　美国教科书章小结中的学习指南示例

（二）习题设计注重生命观念的评价

观念是高度抽象的，学生只有较好地理解了生物学概念，才能形成观念。观念具有内隐性，含有价值观的成分，可以直接指导人的行动，是理论与现实的桥梁，学生观念的发展水平往往在实践应用的过程中表现出来。对生命观念的评价一方面要以重要概念的考查为载体，另一方面也需要为学生实践观念提供机会，使学生在真实的情境下，在分析问题、解决问题的过程中运用并发展观念。

美国教科书在节习题和章习题中都特别注重学生对概念的理解和对观念的应用。教科书每节内容之后都设计了专门的试题，针对性地考查学生对该节重要概念的理解。例如，在"第7章　细胞的结构与功能"中"细胞膜"一节的重要概念为细胞膜维持了细胞稳态，在该节习题中，教科书对这一重要概念的考查以开放性的试题呈现（如图3-13）。学生需要从结构与功能的视角，去分析细胞膜的哪些结构组成和特点对维持细胞稳态发挥重要的作用。

Understand Main Ideas

1. **MAIN Idea** **Describe** how the plasma membrane helps maintain homeostasis in a cell.
2. **Explain** how the inside of a cell remains separate from its environment.
3. **Diagram** the plasma membrane and label each component.
4. **Identify** the molecules in the plasma membrane that provide basic membrane structure, cell identity, and membrane fluidity.

图3-13　美国教科书节习题中对重要概念的考查

在该章的结尾，教科书还设计了一些综合题，对该章的科学主题和大概念进行考查，章首页中提出了该章应掌握的科学主题为"因果关系：细胞的多种进程使其能对外界环境作出反应"，该章的大概念（生物学学科核心概念）为"细胞是生物体结构与功能的基本单位"。在该章的综合性检测习题中，教科书也设计了习题引导学生在学习了细胞的结构之后，思考系统内"整体与部分的关系"。学生需要在学习关于细胞膜、细胞器的结构与功能的基础上，发展系统观，理解系统的功能具有涌现性——整体大于部分之和（如图3-14）。

Summative Assessment

43. **BIG Idea** Cells are the structural and functional units of living things. Create an analogy where "smaller parts" provide structure and funtion for a "whole." Relate it to cells and living things by giving specific examples.

图3-14　美国教科书习题中科学主题的习题示例

（三）强调批判性思维的训练，有利于生命观念的形成

批判性思维（Critical Thinking）是科学思维的重要组成，也是科学精神的核心，被世界各国和国际组织公认为是未来公民必备的核心素养。目前，关于批判性思维并没有一个统一的明确的概念界定，有学者认为它是根据自身的思考发现问题并逻辑地提出主张的思考，或者是聚焦于相信什么并且作出合理的决策的反思性思维，也有人认为批判性思维是使用恰当的评估标准对事物的真实价值进行判断和思考的过程。尽管对批判性思维的定义并没有一个统一的表述，但是可以看出批判性思维是一种理性的、注重逻辑的思维方式。在生命观念的形成过程中，离不开理性思维的参与[1]。美国教科书尤其注重对批判性思维技能的训练，学生的思维过程是对所学知识的真实性、精确性和逻辑性，对知识产生的过程和背景等进行的个人判断，从而对自身做什么和相信什么作出合理的决策。批判性思维的过程使学生对概念有更深入的理解，实现了有意义的知识建构，有利于生命观念的形成和发展。

美国教科书对批判性思维的训练体现在多个方面，在正文、习题、实验活动和社会性科学议题的讨论中都设置了相应的批判性思维训练的栏目。例如，在习题中设计了大量的开放性的试题，训练学生的批判性思维技能，学生在解题的过程中需要以生物学知识为思维内容，从多角度、多层次寻找知识之间的联系，从中获取有价值的信息。

美国教科书中丰富的实验活动也注重在真实的情境中训练学生的批判性思维。教科书中的实验栏目主要包括"数据分析实验"（Data Analysis Lab）、"迷你实验"（Mini Lab）、"生物学实验"（Biolab Experiment）三大类。"数据分析实验"栏目主要包括研究背景、批判性思维、数据与观察三部分，注重培养学生的阐释、分析、评估、推理、解释等批判性思维技能。"迷你实验"栏目主要为学生提供实践科学方法和实验技能的机会，包括提出问题、实验过程和结果分析三个部分，实验的种类涵盖观察、建模、研究、调查、验证等多种学生易操作的小型实验。"生物

---

[1] 吴成军. 基于生物学核心素养的高考命题研究 [J]. 中国考试，2016（10）：25-31.

学实验"栏目主要由实验背景、问题、实验材料、实验计划和实施、分析与总结、生物学写作六个部分组成，要求学生充分发挥自主能动性，在教师适当的指导下自主设计实验方案、实施实验并对实验结果进行分析、总结和表达。

"数据分析实验"和"迷你实验"栏目均以真实情境中的现象和问题作为实验主题，然后围绕要解决的问题展开实验与分析。其中，"数据分析实验"的情境源于科技论文中的图表数据。例如，在"细胞膜"一节中，教科书设计的数据分析为"解释中风后大脑神经细胞细胞膜中的通道蛋白对细胞死亡的影响"。通过对数据的分析，学生可以进一步理解细胞膜中蛋白质对细胞膜结构与功能的贡献，既理解了概念，又提高了科学探究的技能，实现了科学活动中的知行合一。"迷你实验"源于学生生活实际的实验主题，更容易引起学生的兴趣，为学生提供了运用科学思维认识事物和解决实际问题的机会，而且实验材料获取方便，步骤简单，利于学生开展实验。此外，"迷你实验"还注重结合一些生物学社会议题，如"第4章 种群生态学"中探讨影响人口增长因素的"迷你实验"就结合了当今社会人口增长的热点问题（如图 3-15），帮助学生运用生物学的概念和原理，从生命观念的视角去正确审视和论证有关的生物学社会议题。

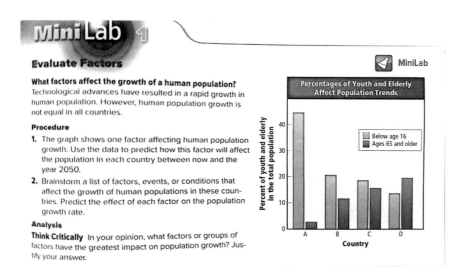

图 3-15 美国教科书中"迷你实验"栏目示例

从生物学的学科本质而言，生物学中的因果关系存在多种可能，真实的情境才能反映出生命的复杂性，展示生物学的真实面目，有利于学生分析式思维、整体性思维、辩证逻辑思维和复杂性思维的形成，也有利于学生理解生命的本质，理解科学的本质。

此外，"生物学实验"栏目非常注重对学生论文写作能力的培养，且培养形式多种多样。实验拓展部分除了基本的论文写作要求，还鼓励学生绘制海报、撰写新闻稿、提交实验报告等。如第4单元"生物多样性"中有关巴斯德实验的"生物学实验"栏目中要求学生撰写一篇小论文，论述巴斯德工作对生物学的一些核心理论的促进作用。生物学论文写作要求学生要像科学工作者一样进行思考和研究，其所涉及的知识和能力不再局限于基本的实验技能，而是注重多学科、多技能的综合性学习。这有利于学生从科学的角度去思考现实社会中的问题，通过科学写作对概念进行整合和批判性的思考，促进概念的转变、观念的形成。

四、小结

以上对国外教科书的分析表明，国外几个版本教科书中都显性化地呈现了生命观念，有的是在教科书的开头设置专门的章节直接阐述生物学中的观念及其内涵，有的是在第一章通过讨论生命的本质属性帮助学生理解生命的本质，同时也在每一章的章首页和章结尾直接呈现教科书中从观念到一般概念的概念框架，为学生理解观念提供支架。不同版本教科书中对生命观念的具体内容的表述也不尽相同，但是它们都将进化观作为生物学中的统一的概念，并在教科书中凸显进化观的统领性地位。我国人教版教科书中也关注生物学思想的价值，例如，必修1整个模块的编写是以系统观为指导，体现了系统的物质组成、系统的层次、系统的结构和功能、系统的发展变化。相对而言，人教版教科书中对信息观显性化的呈现还不突出，只在教科书的章小结中有关于观念的表述。例如，必修1的"第1章　走进细胞"中就在章小结部分体现了生命系统的层次性及细胞是最基本的生命系统的观念，但是有些章小结还只是属于概念总结的层次。人教版教科书在观念的外显呈现和对进化观的凸显等方面还需要进一步加强。

第二节　信息与生命信息观的内涵

对于教科书中生命观念的比较研究，如若从将物质与能量观、稳态与调节观、结构与功能观和进化与适应观都展开全面的分析，在有限的时间内很难做到深入的研究。因此，笔者选择从其中的一个维度"信息观"为切入点，对教科书体现生命观念的内容选择和呈现展开分析，力求做到以点带面，获得教科书中对生命观念素养的较为全面的认识。目前，课程文件和文献中对信息观的研究较少，相对于物质与能量观、结构与功能观等生命观念，生命信息观的内涵和具体内容还不明晰。

生命观念是生物学概念和原理等在人们头脑中的提炼和升华，是人们对生命是什么、怎么样、为什么等问题的整体理解，是关于生命本质的意识、观点和思想。学生生命观念形成和发展的过程，也是他们逐渐认识生命世界、理解生命本质的过程。早期人们关于生命本质的代表性观点，如生命—蛋白质同一说、新陈代谢等，往往只关注生命的物质和能量的变化。现代系统科学将生命的本质理解为一个自组织、自复制、自适应的开放复杂系统，物质、能量、信息是维持生命系统自身存在和发展的三大要素，生命是物质、能量、信息的统一体。[1] 由此可见，人们已经逐渐认识到信息在生命的代谢、繁殖、进化等过程中的重要作用，生命的信息观为理解生命的本质提供了新的途径。

一、信息的本质与特点

（一）信息的本质

日常生活中的信息一般等同于消息，这些信息能够给接收者带来新的内容或知识。农民看到桃花盛开知道要赶快播种，听到布谷鸟的叫声知道要插禾，即便没有生命的石头也能向科学家呈现地球进化的历史。人类社会和自然界无时无刻不在进行着信息的发射、传播和接收的过程，计算机科学中的数据、太阳光的照射、黄鼬释放的臭气、书本上的文字、电视上

---

[1] 赵占良 . 试论中学生物学的学科本质 [J]. 中学生物教学，2016（1/2）：4-8.

的新闻……这些都是具体的信息形式。信息有广义和狭义两个层次，广义的信息是一种客观的存在，是事物运动的状态和方式，属于本体论信息，如日出、温度等，跟人们是否感觉到它的存在无关；而狭义的信息仅仅指那些接收的主体所感觉到并能被理解的东西，属于认识论信息。[1]

随着信息科学的飞速发展，信息已经成为一个统摄性和包容性极强的跨学科概念，在生物学、医学、计算机科学甚至社会科学等多个学科领域都被广泛应用，在人们理解世界、改造世界的过程中发挥着重要的作用。人们不断尝试从不同的学科对信息进行定义，但由于信息自身的多样性和复杂性，对信息的理解和定义至今还未有一个统一的标准。

香农最早从通信的角度将信息定义为"用来消除随机不确定性的东西"，并且提出了计算信息量的基本公式，使信息成为一个可以度量的科学概念。[2]维纳将信息的概念扩展到具有普遍意义的控制系统，将信息定义为"我们适应外部世界的过程中同外部世界进行交换的内容的名称"。维纳还将信息同系统的有序性联系起来，认为信息是系统组织程度和有序程度的标志。由于当时物理学界将"熵"作为无组织程度的度量，维纳将信息进一步解释为"负熵"，是控制系统为了减少内部的无序性而从外界获得的东西。[3]尽管以上观点对信息的定义具有深远的影响，但都只着眼于信息对接收者的作用，是对信息的功能性定义，并没有揭示信息的本质。

信息本质也是哲学界长期讨论的问题，哲学家围绕"信息与物质、能量的关系""信息的属性""信息的意义和价值"等方面分析信息的本质。

自维纳在《控制论》中提出"信息就是信息，不是物质也不是能量"这一经典命题之后，人们就不再将信息等同于物质。客观世界都是由物质、能量、信息三者组成的，三者既相互依存又相互独立。[4]有学者将三者在

---

[1] 李文明，吕福玉 . 信息的本体论意义与传播学价值 [J]. 山西大学学报（哲学社会科学版），2017，40（1）：48-58.

[2] Shannon C E.A mathematical theory of communication[J].ACM SIGMDBILE Mobile Computing and Communications Review，2001，5（1）：3-55.

[3] 维纳 . 控制论 [M]. 郝季仁，译 .2 版 . 北京：科学出版社，1963.

[4] 侯金川 . 物质·能量·信息统一论 [J]. 湘潭大学学报（哲学社会科学版），1997，21（5）：110-114.

物质世界的地位形象地描述为"没有物质，什么东西也不存在；没有能量，什么事情也不会发生；没有信息，什么事物也没有意义"。一方面，物质是一切事物的本质，能量和信息必须依赖于物质系统而存在，信息的传递必然消耗能量。一般而言，我们将承载信息内容的物质实体称为载体，完全脱离物质的"裸信息"是不可能存在的。[1]另一方面，信息对物质又有相对独立性，同一个信息的存储和传递可以依赖不同的物质载体，同一物质载体可能承载不同的信息。这一特性决定了信息的可存储、可表达、可复制和可变换。更重要的是，信息还是物质和能量的主导者，信息是物质系统结构和运动秩序的组织者。不同的两个物质系统，如生态系统中的生命系统和非生命系统，它们在物质和能量上没有质的区别，有的只是量的不同，但生命之所以成为生命取决于其内在的遗传信息，不同的生命系统亦是如此。由此，我们可以认为，物质是组成客观世界的基础，信息是组成客观世界的中心内容。[2]系统内信息的变化必然会带来系统结构和功能的改变。可以说，信息不仅是系统内物质和能量不均匀分布的反映，还是系统的调控者和组织者。我们可以将信息的本质理解为"信息不仅是简单地表现物质的客观存在，同时还调控并表达了物质世界的相互作用、普遍联系和运动发展"。[3]

　　既然信息一定要以物质为载体，那么是否可以说信息就是物质固有的或者是内在既成的东西呢？也就是说只要是物质就会有信息的存在。这种理解显然并不恰当。电视上播放的新闻中的信息只对那些观看了的人才有价值，对其他人而言并没有价值。比如孔雀开屏的行为信息只对雌孔雀传递一种求偶信息，对其他动物而言没有任何价值。因此，有人认为信息是由信息源发出的，被接收者所感知、接收、认识和理解的内容的统称。[4]由此可见，物质只是信息存在的必要条件，无机界和有机界的任何物质系

[1] 肖峰. 信息的哲学研究 [M]. 北京：中国社会科学出版社，2018：2.

[2] 沈骊天. 系统哲学：21 世纪的先进世界观 [J]. 系统科学学报，2018，26（1）：1-8.

[3] 倪鹏云. 系统科学与信息科学相结合的哲学思考 [J]. 系统辩证学学报，2003，11（1）：61-66，75.

[4] 周鸿铎. 信息资源开发利用策略 [M]. 北京：中国发展出版社，2000.

统都有发出信息的潜质。

信息的产生要以物质系统的运动和相互作用为前提，只有在物质相互作用、相互联系的过程中，信息的意义和价值才能够显示出来，没有这种相互联系和相互作用，就没有信息。信息是从物质与外界环境、物质内部各组分之间相互作用的过程中涌现出来的，只有在群体中才有价值和作用。因此，可以将信息的本质理解为"信息是客观事物之间及其内部的联系"。[1]信息的生成、储存、转换等一系列活动都是通过物质系统之间及内部的相互作用、相互联系实现的。早在信息研究的初期，香农就将通信过程简化为信源、编码、信道、噪声、译码、信宿六个要素组成的信息传递系统，这就是信息系统的一般模型。自然界和人类社会中的自组织系统正是在与外界环境相互作用的过程中获取关于环境的信息，并在信息系统内部对这些信息进行存储、整理和加工，从而能动地进行物质和能量的运动，最终适应环境的变化。

综上所述，理解信息的本质首先需要理解物质、能量和信息的关系，信息的产生和表达都离不开物质和能量的运动，物质和能量的运动也离不开信息的调控。同时，还要从动态和联系的角度理解信息的本质，不管信息的载体、内容和形式如何，所有的信息都存在于信息系统中，体现了物质系统之间或者内部各组分之间的某种联系。

（二）信息的特点

1. 信息具有普遍性和多样性

信息产生于物质系统的运动和相互联系之中，因为运动和联系的普遍性、多样性和动态性，信息在物质世界中普遍存在。自然界中的信息多种多样，按照不同的标准可以分为物理信息和生命信息、结构信息和功能信息、宏观信息和微观信息等。

2. 信息具有两重性和增殖性

信息既以物质为载体，又可以和物质分离，这种对物质的依赖性和相对独立性被称为信息的两重性。任何信息的生成、保存、传递等活动都要

---

[1] 冯亮. 信息的本质及表现形态 [J]. 江西社会科学，2016，36（10）：33-38.

以载体的存在为前提，信息的内容的变化直接取决于物质结构或形式的变化，信息的运动要以物质和能量运动为载体和动力。[1] 信息又有相对的独立性，信息传递的过程会在不同的载体之间转换，信息的传输、复制等都要以信息的相对独立性为前提。只要作为信源的物质不消失，信息就会源源不断地产生，而且信息可以被反复共享使用，实现信息量的增加和扩充。将信息传递给信宿之后，自己原有的信息并不会减弱或者丢失。例如，在细胞通信的过程中，对信号的响应有许多的步骤，其目的就是通过酶的级联将信号放大，在每一个级联反应步骤中，下一步有活性的产物都比上一步的多，经过若干步骤后，信号可以放大千百万倍。[2] 正是由于信息这种既依赖于物质又独立于物质的两重性，才能够使得信息可以在原有载体不改变位置、不被损毁的情况下传递和复制，进而实现信息的共享和累积式增长。总之，信息不同于物质和能量，信息是不守恒的，是可共享和传承的，信息才是自然界和人类社会发展的动力和源泉。

3. 信息兼具客观性和主观性

信息在自然界中是客观存在的，在人类出现之前，物质世界中多种多样的信息就早已存在，这些信息的客观存在是由于其载体的客观性所决定和赋予的。如遗传信息、光谱信息等是不依赖于人的主观意志而存在的，并对所有的信息接收者产生相似的影响。而人文社会中的信息往往带有一定的主观性，信息离不开主观世界的建构。[3] 信息是否发挥作用，发挥什么样的作用，取决于信源中承载的信息内容，更取决于信宿如何去理解这一信息。信息具有一定的抽象性，很多信息无法感知，只有在通过受体的译码系统才能被理解和接受。[4] 例如，人类社会中的语言、文字等信息需要在感官接收之后经大脑处理并适时作出反应，往往具有一定的主观性，同样的话、同一段文字，不同人可能会作出不同的理解。信息

[1] 李文明，吕福玉. 信息的本体论意义与传播学价值 [J]. 山西大学学报（哲学社会科学版），2017，40（1）：48-58.

[2] 吴相钰，陈守良，葛明德. 陈阅增普通生物学 [M]. 4 版. 北京：高等教育出版社，2014：48-51.

[3] 肖峰. 信息的哲学研究 [M]. 北京：中国社会科学出版社，2018：11-24.

[4] 王信理. 信息及其对生态系统的控制 [J]. 生态学杂志，1988，7（4）：45-50.

的主观性可以说是在生命进化出神经系统之后才出现的特性，信息是主体感知、理解、赋予其意义的产物。越复杂、越高级的信息，与人的主观联系越紧密。[1] 信息既有客观的内容，又有主观的特征，客观信息是主观信息的来源和基础。

4. 信息运动的流动性和整合性

首先，开放系统为了维持自身的稳定，需要源源不断地从外界获取物质和能量。在系统与外界环境相互作用的过程中，也会产生信息并流入系统之中，系统越复杂，从环境中输入的信息量就越大，系统内的信息量会不断增加，从而促进系统的发展和演化。系统内的各种信息经过有意识的调控，会形成从信源到信宿的有序信息流，使得信息的功效加倍。系统内的信息不是孤立存在，而是相互联结形成信息网络，多种信息相互协作共同发挥作用。例如，人脑会对接收到的视觉、听觉等不同感觉通道的信息进行加工整合处理。系统越复杂，其信息网络就越复杂。但是信息之间不能直接相互作用，而是要通过信息载体和信源，也就是物质的相互作用来实现。[2]

二、生命信息观的内涵

人们对生命本质的认识随着生命科学、科学哲学的发展而逐渐发展。早期传统的生命观念将生命的本质归结于组成生命的"物"，将生命定义为特殊的物质实体。例如，恩格斯提出"生命是蛋白质的存在方式，这种存在方式本质上就在于这些蛋白质的化学组成持续地自我更新"。恩格斯指出新陈代谢是生命的主要特征，是生命存在的必要条件。[3] 随着对 DNA 结构与功能研究的不断深入，人们认识到生命核酸是比蛋白质更加重要的物质；DNA 作为遗传物质指导蛋白质的合成；核酸和蛋白质协同作用保证了生物体生长发育、繁殖等活动的进行；核酸的自我复制是保证生命延

---

[1] 姜璐，范智. 信息定义的探讨 [J]. 系统辩证学学报，2004，12（2）：28-30.

[2] 洪昆辉. 再论信息的本质及特征 [J]. 云南行政学院学报，2002（2）：58-61.

[3] 恩格斯. 自然辩证法 [M]. 中共中央马克思恩格斯列宁斯大林著作编译局，译. 北京：人民出版社，1971：277.

续性的基础，自我复制是生命区别于非生命的主要标志。这些建立在辩证唯物主义基础上的生命观揭示了生命的物质性，具有强大的生命力。

　　不论是自然界中有生命的有机世界还是无生命的无机世界，它们都是由物质组成的。因此，物质观依然是人们理解生命的前提。但是仅仅把生命的本质归结于某一种或者几种物质是不全面的，没有揭示生命在功能、规律、生命系统等方面的本质特征，无法得到高度抽象的生命定义。

　　有学者还试图从功能或特性方面定义生命的本质。例如，人们发现活的生命能够与外界环境持续地进行物质和能量的交换，其内部也一直进行着物质代谢和能量代谢，这些活动被统称为新陈代谢。新陈代谢一旦停止，其他生命活动也无法进行，生命也就不会存在。因而，很多人将新陈代谢看作生命的本质属性。[1]遗传、进化、自繁殖、应激性、自稳态等也被认为是生命的功能性特征，但是这些特征并没有将生命和非生命截然分开。例如，骡子无法繁殖，但它也是生物；病毒在很多方面处于生命和非生命之间，因而这些功能上的属性并非是生命的本质特征。同时，对生命功能方面的定义并不特别关注这些功能的相互联系，其没有揭示生命的复杂性、整体性和系统性。

　　可见，仅仅从物质组成或者生命活动的某些功能特征无法揭示生命的本质，因为这些对生命本质的认识仅仅关注了生命世界中的物质和能量两种要素，而忽视了信息的重要作用。物质是生命存在的基础，能量驱动物质的运动，但生命世界的物质运动是一种特殊的、有序性更强的运动形式，自复制、自代谢、自繁殖和自适应是生命系统的基本活动，它们的实现需要自组织来实现。物理学的法则在生命世界中只在有限的范围内起作用，信息法则才是生命运动的根本法则。[2]一切生物都可以看作由信息和信息载体组成，流动的物质和能量是生命的载体，信息才是生命的中心，是物质循环和能量流动的组织者，这便是信息的生命观。[3]相对于以往强调生

---

[1] 李建会.生命是什么？[J].自然辩证法研究，2003，19（4）：86-91.

[2] 田爱景，李宗荣，林雨菲，等.论生命及非生命信息运动的一般规律 [J].医学信息，1998，11（10）：21-25.

[3] 沈骊天.生命信息与信息生命观 [J].系统辩证学学报，1998，6（4）：71-73.

命的物质和能量变化的生命本质观，生命的信息观并不是以任何具体、狭隘的物质来理解生命，而是强调信息传递在生物的生长、繁殖和进化等生命活动中的作用，是从自然界中能动的"组织因素"和"控制因素"来理解生命，生命的特殊性正是在于其无须按照外界的指令就能够自动地按照自身的组织形式对物质和能量进行组织，并能够通过信息的自我复制和自我扩张实现生命系统的发展。[1] 相对于无机世界的信息而言，生命信息可以按照生命自身的运动规律组织物质运动，从而实现生命的自组织、自复制和自适应。在生命系统中，生命信息既代表了系统的组织形式，又是生命系统组织者。

生命系统内存在多种多样的信息，遗传信息是最基本的生命信息，神经感知信息是动物特有的，意识是人进化到一定阶段形成的独有的信息，生命系统内多种有序的层次结构是结构信息，还有生理信息、行为信息等。信息的载体也具有多样性，核酸、神经递质、激素都是信息的载体。生命系统内的信息流对其载体既具有依赖性，又具有相对的独立性。例如，真核细胞遗传信息储存在 DNA 中，但是现代生物技术可以解读遗传信息，并通过人工合成的方式合成遗传信息，甚至人工合成生命。从物种繁衍的角度来看，个体只是遗传信息的临时载体，代代相传的是遗传信息。[2]

生命系统中的信息传输也要遵循从信源发出、经信道传输、到信宿接收的过程，这一过程的任何一个环节出现问题都会影响信息的传输。例如，在神经调节的过程中，无论是传入神经还是传出神经被切断，信息就不能通过断口继续向前传导。同时，由于生命系统的复杂性，生命系统内的信息传递还表现出有效传递的概率性，信源发出的信息并不一定会被传输和接收。例如，病原体进入细胞后并不一定会被 B 淋巴细胞识别，引起特异性免疫。[3] 因而，对生命系统的信息传输和调控不能做机械、绝对化的

[1] 沈骊天. 生命信息与信息生命观 [J]. 系统辩证学学报，1998，6（4）：71-73.

[2] 赵占良. 对生物学学科核心素养的理解（一）：生命观念的内涵和意义 [J]. 中学生物教学，2019（11）：4-8.

[3] 王天祥. 论在高中生物学教学中渗透信息观的意义和途径 [J]. 课程·教材·教法，2021，41（3）：117-122.

理解。

　　生命系统内多种多样的信息既相互作用，又相对独立，无数的信息联结形成复杂的信息网络，并通过信息的接收和处理过程将系统内的各个组分联结成一个整体，执行各项生命活动。生物的基因组是最大的"生命信息库"，DNA 中蕴涵的遗传信息通过转录传递给 RNA，能够指导个体其他信息的生成，而这些生成的信息又可以以某种方式反馈并作用于 DNA 的复制、转录和翻译等过程，这样就形成了以 DNA 遗传信息为核心的开放式信息调控循环系统。DNA 携带的遗传信息是以具体的材料为载体，而大量的非编码序列却掌握了这些材料在何时、何地表达且表达多少信息。由此，编码基因与非编码基因构成了更为复杂、丰富、动态的四维信息调控网络，控制着生命体的代谢过程和生理功能。

　　生命系统的信息调控是一个反馈调节系统。例如，在血糖平衡的调节过程中，胰岛素和胰高血糖素共同维持了血糖的稳定，胰岛素的作用结果反过来影响胰岛素的分泌，胰高血糖素也是如此。生命系统作为一个高度有序的、动态的、多层次的开放系统，就是通过多个反馈环路处理信息，将系统的各层级、同一层级的各个组分联结成一个整体，从而协调一致地执行统一性的功能，实现目的性调控。

　　生命系统中不同层次的信息运动导致不同水平的生命活动，生命的许多过程本质上都是信息过程。在分子层次上，对新陈代谢而言，酶催化了物质代谢和能量代谢。酶又从何而来？所有的蛋白质都是在遗传信息的指导下合成的，也就是说，新陈代谢的进行必须与以核酸为主宰的信息系统发生耦联时才能持续进行，核酸与蛋白质的这种相互作用体现了生命系统内物质、能量、信息的相互作用，生命是物质、能量和信息的统一体。[1] 在细胞层次上，遗传信息的自我复制保证了增殖的每一个细胞都含有相同的遗传物质，从而实现了同一物种不同世代间遗传信息的统一性；细胞的

---

[1] 刁生富 . 中心法则与分子生物学的生命观 [J]. 自然辩证法研究，2003，19（11）：21-24.

生长分化、衰老死亡也都是在遗传信息的指导下完成的，细胞中的遗传信息规定了细胞的结构和功能；机体内的各细胞之间也通过多种形式无时无刻进行信息的交流，如植物的胞间连丝、神经细胞间的突触等，从而实现了细胞间功能的协调。在个体层次上，人体中的神经、内分泌和免疫系统及系统内的器官通过神经递质、激素和细胞因子等信号分子的传递和信号传导过程相互联系，实现了系统的稳态和平衡。生态系统的存在和发展也离不开信息的运动，信息不仅贯穿个体、种群、群落内部，而且生物也对环境的变化进行感知，持续不断地从环境中获取信息，并作出反应。生态系统中的信息传递可以看作信息流在空间维度上的反映。生态系统内的信息主要包括物理信息、化学信息和行为信息，而环境输入生态系统的信息主要为物理和化学信息，如温度的变化、营养成分的变化等，这些信息在生态系统组分之间双向传递，维持了生态系统的结构和功能的相对稳定。[1]生物的进化是一个从无序到有序、从简单到复杂、从低级到高级的漫长过程，其外在表现为生命系统物质组成和结构形式的变化，产生这种变化的根本原因是生命系统内信息的变化。一方面，系统持续不断地从外界引入信息，使系统内储存的信息量不断增加；另一方面，伴随信息载体的进化，信息的种类以及信息调控的方式也日益复杂，对信息的翻译能力和理解程度也不断增强。以神经感知信息为例，早期的单细胞生物完全没有神经成分，只能利用从环境中获得的信息控制自身的行为，例如，变形虫在感知到食物的化学信息后，会改变自己的运动轨迹去捕食，这是自然界中出现的原始的信息系统对物质能量系统的控制。随着腔肠动物感觉细胞、效应细胞、神经节细胞的出现，动物体内已经形成了初级的神经调节网，随着动物生存环境的变迁和感觉分析功能的发展，脑的出现使生物体处理信息的能力获得了质的飞跃，生物对信号处理的本能进化为能够自主地处理信

---

[1] 汪勇. 从信息传递的角度构建高中生物学知识框架 [J]. 生物学通报，2015，50（12）：33-35.

息，并具有一定的学习能力。[1] 信息处理功能上的内在需求是神经系统结构从无到有、从简单到复杂的变化的动力，结构的进化又使得神经信息网络更加复杂，能够更及时感知机体内外的变化并作出反应。信息的进化使得生命系统更加有序、结构更加精细、功能更加完善。

生命信息观不仅将生命看作一种运动过程，还认为生命是一种运动的组织形式，生命的特殊性仅仅在于其信息的特殊性。生命信息虽然必须依赖于一定的物质载体，并消耗能量，但生命信息可以自复制、自组织，从而实现生命系统的自适应和自稳态。

三、信息观的教育价值

近年来，各国的中学生物学课程都日益关注生命信息观，生命信息观已成为中学生物学课程的核心内容之一。随着科学技术的进步和科学哲学的发展，人们对世界的认识也在发生着变化，以往的唯物主义世界观认为整个客观世界就是物质和能量，系统科学的发展突破了这一限制，将客观世界看作物质、能量、信息组成的物质系统。信息以物质和能量为载体，但同时又是物质的结构及其运动的组织者。系统科学将物质范畴观念从载体中心论转变为信息中心论，信息观念、信息思维也成为现代系统科学的核心。自然界和生命世界的运转都离不开信息，学生对信息的理解有利于他们认识客观世界的本质，建立 21 世纪先进的世界观。[2]

"生命"是生物学研究的对象，也是中学生物学课程的逻辑起点，认识生命世界、理解生命的本质是中学生物学课程的核心目标和基本教育价值。[3] 以往人们大多是从生物体的物质组成或者某一方面的特性去理解生命的本质，具有一定的局限性。生命的信息观则是在系统论、信息论和控制论的基础上重新审视生命本质，是从更深入、更广泛的视角去理解生命。信息观的教育价值体现在以下几个方面。

（一）有利于学生深入理解概念的本质

观念不同于概念。观念是概念的升华，是人们在众多概念的基础上形成的对事物更全面、更本质、更深刻的认识。观念对概念有统摄的作用，学生已有的观念可以作为"概念聚合器"，帮助学生将与观念相关的概念纳入概念网络中，形成良好的知识结构。学生对生命信息本质的认识，有助于他们更深入地理解新陈代谢、稳态、遗传、变异、进化、生物多样性等概念及其之间的联系。生物体通过新陈代谢与环境进行物质和能量的交换，保持系统的稳定，这些都是系统有目的地从外界引入信息的结果；遗传本质上是生命信息的复制和保存，变异则是生命信息量的增加，生物的进化本质上是新的更复杂、更高级的信息生成的过程；生物的多样性本质上是基因的多样性。学生对生命信息多样性、稳定性、涌现性、选择性及其反馈调节机制的理解，可以将这些概念从本质上关联起来，也为学生系统观、进化观、生态观的形成打下基础。

（二）有利于学生形成现代的科学思维方式

任何信息的传递都要始于信源，通过信道，终于信宿，缺少其中的任何一个环节，信息都无法发挥作用，信息只有在系统中存在才有意义。例如，人体中的多种信号分子，通过与细胞膜上受体的直接接触，共同完成了对机体稳态的调节，而单单研究某一个信号分子的性质是无法理解系统的功能的。信息思维和系统思维的方式是一致的，它们都强调整体性，强调以系统和综合的观点去理解系统。[1]信息思维不是以物质或能量为着眼点，也不需要对系统的结构进行解剖式的分析，而是从信息流的角度，关注系统中的网状因果关系和环状因果关系，重视对非线性的和循环因素的分析。学生信息思维的形成，有利于他们理解生命系统的局部与整体的关

---

[1] 邬焜．物质思维·能量思维·信息思维：人类科学思维方式的三次大飞跃 [J].学术界，2002（2）：60-91.

系，建立普遍联系的辩证唯物主义观点，也能使他们对人工智能或人工生命等有更深刻的思考。

（三）有利于学生认识生命的价值和意义

信息观的形成有利于学生理解生物多样性，尤其是遗传多样性的意义。遗传多样性本质上是信息的多样性。物种独特的基因库是基因突变与环境相互作用的结晶，都有其独特的价值。这种理解有利于学生认识自然界中不同物种存在的意义，从而自觉自愿地参与保护生物多样性的行动中。[1]生命系统是开放的系统，生命系统中的物质和能量处于不断新陈代谢的过程之中，贯穿生命过程的恰恰是非实体的信息。细胞中的遗传信息可以通过分裂和生殖得以延续，组成个体的物质和能量会随着个体的死亡而解体，信息却可以代代相传。以人类为例，每个人的生命虽然短暂，但是人类创造的知识和文明可以被继承、传播和发展。因此，生命信息观的建立有利于学生认识个体在人类历史中的价值和意义，从而树立正确的人生观。

四、高中生物学课程中信息观的概念框架

观念是在众多概念和判断的基础上形成的对客观事物的总括性的认识，是概念发展的更高级形式。[2]学生观念的形成不是一蹴而就的，需要经历从事实到概念再到观念的循序渐进的过程。生命信息观的形成也必然建立在对概念理解的基础上，对生命信息观概念框架的建构首先需要明确哪些核心概念可以支撑这一观念。高中生物学中的核心概念包括细胞、新陈代谢、稳态与调节、遗传与变异、生态系统、进化、生物多样性等。[3]由于观念的总括性、普适性和统摄性，生命信息观与多个生物学核心概念存在对应和关联。例如，细胞的分裂、分化、凋亡受信息的调控，生态系

[1] 赵占良 . 试论提升学生的生物学理解力 [J]. 课程・教材・教法，2003（1）：58-61.

[2] 朱玉军，王香凤 . 科学核心观念的内涵及其教育价值分析 [J]. 化学教育，2017（8）：10-14.

[3] 谭永平 . 从发展核心素养的视角探讨高中生物必修内容的变革 [J]. 课程・教材・教法，2016，36（7）：62-68.

统中存在物质循环、能量流动和信息传递，生物多样性的本质是遗传信息的多样性，等等。生命本就是一个有机整体，用来解释生命现象和规律的生物学概念也不会是截然分割的，信息就是概念联系的一个纽带。

笔者在前期理论研究的基础上，从生命系统中信息是什么、信息如何发挥作用两个方面对信息观的内涵进一步细化。随后，在对我国课程标准、《美国新一代科学教育标准》、AP 生物学课程大纲等文件研究的基础上，获得了信息观的概念框架（见表 3-3）。后文中有关教科书的分析也将以本框架为依据展开研究。

表 3-3　高中生物学课程中信息观的概念框架

一级内涵	二级内涵	三级内涵	支撑概念［依据《普通高中生物学课程标准（2017 年版）》］
I-1　生命由信息和信息载体组成	I-1-1　信息以物质为载体，并消耗能量	I-1-1-1　信息对物质具有依赖性和相对独立性	1.1.7　概述核酸由核苷酸聚合而成，是储存与传递遗传信息的生物大分子 1.3.2　阐明神经细胞膜内外在静息状态具有电位差，受到外界刺激后形成动作电位，并沿神经纤维传导 1.3.3　阐明神经冲动在突触处的传递通常通过化学传递方式完成 3.1.1　概述多数生物的基因是 DNA 分子的功能片段，有些病毒的基因在 RNA 分子上
		I-1-1-2　信息的调控作用需要能量驱动	2.2.2　解释 ATP 是驱动细胞生命活动的直接能源物质

续表

一级内涵	二级内涵	三级内涵	支撑概念［依据《普通高中生物学课程标准（2017 年版）》］
I-1　生命由信息和信息载体组成	I-1-2　生命系统存在多种多样的信息	I-1-2-1　生命系统中既有生命信息也有非生命信息	1.3.2　阐明神经细胞膜内外在静息状态具有电位差，受到外界刺激后形成动作电位，并沿神经纤维传导 1.3.6　简述语言活动和条件反射是由大脑皮层控制的高级神经活动 1.4.1　说出人体内分泌系统主要由内分泌腺组成，包括垂体、甲状腺、胸腺、肾上腺、胰岛和性腺等多种腺体，它们分泌的各类激素参与生命活动的调节 1.5.1　举例说明免疫细胞、免疫器官和免疫活性物质等是免疫调节的结构与物质基础 1.6.1　概述科学家经过不断的探索，发现了植物生长素，并揭示了它在调节植物生长时表现出两重性，既能促进生长，也能抑制生长 1.6.4　概述其他因素参与植物生命活动的调节，如阳光、重力和温度等 2.1.3　举例说明阳光、温度和水等非生物因素以及不同物种之间的相互作用都会影响生物的种群特征 2.2.7　举例说明生态系统中物理、化学和行为信息的传递对生命活动的正常进行、生物种群的繁衍和间关系的调节起着重要作用 3.1.2　概述 DNA 分子是由四种脱氧核苷酸构成，通常由两条碱基互补配对的反向平行长链形成双螺旋结构，碱基的排列顺序编码了遗传信息 3.1.5　概述某些基因中碱基序列不变但表型改变的表观遗传现象

续表

一级内涵	二级内涵	三级内涵	支撑概念［依据《普通高中生物学课程标准（2017 年版）》］
I-1 生命由信息和信息载体组成	I-1-2 生命系统存在多种多样的信息	I-1-2-2 遗传信息是最基本的生命信息	1.1.7 概述核酸由核苷酸聚合而成，是储存与传递遗传信息的生物大分子 1.2.3 阐明遗传信息主要贮存在细胞核中 3.1.1 概述多数生物的基因是 DNA 分子的功能片段，有些病毒的基因在 RNA 分子上 3.1.2 概述 DNA 分子是由四种脱氧核苷酸构成，通常由两条碱基互补配对的反向平行长链形成双螺旋结构，碱基的排列顺序编码了遗传信息 3.1.5 概述某些基因中碱基序列不变但表型改变的表观遗传现象
I-2 生命系统的正常运行离不开信息	I-2-1 生命系统各层次的生命活动都需要信息的调控	I-2-1-1 信息调控新陈代谢的有序进行	3.1.4 概述 DNA 分子上的遗传信息通过 RNA 指导蛋白质的合成，细胞分化的本质是基因选择性表达的结果，生物的性状主要通过蛋白质表现
		I-2-1-2 遗传信息调控了细胞的生命历程	2.3.1 描述细胞通过不同的方式进行分裂，其中有丝分裂保证了遗传信息在亲代和子代细胞中的一致性 2.3.2 说明在个体发育过程中，细胞在形态、结构和功能方面发生特异性的分化，形成了复杂的多细胞生物体 2.3.3 描述在正常情况下，细胞衰老和死亡是一种自然的生理过程 3.1.4 概述 DNA 分子上的遗传信息通过 RNA 指导蛋白质的合成，细胞分化的本质是基因选择性表达的结果，生物的性状主要通过蛋白质表现 3.2.2 说明进行有性生殖的生物体，其遗传信息通过配子传递给子代

续表

一级内涵	二级内涵	三级内涵	支撑概念［依据《普通高中生物学课程标准（2017 年版）》］
I-2 生命系统的正常运行离不开信息	I-2-1 生命系统各层次的生命活动都需要信息的调控	I-2-1-3 人体各系统通过信息分子相互联系为一个复杂的整体，共同维持机体的稳态	1.2.2 举例说明机体不同器官、系统协调统一地共同完成各项生命活动，是维持内环境稳态的基础 1.4.2 举例说明激素通过分级调节、反馈调节等机制维持机体的稳态，如甲状腺激素分泌的调节和血糖平衡的调节等 1.4.3 举例说明神经调节与体液调节相互协调共同维持机体的稳态，如体温调节和水盐平衡的调节等 1.5.3 阐明特异性免疫是通过体液免疫和细胞免疫两种方式，针对特定病原体发生的免疫应答
		I-2-1-4 信息传递维持生态系统结构与功能的稳定	2.2.7 举例说出生态系统中物理、化学和行为信息的传递对生命活动的正常进行、生物种群的繁衍和种间关系的调节起着重要作用 2.3.3 阐明生态系统在受到一定限度的外来干扰时，能够通过自我调节维持稳定
		I-2-1-5 遗传本质上是亲代遗传信息向子代相对稳定地传递	2.3.1 描述细胞通过不同的方式进行分裂，其中有丝分裂保证了遗传信息在亲代和子代细胞中的一致性 3.2.2 说明进行有性生殖的生物体，其遗传信息通过配子传递给子代
		I-2-1-6 进化是生物的遗传信息与环境相互作用的结果	3.3.4 阐明进行有性生殖的生物在减数分裂过程中，染色体所发生的自由组合和交叉互换，会导致控制不同性状的基因重组，从而使子代出现变异 4.2.1 举例说明种群内的可遗传变异将赋予某些个体在特定环境中的生存和繁殖优势

续表

一级内涵	二级内涵	三级内涵	支撑概念〔依据《普通高中生物学课程标准（2017 年版）》〕
I-2　生命系统的正常运行离不开信息	I-2-2　生命系统是一个信息调控网络	I-2-2-1　生命系统内的多种信息相互联系、协调一致调控生命活动	1.2.1　概述细胞都由质膜包裹，质膜将细胞与其生活环境分开，能控制物质进出，并参与细胞间的信息交流 1.3.3　阐明神经冲动在突触处的传递通常通过化学传递方式完成 1.3.4　分析位于脊髓的低级神经中枢和脑中相应的高级神经中枢相互联系、相互协调，共同调控器官和系统的活动，维持机体的稳态 1.4.2　举例说明激素通过分级调节、反馈调节等机制维持机体的稳态，如甲状腺激素分泌的调节和血糖平衡的调节等 1.4.3　举例说出神经调节与体液调节相互协调共同维持机体的稳态，如体温调节和水盐平衡的调节等 1.6.2　举例说明几种主要植物激素的作用，这些激素可通过协同、拮抗等方式共同实现对植物生命活动的调节
		I-2-2-2　生命系统的信息调节多是通过负反馈实现	1.4.2　举例说明激素通过分级调节、反馈调节等机制维持机体的稳态，如甲状腺激素分泌的调节和血糖平衡的调节等

续表

一级内涵	二级内涵	三级内涵	支撑概念［依据《普通高中生物学课程标准（2017 年版）》］
I-2　生命系统的正常运行离不开信息	I-2-2　生命系统是一个信息调控网络	I-2-2-3　信息的调节能力是有限的	1.5.4　举例说明免疫功能异常可能引发疾病，如过敏、自身免疫病、艾滋病和先天性免疫缺陷病等 3.3.1　概述碱基的替换、插入或缺失会引发基因中碱基序列的改变 3.3.2　阐明基因中碱基序列的改变有可能导致它所编码的蛋白质及相应的细胞功能发生变化，甚至带来致命的后果 3.3.5　举例说明染色体结构和数量的变异都可能导致生物性状的改变甚至死亡

在信息观的概念框架中，同一个内涵维度需要多个概念的支撑，体现了观念建构的阶段性和发展性。例如，对"遗传信息调控了细胞的生命历程"这一内涵的理解，需要学生在学习细胞分裂、分化、衰老、死亡等多个概念的基础上逐步形成。同时，有些信息观的内涵和支撑的概念并没有明确、显性的关联，这反映出观念的抽象性和内隐性。例如，"信息的调控作用需要能量驱动"的支撑概念中并没有明确地揭示能量在信息的复制、转换等过程中的作用，虽然信息的运动也是生命活动的重要组成，但这并不意味着这一信息观的内涵就无法达成，事实上，遗传信息的复制、转录和翻译的过程中都需要能量，兴奋在神经纤维上的传导、在神经元之间的传递也需要能量。因而，虽然笔者梳理出了信息观的框架，但信息观和概念绝对不是这样僵化的对应。信息观的形成一方面要通过梳理与其明确相关的概念和关键事实建立锚定点，另一方面要充分挖掘知识的育人价值，将蕴涵在多个概念中的信息观显性化地呈现出来，这些都可以通过教科书来实现。

第三节　国内外高中生物学教科书中信息观呈现的分析

我国课程标准中列举出的部分观念中并没有包含信息观的内容，以往的生物学教育教学研究论文中也鲜有对信息观内涵及其在教科书中组织呈现的系统研究，因此，笔者选取"生命信息观"这一生命观念作为国内外高中生物学教科书呈现生命观念的具体分析内容。

一、国内外高中生物学教科书中信息观呈现方式的整体分析

观念具有高度的抽象性，是学科知识体系中最核心的成分。教科书中观念的呈现既要以事实和概念为基础，为学生观念的形成提供丰富的原材料，也要对事实和概念进行适时的关联、总结和提升，为学生观念的形成提供直接的支架。[1]通过对不同版本高中生物学教科书中呈现信息观的分析，笔者将信息观的呈现方式大体划分为两种类型——隐性和显性。隐性化的呈现是指教科书中仅仅给出了信息观相应的关键事实和核心概念，但是并没有对概念之间的联系作出具体的表述，没有从概念中抽提并呈现出观念的内涵；显性化的呈现是指教科书中通过专门的栏目或者是在正文中明确地总结和呈现了信息观的具体内涵。由于高中生物学课程内容如遗传、神经调节等本身就承载着信息观，这些内容都是各国高中生物学课程的重要组成，因而教科书中隐性呈现信息观的情况具有很大的一致性。而显性呈现信息观的教科书特色各异，因此，笔者重点对显性呈现信息观的教科书进行了分析，以期总结教科书呈现生命观念的特色之处，为观念教学和教科书的使用提供参考。

通过对国外不同版本的教科书的梳理，笔者对国内外 3 个显性化呈现信息观的高中生物学教科书进行分析，美国主流生物学教科书虽然是隐性化地呈现了信息观，我们也将其作为代表与显性化呈现的教科书进行了比

---

[1] 毕华林，万延岚．化学基本观念：内涵分析与教学建构 [J]．课程·教材·教法，2014，34（4）：76-83．

较（见表 3-4）。

表 3-4　国内外不同版本高中生物学教科书中信息观的呈现方式

国家	教科书版本	呈现方式
美国	坎贝尔教科书	显性
美国	AP 教科书	显性
中国	人教版生物学（2019 年版）教科书	显性
美国	美国教科书	隐性

从表 3-4 可以看出，4 个版本生物学教科书中信息观的呈现方式既有显性的形式，也有隐性的形式。究其原因，有以下两个方面：一是由于观念不同于具体的知识，它本身就难以在教科书中以静态的方式直观呈现出来；二是由于不同版本教科书的编写都是以课程标准或者课程大纲为依据，不同国家或教育机构的高中生物学中的科学观念（科学主题）的具体内容有很大的差异，信息观并非在每个课程文件中都有呈现。

具体而言，AP 教科书显性化呈现信息观的教科书，主要因为该教科书内容的选择和组织都依据 AP 课程框架，围绕着进化、能量与稳态、信号与信息、系统与相互作用四个大概念精选课程内容，在教科书的章首页以专栏列举出本章涉及的大概念及其内涵，并在章小结以专栏的形式呈现出这些大概念与本章中的概念的联系。这种显性化的呈现方式为学生建立概念与信息观的联系提供了明确的框架，有利于学生在理解概念的过程中运用这一框架主动地发展生命的信息观，同时也有利于建立信息观和其他生命观念之间的联系，从整体上理解生命的本质。

坎贝尔教科书对信息观的显性化呈现没有设置专门的栏目，只将遗传信息作为一个独立的科学主题在教科书中显性地呈现。例如，在教科书的第一章就明确了遗传信息这一科学主题的内涵，在相应的章系统中也专门设置了科技论文写作的题目来考查学生对遗传信息的理解，或者运用遗传信息来解决新情境中的问题。所以，也可以说坎贝尔教科书显性化地呈现了部分生命的信息观。除了遗传信息，教科书中的章节设置中也体现不同层次生命系统中的信息传递，在其他章节中以节标题或者知识点的形式明确地凸显了生命信息在细胞、个体、群体生命活动中的调节方式和重要作用。例如，在"第6章　细胞之旅"中，教科书在介绍了细胞膜系统的结构与功能、细胞内的物质和能量代谢等内容后，专门设置了一节内容来呈现细胞内的信号通路；在"第51章　动物行为"中也强调了动物的信息交流；等等。这些都体现出教科书对生命信息的关注和重视。

　　注重在概念的基础上提炼生命观念是我国2019年版高中生物学教科书的一大特点。[1]我国课程标准中的生命观念没有列出信息观，但基于信息观对学生发展的重要价值，如帮助学生深刻理解基因的本质、理解生命活动的调节机制、理解生命系统的多样性与统一性等，修订后的人教版教科书通过多种途径落实了信息观。第一，教科书的每个模块都是以生命观念为内容组织的线索。必修2《遗传与进化》以人类对遗传信息的探索为主线，突出了"遗传信息是最根本的生命信息"这一信息观的内涵；选择性必修1《稳态与调节》突出了信息在稳态调节中的重要作用。第二，教科书在章小结中显性化地提炼并呈现了信息观的内涵。在章小结的"发展素养"这一板块，教科书对本章的信息观也有具体的表述。例如，在"神经调节"这一章的"本章小结"中，发展素养的第一条就是"基于对神经系统是一个信息网络的理解，认同信息流在生命活动中具有重要作用"；在"体液调节"一章的发展素养部分，也显性化地提炼了信息观"基于对激素作为信使分子来起作用的认识，从信息的角度阐释生命的本质"。第三，教科书在栏目中设置了问题，引导学生从信息的角度理解生命现象。例如，"神经冲动的产生和传导"一节的"问题探讨"以短跑比赛为情境，提出"从运动员听到枪响到做出起跑的反应，信号的传导经过了哪些结构？"；在"特异性免疫"一节的"本节聚焦"中也提出"如何从系统的视角、信息的视角认识神经调节、体液调节、免疫调节的相互联系？"。第四，教科书正文的内容也适时地对信息观进行总结。例如，"细胞膜的结构与功能"一节介绍了细胞膜在细胞间信息交流中的多种形式，在讲完

---

[1] 赵占良，谭永平．聚焦学科核心素养，彰显教材育人价值：普通高中生物学教材修订的总体思路 [J]．课程·教材·教法，2020，40（1）：82-89．

神经调节、激素调节和免疫调节之后，教科书用一段话来总结三者的关系："神经调节、体液调节和免疫调节的实现都离不开信号分子（如神经递质、激素和细胞因子等），这些信号分子的作用方式，都是直接与受体接触。受体一般是蛋白质分子，不同受体的结构各异，因此信号分子与受体的结合具有特异性。通过这些信号分子，复杂的机体才能够实现统一协调，稳态才能够得以保持。"这一总结有助于学生从信息的层面深入理解生命的本质。[1]

　　美国教科书依据《美国新一代科学教育标准》的要求，围绕"模式，因果关系，尺度、比例和数量，系统与系统模型，物质与能量，结构与功能，稳定与变化"7个跨学科概念选择和组织教科书内容，但是信息并不在其中。对于以上 7 个跨学科概念，教科书在每章的章首页都以栏目的形式明确了该章内容的跨学科概念及其内涵，并列出了该章的学科核心概念。但由于课程文件中并未将信息观列为学科核心概念，美国教科书对信息观以隐性形式呈现。我国人教版教科书中虽然也并未对生命的信息观以显性的栏目或者模块来呈现，因为观念作为内隐的素养，它的养成需要学生在学习的过程中去领悟，但是教科书在"遗传与进化"模块的章小结中，对遗传信息流、遗传信息的变化对进化的意义等进行了描述。

二、国内外高中生物学教科书中信息观的内容的选择与呈现比较

　　生命信息观涉及生命系统各个层次中信息的存储、复制、传递、转换、应答、反应等过程，按照之前研制的分析框架，主要是研究在分子层次的遗传信息、细胞层次中细胞内及细胞间的信息交流与调控、个体层次中神经—体液—免疫组成的信号调控网络、生态系统中的信息传递。教科书对信息观的呈现主要体现在两个方面：一是强调精选典型的事实性知识作为范例，二是重视概念之间的关系。不同版本的高中生物学教科书因为课程

---

[1] 包春莹. 全面提升学生核心素养，为健康中国和美丽中国助力：人教版选择性必修 1《稳态与调节》教材介绍 [J]. 中学生物教学，2020（16）：4-11.

设置的要求不同，教科书的整体框架也有很大的差别。因此，笔者对各版本教科书中生命的信息观对应的知识体系进行了分析和比较。

从内容的整体设置上看，我国高中生物学教科书帮助学生从宏观和微观两个层面认识生命系统的物质和结构基础、发展和变化规律以及生命系统中各组分间相互作用的关系。美国的教科书对内容的设置多是以生命的化学基础、细胞、遗传、进化、生物多样性、植物的形态与功能、动物的形态与功能、生态等单元主题的形式来呈现，其中对多个物种如植物、无脊椎动物、真菌等结构与功能的介绍多是放在生物多样性单元主题中，而这些内容在我国高中生物学教科书中并未涉及。

（一）教科书的知识体系体现信息观的共性分析

对于信息观相关的知识体系，笔者通过对不同版本教科书进行系统的梳理，发现虽然不同版本教科书在知识点的广度和深度上有所差异，但是有关信息观的内容体系则表现出诸多共性，都体现了信息的物质和结构基础、信息的传递及信息的功能（见表 3-5）。

表 3-5　国内外不同版本高中生物学教科书中信息观的内容的共性

信息观		核心内容
信息的物质和结构基础	遗传信息的物质基础	核酸的化学组成、结构、种类、分布、功能；DNA 是主要的遗传物质。基因突变与基因重组，染色体变异，遗传病
	遗传信息的结构基础	染色质与染色体，DNA 的分子双螺旋结构，细胞核是遗传信息存在的主要场所
	生理信息的物质基础	内分泌系统多种类型的激素，多种类型的植物激素
	生理信息的结构基础	免疫系统的组成和功能
	神经感知信息的物质和结构基础	神经元的结构，突触，神经系统的结构与组成

续表

信息观		核心内容
信息的传递	遗传信息的传递机制	分离定律和自由组合定律，减数分裂和受精作用，伴性遗传。 遗传信息流：DNA 的复制、转录和翻译，基因控制性状
	生理信息的传递机制	反馈调节，激素调节的实例，激素调节的特点
	神经感知信息的传递机制	反射，兴奋在神经纤维和神经元之间的传递
信息的功能	遗传信息的功能	细胞的增殖（有丝分裂）、分化、衰老和凋亡，细胞癌变。 基因突变与基因重组，染色体变异，遗传病
	生理信息的功能	植物的激素调节：植物激素在生长、发育、繁殖等生命活动中的作用。 动物的激素调节：激素调节对稳态的维持，细胞免疫和体液免疫
	神经感知信息的功能	神经系统的分级调节，人脑的高级功能。 神经—体液—免疫调节系统：神经调节、激素调节、免疫调节的关系
	其他的信息功能	生态系统中的信息传递的类型和作用

　　4 个版本的高中生物学教科书中，信息观对应的知识体系涵盖从分子到生态系统的多个层次，对遗传信息、生理信息和神经感知信息的物质基础、结构基础、调控的机制等都有相应的知识点作为支撑。具体而言，对信息观的呈现，教科书的内容体系上表现为以下的共性。

　　1. 体现了信息与物质的辩证关系

　　物质、能量和信息被认为是组成客观世界的三个要素。信息与物质的关系一方面表现为信息对物质的依赖性，是物质的序的表现形式；另一方面表现为信息对物质的相对独立性，信息是可传递、可表达、可复制的，并不依附于某种特定的物质。信息与物质的这种辩证关系也被称为信息存在的两重性，即信息必然依赖于某种物质的绝对性和信息对于某种特定载体依赖的相对性。[1] 信息的两重性被认为是信息最本质的特征，也是信息科学哲学中的基本观念。

关于信息对物质的依赖性，4 个版本的教科书都对遗传信息的物质基础——DNA 的化学组成、种类、结构，生理信息的物质基础——各种化学信息分子的特性做了介绍，体现了生命系统中的各种信息功能的实现都要依赖于相应的载体。

同时，4 个版本的教科书中对于知识的选取都体现了遗传信息、生理信息和神经感知信息的传递机制及信息传递依赖的结构基础，如 DNA 的双螺旋结构为遗传信息的表达提供了结构基础，储藏在 DNA 中的遗传信息在遗传的过程中，沿着碱基排列顺序→核苷酸排列顺序→蛋白质排列顺序将生命系统中的"遗传指令"在细胞内传递。染色体为遗传信息的代际传递提供了结构基础，使生命的"蓝图"可以通过有丝分裂和减数分裂传递给下一代细胞，既保证了遗传信息的稳定性，又体现了遗传信息的多样性。神经元和突触为神经冲动的传递提供了结构基础，神经感知信息通过神经纤维内外离子的运动完成信息在神经系统中的传递，人体内分泌系统中的生理信息通过不同的途径在细胞间传递，从而维持了个体内环境的稳态，等等，这些都说明信息在生命系统中储存、复制、转换、整合，从而参与调控多项生命活动。

2. 体现了信息在生命系统中的重要作用

生命系统内各层次的生命活动都离不开信息。遗传信息作为最基本的生命信息在细胞生长和繁殖、衰老和凋亡以及细胞癌变等生命活动中起决定性的作用，生物进化本质上也是遗传信息持续地改变。对于遗传信息在生命系统中的重要作用，4 个版本的教科书都选取了有丝分裂和减数分裂、基因的分离定律和自由组合定律、基因连锁和伴性遗传、DNA 的复制和表达、基因突变和染色体突变、人类遗传病等知识，从细胞水平和分子水

---

[1] 李宗荣，周建中，张勇传. 关于生命信息学研究的进展：以不违背热力学第二定律的方式理解生命 [J]. 自然辩证法研究，2004，20（3）：63-66，101.

平阐述了生命的延续性，体现了遗传信息在生殖、发育和遗传中的重要作用，帮助学生从信息的角度认识生命的延续和发展。神经感知信息和生理信息对生物体稳态的维持具有重要作用，在生长发育、代谢、遗传和变异等多项复杂生命活动中，高等多细胞生物和人体通过信息的调控形成稳态。4 个版本的教科书主要选取了动物和人体神经—体液—免疫调节、植物的激素调节等内容，体现了信息调控在机体稳态维持中的重要作用，帮助学生从信息的视角理解生命活动的本质。

（二）教科书的知识体系体现信息观的差异分析

总体而言，我国人教版高中生物学教科书中信息观的知识体系完整，更加强调信息的功能，比如，遗传信息在细胞的生命历程、生物体的有性生殖、稳态维持和进化中的作用，教科书对生命系统中信息的特性、信息之间的相互作用、信号转导系统等相关的知识点着墨不多。因而，学生通过教科书中知识的学习能够理解遗传、稳态和生态系统等概念，可以从生命的物质观、能量观、进化观、生态观和系统观的角度分析各项生命活动，建构和理解生物学概念，但是较难从生命信息本质的视角去理解和关联这些概念。

国外高中生物学教科书的概念体系则更加丰富，除了含有我国必修教科书中《分子与细胞》《遗传与进化》《稳态与环境》三本必修教材的内容，国外 3 个版本的教科书都还包括了生物多样性和人体生理领域系统的内容。对生物多样性的介绍，一般选取植物、细菌、病毒、原生动物、无脊椎动物、真菌等生物的结构和功能的内容。对人体生理功能的介绍，除了我国教科书中的神经、内分泌和免疫系统，对消化、呼吸、循环和生殖系统也都有详细的阐述。造成这种现象的原因主要是课程标准的差异影响了课程内容的选择。

与我国人教版教科书相比，国外高中生物学教科书也是从信息在生命系统的分子、细胞、个体和群体不同水平生命活动的调节机制选取的课程内容，但在关注点上存在很大的差异。具体的差异表现在以下几个方面。

1.《分子与细胞》教科书信息观内容的差异

我国人教版教科书《分子与细胞》对信息观的呈现主要集中在"细胞膜的结构和功能""细胞的衰老和死亡"这两个部分。虽然在讲述细胞膜的结构时，也列举了细胞膜上的糖蛋白在细胞间信息交流中的作用，但是对于细胞通信，如细胞在接受了外界信号之后，是如何使外界信号通过识别、转化和整合引起细胞内反应的过程没有涉及。坎贝尔教科书在细胞这一单元中讲述了细胞的结构与功能、细胞的物质和能量代谢等内容，之后专门设置了一个章节"第11章　细胞通信"，介绍细胞如何接受外界的信号，并通过细胞内的信号转导通路对信息产生反应。学生通过该章的学习，更容易理解细胞这一最基本的生命系统是物质、能量和信息的统一体。AP 教科书也在"第5章　细胞膜的结构与功能"中以专栏的形式介绍了细胞间的信号通信的分子机制。这些内容可以帮助学生理解细胞是一个开放的系统，多细胞生物的每一个细胞都处于细胞"社会"环境之中，除了与外界进行物质交换和能量传递，也需要接受并整合外界环境中的信息并作出反应，才能维持生命活动的有序性。[1] 因此，学习细胞通信相关内容，有利于学生从信息的角度理解生命系统的开放性和有序性。

2.《遗传与进化》教科书信息观内容的差异

对于生命信息观相应的教科书内容，我国人教版教科书《遗传与进化》对基因的表达调控和孟德尔遗传定律之外的复杂遗传机制没有设置相应的章节，而国外的3个版本生物学教科书中，都设置了单独的章节来介绍真核生物和原核生物中基因的表达调控，包括原核生物的操纵子和真核生物不同水平的基因表达调控。我国教科书在遗传部分通过科学史料介绍了三大遗传定律，揭示生物体遗传的分子机制。国外3个版本生物学教科书则设置了单独的章节介绍了复杂的遗传模式，如共显性遗传、多重等位基因遗传、伴性遗传等非孟德尔的遗传模式，这些内容的设置有利于学生理解生命系统中的遗传信息调控是通过基因调控网络进行的，生命系统是具有高容错率、高度非线性、反馈丰富的复杂信号系统。

---

[1] 翟中和，王喜忠，丁明孝. 细胞生物学 [M]. 3 版. 北京：高等教育出版社，2007：227.

我国人教版教科书中有"概述某些基因中碱基序列不变但表型改变的表观遗传现象"。表观遗传揭示了 DNA 并非遗传信息的唯一载体，储藏在表观遗传修饰中的遗传信息同样重要。表观遗传信息是动态的、可逆的，它更灵活多样，更易受到环境的影响，对特定蛋白质的表达量有更好的控制。DNA 序列中的遗传信息和表观遗传信息是相辅相成的，表观遗传修饰必须依赖于基因组，单纯的表观遗传信息是无法传递下去的。因此，可以把两者看作遗传信息质与量的统一，它们共同组成生命的遗传信息系统，在整个生命过程中都发挥着重要作用。表观遗传从分子水平揭示了环境、基因和性状三者之间的关系，发展和完善了中心法则、基因等概念的内涵，为学生更深入和全面地理解生命的整体性、复杂性和多样性提供了理论基础。[1]

因此，不论是从学生理解生命本质的角度，还是从完善学科知识的角度，高中生物学教科书中增加关于基因表达调控和复杂遗传模式的相关内容都是必要的。我国人教版教科书可以考虑在符合学生认识水平的前提下，精选相关的典型实例，帮助学生理解生命系统中的遗传信息网络，从而建立对生命的复杂性、整体性的深刻认识。

3.《稳态与调节》和《生物与环境》信息观内容的差异

《稳态与调节》和《生物与环境》教科书属于选择性必修，《稳态与调节》信息观的内容主要体现在稳态调节中的神经调节、体液调节和免疫调节中的信息调控，《生物与环境》主要体现在生态系统中的信息传递。

对于神经调节中的信息调控，除了对神经元和突触的结构、反射、神经冲动在神经纤维和神经元之间的传递，以及神经系统的分级调节之外，国外 3 个版本生物学教科书中还增加了自主神经系统的调节及大脑的高级功能等内容。相对而言，美国教科书中并未对交感神经和副交感神经具体的调节机制展开叙述，而坎贝尔教科书对于交感、副交感神经及大脑的高级功能等内容都进行了较为全面的论述。我国人教版教科书中对神经

---

[1] 李宗荣，周建中，张勇传.关于生命信息学研究的进展：以不违背热力学第二定律的方式理解生命 [J].自然辩证法研究，2004，20（3）：63-66，101.

系统中自主神经的作用、大脑的高级功能等知识进行了补充。这些知识可以帮助学生认识到神经系统是由多种神经细胞组成的多层次、多功能的复杂信息网络系统，它通过感受外界刺激，产生、处理、传导和整合电信号，从而完成对高级认知活动，以及躯体、内脏、腺体、血管等运动的控制。

对于体液调节中的信息调控，4 个版本的教科书都包含激素的类型和功能、反馈调节和体液调节与神经调节的关系等内容。美国教科书与我国人教版教科书在选取的激素调节的实例上略有差别。坎贝尔教科书对激素调节的分子机制及细胞内的信号传导也有涉及，美国教科书和 AP 教科书对性激素在生殖和发育中的作用也进行了介绍，整体上的难度较大。激素调节中的反馈调节和分级调节相关内容的呈现，可以帮助学生理解多种激素本质上都是化学信号分子，它们可以和神经信号形成具有多级反馈通路的信号网络，共同完成生命活动的精细调控。

免疫调节中的信息主要体现在免疫细胞之间的信息的交流，使得免疫细胞之间相互识别、相互作用，共同完成功能。4 个版本的教科书在知识体系上并无明显的差别，都呈现了免疫系统的结构基础及不同种类的免疫细胞、非特异性免疫的机制、细胞免疫和体液免疫的具体过程，以及免疫失调。相对而言，美国 AP 教科书中的知识点更加详尽，对免疫调节的机制阐述得更为深入，如对于调节过程中的补体系统等具体调节机制也有涉及。

总体而言，国外教科书在典型事实的选取上相对我国人教版教科书来说更为丰富。人教版教科书在编写的过程中要依据课程标准，不能对教科书的难度做盲目的提升，但是可以考虑适当扩展教科书中知识的广度，尤其是对于学生理解观念有重要价值的内容，可以做适当的拓展。

（三）国内外教科书中信息观关注点的差异

在讨论信息时，需要明确的一个基本事实是"信息只能出现在完整的通信系统当中"。[1] 一个完整的通信系统包括信源、信道和信宿 3 个要素，信源发出信息，通过信道，流向信宿。在通信系统中信息可以被变换、传

---

[1] 闵家胤 . 信息：定义、起源和进化 [J]. 系统辩证学学报，1997，5（3）：18-22.

递、转录、翻译、感知和存储，形成信息流。通信系统中缺失任何一个要素，信息都无法达成其传递的目的和结果。

坎贝尔教科书凸显对信息系统的关注，在不同层次生命系统的信息调控中，都首先介绍了该层次中的信息通信的系统模型。以遗传信息为例，教科书在多处都强调了细胞中的遗传信息流，在"5.5　核酸可以储存、传递和表达遗传信息"一节中，教科书以遗传信息的表达引入，首先介绍了遗传信息流，再介绍核酸的化学组成和结构等知识；在细胞这一单元的结尾处，又以联结图的形式呈现了细胞中的物质流、能量流和信息流；在"第 17 章　基因的表达：从基因到蛋白质"一章中，教科书在呈现具体的转录和翻译的机制之前，首先从整体上呈现了 DNA → RNA →蛋白质的遗传信息流（如图 3-16）。我国人教版教科书中，在细胞分化、衰老、癌变、凋亡等部分内容也讲述了基因的选择性表达在细胞生命历程中的作用，但是相对缺乏对这些生命活动中遗传信息流的强调，只在中心法则这一概念中描述了遗传信息的流动方向。

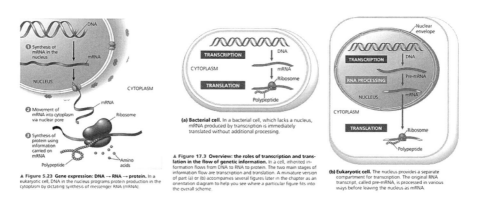

图 3-16　坎贝尔教科书中的遗传信息流

此外，坎贝尔教科书中还凸显细胞信号转导系统中的信息流。从细胞表面到细胞核的信号途径是由细胞内多种不同的信号蛋白组成的信号传递链，胞外信号通过特异性受体识别胞外信号分子，对信号进行跨膜转导，并通过细胞内的级联反应将信号放大，并导致细胞活性的改变，最终，由于信号分子的失活，细胞反应中止或下调。[1]坎贝尔教科书提出了"受体识别→信号转导→反应"的信号通信系统一般模型，在细胞通信、植物的对内部和外界信号的应答中都强调信息是如何通过这一转导途径发挥作用（如图 3-17），着重表现细胞水平的信息流。

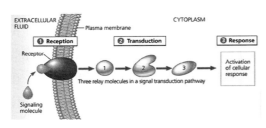
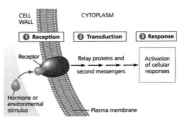

图 3-17　坎贝尔教科书中信息通信系统的一般模型中的信息流

　　在个体水平的神经感知信息的传递部分，坎贝尔教科书在介绍了神经元的结构与功能之后，在正文中专门论述了神经系统中信息传递的途径。以锥蜗牛识别和攻击其猎物的过程为例，展示了神经系统中信息处理的 3 个阶段：感觉输入、信息整合、运动输出（如图 3-18）。我国人教版教科书在神经调节的基本作用方式反射中，也展示了反射弧的基本结构，但对反射中的信息传递的过程并未有显性化的呈现。

――――――――――――

[1] 翟中和，王喜忠，丁明孝 . 细胞生物学 [M]. 3 版 . 北京：高等教育出版社，2007：225.

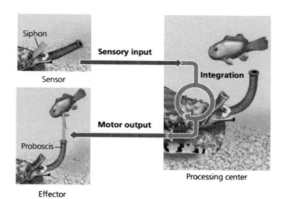

▲ Figure 48.4 Summary of information processing. The cone snail's siphon acts as a sensor, transferring information to the neuronal circuits in the snail's head. If prey is detected, these circuits issue motor commands, triggering release of a harpoon-like tooth from the proboscis.

图 3-18　坎贝尔教科书中神经调节中的信息流

　　AP 教科书在信息观相关的知识体系中，也注重对信息流的呈现。例如，在"第 5 章　细胞膜的结构与功能"中设置了专门的栏目呈现膜蛋白在细胞间信息交流的作用，引导学生从系统的视角去理解细胞的信息通信系统（如图 3-19）；在"第 13 章　基因的表达调控"中，教科书在讲述基因突变导致细胞癌变的过程中，从细胞信号传导的角度解释了细胞癌变的分子机制（如图 3-20）。

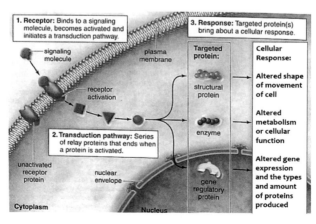

图 3-19　AP 教科书中细胞信息通信中的信息流（一）

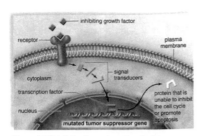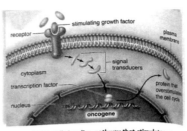

图 3-20　AP 教科书中细胞信息通信中的信息流（二）

对于遗传信息流，在"第 12 章　基因的分子生物学"中，AP 教科书在讲述完真核生物中 DNA 的复制、转录和翻译之后，对基因的表达进行了总结，整体上呈现了遗传信息从 DNA → RNA →蛋白质的流动方向（如图 3-21）。

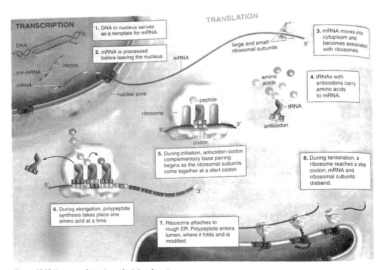

图 3-21　AP 教科书中细胞信息通信中的信息流（三）

我国人教版教科书也通过中心法则概念的提出揭示了遗传信息的流动方向，但是在细胞的信号传导部分，只在"光对植物生长发育的调节"这一知识点中提出了在光调控植物生长发育的反应过程中细胞"感受信号→传导信号→发生反应"的信号传导机制（如图 3-22）。

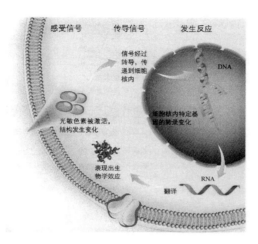

图 3-22　我国人教版教科书中细胞信息通信中的信息流

　　笔者认为，教科书关注点的差异主要是因为不同国家和类别的课程标准存在很大的差异，使得教科书在内容的选择和关注点上也存在不同。我国教科书适当地增加了对于学生素养发展具有重要价值的内容。例如，增加了表观遗传现象的内容，扩充了体液调节、免疫调节和神经调节的知识点，这些对于学生信息观的发展都有重要意义。

三、国内外高中生物学教科书中信息观的内容组织

　　基于核心素养的教科书的内容选择要同时考虑知识的学科和素养发展的双重价值。为了实现学生生命观念的发展，教科书要精心选择与生命观念相关的课程内容，同时也要对精心选择的内容进行精心组织和设计。笔者对 4 个版本教科书中信息观内容从知识的逻辑主线、情境的设计、学习活动的设计、插图的设计和习题的设计等方面进行了比较。

（一）教科书的逻辑主线的比较

　　信息观的概念体系主要体现在分子、细胞、个体和生态系统的信息调控，在教科书中主要体现在生命的化学基础、遗传、稳态和生态系统四个

领域，包括遗传信息、生理信息和神经感知信息的物质与结构基础、调控的具体机制和结果等方面。个体水平的稳态维持中的信息调控相对独立，基本上是按照从结构组成到调节机制的逻辑顺序编排，而细胞生命历程以及生态系统中的信息调控主要包含于细胞和生态两个大的内容主题之下。因此，笔者主要对遗传信息相关内容的逻辑主线进行了分析，具体结果见表 3-6。

表 3-6　教科书中"概念一：遗传信息控制生物性状并代代相传"的逻辑主线

教科书版本	逻辑主线
坎贝尔教科书	遗传信息的物质基础：基因表达（DNA 到 RNA 再到蛋白质）→核苷酸 ⇩ 分类与结构→ DNA 和 RNA 的结构（双螺旋结构） 遗传信息的传递：细胞周期→有丝分裂（染色体的结构，有丝分裂的前、中、后、末几个阶段）→细胞周期的调控（分子机制、癌症） ⇩ 遗传信息的传递：有性生殖和无性生殖的比较（染色体组、同源染色体，有性生殖周期）→减数分裂（减数分裂Ⅰ的间期、前、中、后、末几个阶段，减数分裂Ⅱ）→有丝分裂与减数分裂的对比→有性生殖的进化意义 ⇩ 遗传信息的传递：孟德尔豌豆杂交实验（基因分离→自由组合定律）→复杂遗传模式（多基因遗传、不完全显性、伴性遗传等）→人类遗传的孟德尔模式 ⇩ 遗传信息的传递：基因在染色体上（摩尔根果蝇实验，性连锁基因与伴性遗传，X 染色体失活）→伴性遗传→基因连锁→染色体突变→孟德尔遗传定律之外的复杂遗传模式 ⇩ 遗传信息的物质基础：DNA 是主要遗传物质的探索（肺炎双球菌转化实验、噬菌体侵染实验）→ DNA 双螺旋结构（探索历程、结构特点） ⇩

续表

教科书版本	逻辑主线
坎贝尔教科书	遗传信息的复制和修复：DNA 复制（原核细胞 DNA 的复制，真核细胞 DNA 的复制过程详解）→ DNA 修复→染色体的结构 遗传信息的表达：中心法则→转录（转录的步骤）→ RNA 加工→翻译（蛋白质合成的过程）→基因突变 遗传信息的表达调控：原核细胞的表达调控→真核细胞的表达调控（多个水平的表达调控）
AP 教科书	遗传信息的物质基础：核苷酸分类与结构（ATP/DNA/RNA）→ DNA 和 RNA 的结构（双螺旋结构）→ ATP 的结构与功能 遗传信息的传递：细胞周期及调控→有丝分裂（染色体的结构，有丝分裂的前、中、后、末几个阶段，动植物胞质分裂，有丝分裂的功能，干细胞）→细胞周期异常——癌症（分子机制）→原核细胞的细胞分裂 遗传信息的传递：减数分裂概论（染色体组、同源染色体，减数分裂中染色体的变化）→遗传多样性（基因重组 / 配子随机组合）→减数分裂（减数分裂 I 的间期、前、中、后、末几个阶段，减数分裂 II）→有丝分裂与减数分裂的对比→染色体的数目和结构的突变 遗传信息的传递：孟德尔豌豆杂交实验（基因分离→自由组合定律）→孟德尔遗传定律的拓展（多基因遗传、不完全显性、伴性遗传等） 遗传信息的物质基础：DNA 是主要遗传物质的探索（肺炎双球菌转化实验、噬菌体侵染实验）→ DNA 双螺旋结构（探索历程、结构特点） 遗传信息的复制和表达：DNA 复制→转录（RNA 的类型和转录的步骤、RNA 加工）→翻译（密码子和 tRNA，蛋白质合成的过程）

续表

教科书版本	逻辑主线
AP 教科书	遗传信息的表达调控：原核细胞的表达调控→真核细胞的表达调控→基因突变
美国教科书	遗传信息的物质基础：核苷酸分类与结构（ATP/DNA/RNA）→核苷酸链（磷酸与核糖长链）→ ATP 功能 ⇩ 遗传信息的传递：有丝分裂（有丝分裂的前、中、后、末几个阶段，胞质分裂，细胞周期及其调控，细胞周期异常——癌症，细胞凋亡，干细胞） ⇩ 遗传信息的传递：减数分裂（染色体组、单倍体与二倍体，减数分裂 I 的间期、前、中、后、末几个阶段，减数分裂 II，有丝分裂与减数分裂的对比，减数分裂的意义） ⇩ 基因在染色体上（摩尔根的果蝇杂交实验） 遗传信息的传递：孟德尔豌豆杂交实验（基因分离→自由组合定律）→基因连锁与多倍体（遗传重组、遗传连锁、多倍体） ⇩ 遗传信息的传递：人类遗传的基本模式（隐性遗传疾病、显性遗传疾病、家系图）→复杂遗传模式（不完全显性、共显性、表观遗传、多基因遗传、性别决定、剂量补偿效应、性连锁，遗传家系图，环境对遗传的影响）→染色体与人类遗传（染色体突变导致的遗传病及遗传诊断） ⇩ 遗传信息的物质基础：DNA 是主要遗传物质的探索（肺炎双球菌转化实验、噬菌体侵染实验）→ DNA 双螺旋结构（探索历程、结构特点） ⇩ 遗传信息的复制和表达：DNA 复制（解旋、配对，真核细胞、原核细胞的对比）→转录（RNA 的类型和转录的步骤、RNA 加工）→翻译（密码子和 tRNA，蛋白质合成的过程）→中心法则→基因控制性状 ⇩ 遗传信息的表达调控：原核细胞的表达调控→真核细胞的表达调控→基因突变

续表

教科书版本	逻辑主线
人教版教科书	遗传信息的物质基础：DNA 和 RNA 的功能和分布→核苷酸分类 ⇩ 　　　　　与结构→核酸的结构（磷酸与核糖长链） 遗传信息的传递：有丝分裂 遗传信息的传递：孟德尔豌豆杂交实验（基因分离→自由组合 ⇩ 　　　　　定律） 遗传信息的传递：减数分裂（精卵细胞的形成过程）→受精作用→ ⇩ 　　　　　基因在染色体上（摩尔根的果蝇杂交实验）→ 　　　　　孟德尔遗传定律与减数分裂的关系→伴性遗传 遗传信息的物质基础：DNA 是主要遗传物质的探索（肺炎双球菌 ⇩ 　　　　　转化实验、噬菌体侵染实验）→DNA 双螺 　　　　　旋结构（探索历程、结构特点） 遗传信息的复制和表达：DNA 复制（半保留复制的科学史和过 ⇩ 　　　　　程）→转录（RNA 的类型和转录的步骤） 　　　　　→翻译（密码子和 tRNA，蛋白质合成的 　　　　　过程）→中心法则→基因控制性状 遗传信息的突变：基因突变（实例、原因和特点）→基因重组→染 　　　　　色体变异（数量和结构变异的实例）→人类遗 　　　　　传病

　　4 个版本的生物学教科书都运用了螺旋式编排的模式，有关信息观的内容在教科书中不断出现，有利于帮助学生信息观的逐渐深化。在遗传信息的物质基础介绍中，美国教科书和 AP 教科书在介绍生物大分子——核酸时，将 DNA 的双螺旋结构及碱基的互补配对、氢键等知识包括进来；在 AP 教科书、美国教科书和坎贝尔教科书中，将 ATP 作为核酸的一个重要分类成分的结构与功能等内容在这一节中进行了呈现。

　　对于遗传信息的相关内容，我国人教版教科书的编写基本上是遵循人类认识基因之路展开，主要从遗传因子的发现、基因的本质、基因的表达、基因突变和现代进化理论展开。国外 3 个版本教科书也基本沿着这一主线设计编排内容，只在部分概念的呈现顺序上有所不同。例如，我国教科书中将基因突变、染色体变异和人类遗传病作为单独的章节置于遗传专题的最后，体现遗传信息在传递中的变化。国外 3 个版本的教科书一般将染色体突变的内容置于减数分裂一章之后，由于减数分裂过程中的遗传信息的传递是以染色体为结构基础，将染色体突变的内容置于减数分裂之后，易于学生理解染色体突变机制和后果，同时还将基因突变置于基因的表达调控一章的内容中。另外，国外 3 个版本的教科书中都将减数分裂的内容置于孟德尔遗传定律之前。相对而言，我国人教版教科书的编排更加符合科学发展的历史进程，更有利于学生对假说—演绎这一科学方法的理解。

（二）国内外高中生物学呈现信息观的情境设置比较

素养是人在特定的情境中综合运用知识、技能和态度解决问题的高级能力与人性能力，素养的形成和发展与情境密不可分。[1] 情境学习理论不是将知识看作心理内部的一种表征，而是把知识作为个人或者社会情境联系的属性以及交互的产物。[2] 这一知识观与观念的实践属性契合，因此，基于生命观念的教学和教科书编写都需要注重情境的创设。高中生物学教科书中的情境素材可以来源于现实生活、科学史或者科技研究成果，为学生概念的学习提供必要的指导，也使学生能够将个体的知识与实际的生活相对应，灵活运用知识，避免知识的僵化。因此，笔者对不同版本教科书中的情境进行了比较和分析，具体的结果如下。

1. 创设问题情境

我国人教版教科书在每一节开头都设置了"问题探讨"栏目驱动学生主动学习。例如，在"基因是有遗传效应的 DNA 片段"一节中，教科书设置了让学生代表碱基排列出一条 DNA 单链的活动，并引导学生思考可以排列出多少种组合，从而帮助学生理解遗传信息的多样性。人教版教科书的每一节都设置了"本节聚焦"栏目，明确了本节的核心问题，有利于学生围绕本节要学习的知识要点和重要概念展开思考，建立对概念的初步认识。人教版教科书在有些章节的正文中也设计了问题串，将该节的概念

---

[1] 张华. 论核心素养的内涵 [J]. 全球教育展望，2016（4）：10-24.

[2] 陈梅香，连榕. 情境学习理论在教育中的应用 [J]. 当代教育论坛（上半月刊），2005（4）：32-36.

分解为若干个逻辑上紧密联系的小问题，引导学生逐个分析，从而沿着问题串的思路建构知识。例如，在"孟德尔豌豆杂交实验"的两节课中都以发现遗传因子的实验过程为主线，设计了问题串，这种设计有利于学生认识和把握概念之间的内在逻辑联系，真正地理解知识，并将知识内化形成一定的知识结构，最终实现观念的发展。[1] 美国教科书中在每节开头也设置了类似于人教版教科书"本节聚焦"栏目，围绕本节的概念设计了若干问题，并且在正文中还穿插设计了"reading check"栏目，引导学生对本节内容进行反思。例如，在"孟德尔遗传定律"一节中，美国教科书在阐述了孟德尔研究的背景和实验材料的特点之后，设置了"推断：为什么说孟德尔豌豆杂交实验中选择自花授粉的材料对其实验的成功非常关键？"的问题，引导学生思考实验材料的选择在科学研究中的作用。此外，美国教科书的图注中不仅描述了插图的具体内容，而且针对插图中呈现的生物学现象或者原理设计相应的问题，让学生带着问题分析插图中的信息，最大限度地发挥插图的功能。例如，在"减数分裂"一节中，美国教科书在呈现了人类有性生殖的生活史后，在插图图注中提出"减数分裂过程中，染色体的数目发生了怎样的变化？"的问题，这可以使学生在读图时避免毫无目的地浏览，帮助学生关注重点信息。相对而言，坎贝尔教科书和 AP 教科书两个版本的教科书中在正文或者旁栏中都未设置问题情境，AP 教科书只在章引言中设计了若干个问题，引导学生在学习的过程中尝试去解答这些问题。问题是思维的起点，教科书作为学生学习的重要资源，只有在问题的引导下才能激发学生的科学思维，并使学生自主地完成知识的建构。

2. 创设科学史情境

科学史是指研究和理解自然界的结构与功能的发展历史，是真实发生的事件，科学史中蕴涵科学知识、科学方法、科学思想。因而，科学史情境可以帮助学生理解科学本质，发展科学思维，促进概念的转变和知识

[1] 赵占良. 生物学教学强化知识间逻辑联系的意义和策略 [J]. 生物学通报，2009，44（9）：28-31.

建构。[1] 科学史情境主要是通过生命科学发展历程中的一些经典实验再现生物学概念的发展过程。《遗传与进化》的编写思路就是按照科学发展的足迹组织课程内容，教科书的多个章节都以不同的形式呈现了科学史的情境素材。例如，孟德尔的豌豆杂交实验、肺炎双球菌转化实验、噬菌体侵染实验、摩尔根的果蝇杂交实验、DNA 双螺旋结构的发现等遗传学和分子生物学的多个经典实验都在教科书的正文中，通过问题串、思考与讨论等方式分析实验中的科学方法和科学精神，帮助学生理解科学的本质和遗传信息的本质。国外 3 个版本的教科书也特别重视科学史情境的创设。坎贝尔教科书不仅在正文中呈现科学研究的历程，还将科学史上经典实验中的科学方法和研究设计以"科学方法"和"科学探究"的栏目呈现出来。AP 教科书和美国教科书对科学史的呈现主要在正文表述中，并未设计专门的栏目。其中，AP 教科书的遗传部分仅呈现了孟德尔的豌豆杂交实验、肺炎双球菌转化实验和 DNA 双螺旋结构的发现 3 个科学史料，美国教科书还包括了噬菌体的侵染实验。相对而言，这两个版本的教科书在内容上更加倾向于对实验结论（概念的建构过程）的关注，对科学史中体现的科学方法和科学精神缺少必要的挖掘。

3. 创设现实生活情境

现实生活是情境创设的重要源泉，高中生物学教科书中的生活情境主要包括生活中的自然现象和规律、生物科学与技术应用的场景、与生物学有关的社会议题等。[2] 人教版教科书注重与现实生活的联系，在知识的呈现上并不是从概念到概念，而是通过现实的情境，引导学生从生活经验入手，建立已有经验和新知识的联系，完成知识的建构，同时也理解所学知识的价值。[3] 人教版教科书中每节内容都以问题探讨引入，如奶牛的培育、人类红绿色盲和抗维生素 D 佝偻病、水毛茛的不同形态等都属于现实生

---

[1] 王健 . 试论科学教育中科学史的教育价值 [J]. 新课程教学，2014（2）：4-9.

[2] 刘丹 . 试论高中生物学教材基于核心素养的情境创设：HOLT McDOUGAL 版 *BIOLOGY* 遗传部分的启示 [J]. 中学生物教学，2018（5）：4-7.

[3] 赵占良 . 普通高中生物新课标教材的设计思路 [J]. 课程・教材・教法，2004，24（12）：59-63.

活的情境。人教版教科书在对概念的阐释中，也尽可能结合学生的学习和生活经验。例如，在"基因突变和基因重组"一节中，教科书首先通过基因突变的实例引出了基因突变的概念，随后又通过列举大量生物学的实例帮助学生理解基因突变的特点。此外，人教版教科书还设置了"科学·技术·社会"栏目，呈现生物学知识和技术在生活中的应用，帮助学生理解生物学的学科价值。坎贝尔教科书中也创设了大量的与现实生活相联系的情境，对人类遗传现象尤为关注。如在提出孟德尔遗传定律之后，专门设计了一节内容对人类符合孟德尔遗传定律的多个遗传现象（如耳垂的遗传等）进行了专门的介绍。除此之外，该教科书在习题中也注重运用现实生活中的情境，如农业生产中的三倍体香蕉，日常生活中常见的宠物暹罗猫等（如图 3-23 ）。

图 3-23　坎贝尔教科书习题中联系现实生活情境的实例

美国教科书中主要通过多个栏目帮助学生理解生物学与真实世界的联系。例如，教科书每节内容的开头部分都设置了"Real-world Reading Link"栏目，类似于人教版教科书中的"问题探讨"，以生活中的真实情境为背景，联系情境提出启示下文的问题，引导学生在学习的过程中边思考边总结。教科书中的"生物学发现"栏目主要介绍与社会生活相关的生物学重大发现，如关于帕金森病的新的治疗方案；"生物与社会"栏目介绍了与生物学相关的社会性科学议题，如基因的所有权问题等，要求学生对这些议题展开讨论。此外，教科书中还结合具体的学科内容，在旁栏和章末的专栏中介绍了 70 多种生物学相关职业，包括遗传咨询师、系谱学家等。这些栏目的设计可以帮助学生理解生物学与社会之间的相互作用，建立生物学与日常生活的联系。栏目中还设置了辩论、科技论文写作等活动，为学生提供了运用生物学知识解决现实问题的机会，从而在解决问题的过程中发展并应用生命观念。AP 教科书中每一章的章引言都以现实生活情境引入本章的教学，例如，在"孟德尔遗传定律"一章中，教科书以三甲基胺尿症患者的示例引出某些 DNA 突变造成的疾病会遗传给后代，从而引入孟德尔遗传定律；在"减数分裂和有性生殖"一节中，教科书以"全球最高龄的新生父亲"的新闻引出有性生殖的内容。

4. 创设科技研究成果情境

科技研究成果情境一般来源于科技论文中的素材，可以保证情境的科学性和真实性，可以帮助学生在新的情境下利用个体的知识解读数据、作出决策，这一过程中离不开观念和思维的参与。人教版教科书中的科技研究新成果集中呈现在"科学前沿"栏目中，在习题中也有少量的以科技研究成果为情境的拓展题。坎贝尔教科书中的科技研究成果的情境主要是通过"科学技能实践"栏目来实现，通过科学家近期发表的科技论文的数据和成果为学生提供数据分析等实践机会。而美国教科书中的科研成果情境主要体现在"数据分析"栏目中，培养学生解释图表、解释数据、比较数据、运用数据建立假设和获得结论等。AP 教科书中则较少有对科学研究成果的创设。

总体而言，4 个版本的教科书对现实生活情境和科学史的情境都十分注重，并通过不同的形式帮助学生在真实的情境中理解概念、运用概念。

（三）国内外高中生物学教科书呈现信息观的插图比较

插图是教科书的重要组成部分，教科书中的插图包括图片、照片、图标和图例等多种形式。依据功能，可以将教科书中的插图分为四种类型：装饰型插图、表征型插图、解释型插图和延伸促进型插图。装饰型插图独立于文本，与教学内容的关联度不大，设计的目的往往是为了增加教科书的美观度；表征型插图依赖于文字，往往用来表征文字中提到的人或物；解释型插图与文字紧密相连，能够将文字中复杂抽象的概念、原理或者过程用直观的方式呈现出来；延伸促进型插图既依赖于文本，又具有一定的独立性，可以传达文本之外的信息，引发学生的思考或开阔学生的视野。[1] 生命观念的建构离不开学生对生物学事实和现象的感性认识，同时也要求学生能够理解概念之间的网络关系。教科书中的插图往往可以直观地呈现生物学的现象、概念或原理，既能帮助学生深入地理解概念，也能帮助他们从整体上理解生命活动，对于学生生命观念的形成和发展具有重要意义和价值。

通过对 4 个版本生物学教科书中插图的比较，笔者发现，国内外高中生物学教科书中都设计了大量的插图，插图的形式多样，如照片、实物图、示意图、模式图、实验操作图和图标曲线等。

1. 教科书插图整体性设计的比较

插图的整体设计有利于学生建立对科学现象的感性认识，也可以直观地呈现概念的内在逻辑，有利于学生更深入地理解概念，从而为观念的形成打好基础。相对于国外 3 个版本的高中生物学教科书，以往我国人教版教科书在整体设计上还稍显不足。[2] 新修订的人教版教科书加强了插图的整体设计。以"减数分裂"为例，教科书用图文结合的形式呈现了睾丸中原始的雄性生殖细胞——精原细胞经过减数第一次分裂和减数第二次分裂形成精细胞，精细胞经过变形形成精子的完整过程。教科书插图中的文字标识出了减数分裂的两个时期和其中的关键活动——联会，学生在学习的过程中可以结合正文中对减数分裂过程的详细描述来理解这一复杂的过程。但在该节内容讲述完减数分裂的概念后，教科书对减数分裂和有丝分裂的异同并未通过插图或者表格来呈现。

相对而言，国外教科书的一个显著的特点就是对减数分裂过程的整体

---

[1] 包春莹. 关于高中生物教科书图文整体设计的思考 [J]. 课程·教材·教法，2017，37（10）：110-114.

[2] 同 [1].

性的设计。坎贝尔教科书中设计了跨页的示意图，来呈现减数分裂的过程。这种跨页的设计视觉冲击力强，因为插图所占空间较大，使得图片更加清晰，并且可以在图片中标注减数分裂各个阶段的文字描述，方便学生以图文结合的方式读取信息（如图 3-24）。坎贝尔教科书整本书中这种跨页的"Exploring Figures"共有 43 幅。除了整体的示意图，教科书中还设计了多幅"Make Connections Figures"，帮助学生建立概念之间的联系。从整体上分析，坎贝尔教科书中的示意图所占的比例比我国人教版教科书要高。

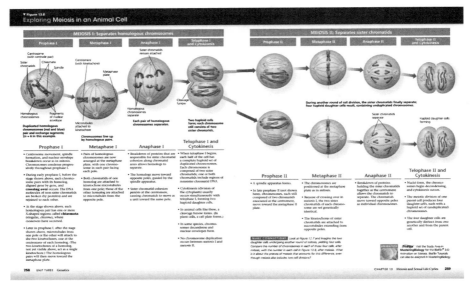

图 3-24　坎贝尔教科书中减数分裂示意图

美国教科书中关于减数分裂的过程也设计了整页大图来呈现，详细地描绘了减数分裂各阶段的染色体、纺锤丝及细胞形态的变化，并且对每个阶段的变化都配以文字描述。这种流程图的设计有利于学生建立对减数分裂过程的动态认识，通过图文结合的方式，学生更加明确减数分裂过程中染色体的变化过程（如图 3-25）。这种"Visualizing Figures"是美国教科书的特色之处，整本教科书中共有 9 个可视化的插图设计。同时，每一个"Visualizing Figure"除了教科书文本呈现的静态图，在教科书的数字化

的资源中都有相应的数字资源，为学生呈现减数分裂的动态变化。这种数
字化的资源可以直观地呈现浓缩的时空、放大的显微世界，并突破静态、
割裂、形象的瓶颈，充分反映概念之间的关系网络。整体设计的插图将零
散的知识点、复杂的过程直观地串联起来，是对知识的一种可视化的整合，
有利于学生对概念的理解，并从中提炼、升华形成观念。[1]

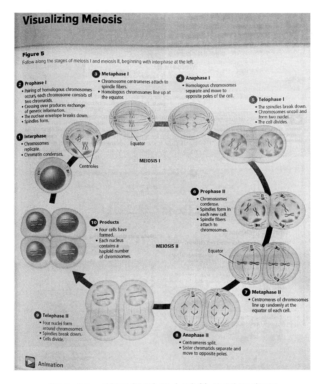

图 3-25　美国教科书中减数分裂示意图

　　AP 教科书中的减数分裂过程也是通过跨页的整体设计来呈现（如图
3-26），与其他版本不同，教科书对植物和动物的减数分裂的过程在一幅
插图上进行了比较，以组合图的形式呈现。其中，植物细胞的减数分裂采
用真实的照片，而动物细胞有丝分裂的过程则是绘制的模式图。学生在学
习的过程中，可以通过两种图的对比形成细胞分裂的真实图景，也可以分

[1] 谭永平. 促进生命观念建立的数字教学资源开发应用 [J]. 中小学数字化教学，2018（2）：4-6.

析获得动植物细胞减数分裂的异同，更全面地认识减数分裂的概念，并总结获得减数分裂最本质的特点：细胞通过减数分裂获得染色体数目减半的配子。

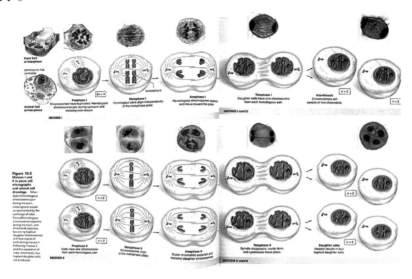

图 3-26　AP 教科书中减数分裂示意图

2. 教科书插图体现概念联系的比较

　　生命观念形成的关键在于概念的整合和观念的融合，生命观念的形成依赖于从众多的概念之间找关联，做提炼。[1] 这种关联和提炼不仅可以通过前文分析的教科书章节的开头或小结部分的概念框架来实现，也可以通过插图来呈现知识之间的关联，因为一个生命的活动本身就反映出多个生物学的概念。我国人教版教科书中对于概念的联系主要通过旁栏的角度去呈现，在正文中也有表述。例如，在"减数分裂"一节的结尾，就运用减数分裂过程中染色体的变化对孟德尔遗传定律的分子机制进行了解释。但是，类似的概念的关联以文字描述居多，较少用插图去呈现。国外教科书中也注重概念的联系，会在完成某些章节的学习后，对与之相关的概念进行联系。例如，在学习完"减数分裂"之后，国外 3 个版本的教科书都对

[1] 谭永平. 发展学科核心素养：为何及如何建立生命观念 [J]. 生物学教学，2017，42（10）：7-10.

减数分裂和之前学习的有丝分裂的过程进行了比较。美国教科书、坎贝尔教科书和 AP 教科书还比较了两种分裂方式的异同点，并且通过插图重点突出比较两种分裂方式中染色体变化的不同（如图 3-27、图 3-28、图 3-29）。这种对比分析，可以帮助学生理解减数分裂对于生物遗传信息多样性的重要价值，以及有丝分裂在保证遗传信息的稳定性中的意义。此外，国外 3 个版本的教科书在对中心法则的呈现上，也是运用插图的形式完整地呈现出细胞中的遗传信息从 DNA → RNA →蛋白质的动态的、完整的过程，从而帮助学生将 DNA 复制、转录和翻译等联系起来，有利于帮助学生形成对于细胞中遗传信息流的完整认识。坎贝尔教科书中还专门设计了一类"Make Connections Figures"，旨在将不同章节中的概念通过一幅组合的解释型插图呈现出来。前文在对教科书进行整体分析时所展示的工作中的细胞大图，就呈现了细胞内遗传信息流、物质流和能量流，可以帮助学生认识细胞是物质、能量和信息的统一体。这种对概念之间联系的凸显，就课程内容而言并未盲目地增加知识点，而是适时地帮助学生进行总结、提炼，将知识点升华为观念。

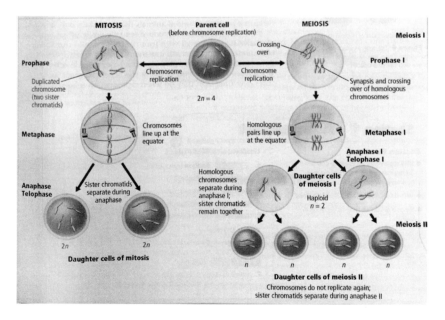

图 3-27　美国教科书中减数分裂和有丝分裂的比较插图

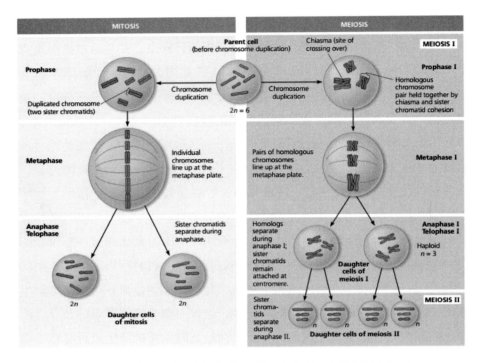

图 3-28　坎贝尔教科书中减数分裂和有丝分裂的比较插图

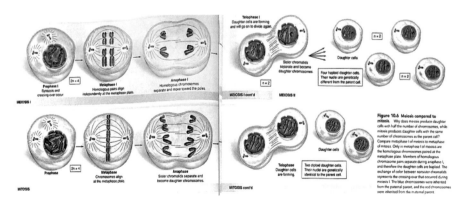

图 3-29　AP 教科书中减数分裂和有丝分裂的比较插图

四、对我国生物学教科书编写的启示

（一）生命观念以显性化的形式呈现

通过对教科书内容体系的选择进行比较，笔者发现，我国人教版教科书在呈现信息观的概念体系的内容选择和概念编排的逻辑结构上，与国外的教科书并无明显的差异，而且基于素养发展的需要，我国教科书中还通过多种形式显性化地呈现生命观念，在章首页、章小结、"本节聚焦"等栏目对章节中的生命观念进行了明确的、显性的提炼。我国人教版教科书必修1《分子与细胞》以系统观为指导，呈现了细胞作为最基本生命系统的组成、结构、功能和发展变化，体现了遗传信息的物质基础及遗传信息对细胞生命历程的调节；必修2《遗传与进化》通过对遗传现象及分子基础的叙述，揭示了遗传信息作为最根本的生命信息的作用机制。这些信息观的内容在章小结、正文、"问题探讨"等栏目中都有显性化的体现。我国人教版教科书在修订时在章首页中设置真实的情境，引导学生从生命观念的视角去分析情境中涉及的生物学问题，让学生在学习的过程中首先具有观念指导。国外教科书中对信息观的显性化体现也是通过在章节的开头和末尾部分点明该章学习的主要观念，并给出支撑观念的概念框架。这种显性化的呈现方式为教师开展生命观念的教学、学生生命观念的建构提供明确的指引。由于观念的内隐性和抽象性，学生通过教科书中显性化的呈现固然能明确在生命观念维度的学习目标，但是通过学习能描述出某一维度生命观念的具体内涵并不意味着学生已经具备了生命观念。因此，在教科书编写的过程中，一方面要将生命观念进行显性化地专门呈现，另一方面也要注意避免机械化、标签化地强行灌输。

（二）关注概念的联系和观念的融合，对生命观念整体设计

生命观念的形成要通过从事实到概念再到观念的过程，对概念间关系的理解是形成生命观念的前提。生物学教科书的编写要重视以概念为锚定点，在教科书中呈现概念之间纵向和横向的联系。生命观念不同于概念，是学生以众多的概念为材料，通过总结和提炼形成的对生命的整体认识。因此，观念的形成离不开生物学知识，例如，生命的信息观包括从分子到生态系统不同层次的信息流动。如何将生命的信息观在教科书中体现出

来？哪些生物学现象、事实和概念承载了信息观的内涵？信息观的概念框架是什么？这些都是需要教科书编写者在启动教科书编写和修订工作之前明确的。在此基础上，将观念层层分解，具体落实在教科书的一节或一章内容之中。学生生命观念的建构的重点在于关注概念之间的联系，比如，将细胞内的遗传信息的表达与个体水平的稳态调节联系起来，体现生命信息的多样性和统一性，遗传信息是最基本的生命信息。同时，教科书在编写中还要注意观念之间的融合。[1]AP 教科书中将进化观作为生物学的统一的概念，在各章节内容中都体现了进化观的融合。例如，在"细胞器的结构"一节中，进化观体现在进化的历程中线粒体、叶绿体等细胞器的结构与功能的适应，结构与功能的适应是进化的结果。对于概念之间的联系，应在通过思维的参与，围绕若干核心问题将概念的横向联系和上下层级的关系呈现出来，问题串的设计是一种重要的形式。

（三）注重情境的创设，帮助学生建立生命观念

有价值的学习情境能够紧密联系学生的生活、挖掘和利用学生的生活经验，注重"以思维为核心，以情感为纽带，将学生的认知活动和情感活动结合起来"。因此，有价值的情境可以帮助学生以情感促进认知，在认知的过程中，理解蕴涵在学科知识中的精神、价值、方法论等的深层意义。[2]因此，情境在生命观念的养成中是必不可少的。我国人教版教科书中通过"问题探讨""科学·技术·社会"等栏目创设了丰富的与生活相联系的现实情境。教科书的"练习与应用""自我检测"中，也有相当数量的、与生活联系紧密的习题，为学生进一步理解和应用知识创设合适的情境。此外，人教版教科书中还有大量的科学史的情境。相对而言，科学研究成果情境在教科书中稍显不足，可以在探究活动、资料分析或者习题中以科学研究新进展为素材创设情境。教科书编写过程中，创设情境除了要关注情境的数量，更应该关注情境的完整和贯穿，通过情境比较完整地呈现事

[1] 谭永平. 发展学科核心素养：为何及如何建立生命观念 [J]. 生物学教学，2017，42（10）：7-10.
[2] 王金，胡兴昌. 基于核心素养的高中生物教学情境设计策略 [J]. 现代中小学教育，2017，33（10）：45-48.

件发展的过程和态势，并吸引学生进一步地理解和处置情境，在这一过程中实现学生和情境的交互，实现学生对观念的理解和应用。[1]

（四）设置多样化的学习活动，为观念提供实践的平台

基于核心素养的教科书应为学生的学习而设计，关注学习活动，使教科书成为引导学生主动探究、建构知识、自主获得结论的学习活动的设计者。[2] 调查、探究、资料分析等学习活动可以将学生的学习置于具体的实践情境之中，强调学生通过观察、实验等活动获得真实的学习体验，实现观念与实践的有效联通。教科书学习活动的设计强调知行合一，将学生生命观念的建构置于解释生物学现象和解决现实问题的过程中，在实践中检验并完善生命观念。此外，生命观念的建构离不开科学思维的参与，教科书中有关思维深度的学习活动的设计可以帮助学生更好地理解概念、理解概念之间的逻辑关系，建构概念网络。我国人教版教科书中已经设计了形式多样的学习活动，其中不乏对科学思维和科学探究能力的锻炼。在教科书修订的过程中，可以考虑将科学思维方法的训练与教科书中具体的内容结合起来，增加学习活动的开放程度，引导学生通过反思、推理等多种方式深入地理解概念，并运用已有的观念批判性地思考学习活动的具体内容和结果。

---

[1] 柳夕浪，张珊珊 . 素养教学的三大着力点 [J]. 中小学管理，2015（9）：7-10.

[2] 石鸥，张文 . 学生核心素养培养呼唤基于核心素养的教科书 [J]. 课程·教材·教法，2016，36（9）：14-19.

第四章

国内外高中生物学教科书中科学探究活动对比分析

长期以来，国际科学教育一直将科学探究作为研究的热点问题。不同时期、不同国家的研究者围绕科学探究的内涵、学生的科学探究能力、探究性教学等问题展开了大量的研究。科学探究在国内外基础教育理科课程开发中都处于重要地位，教科书中的科学探究活动对学生科学探究素养的养成产生直接影响。开展教科书研究对于学生的探究性学习和教师的探究性教学显得极为重要。

第一节　科学探究活动概述

　　科学探究不单是科学方法和技能的单一训练，也不是循规蹈矩的操作性实验，它是包括认知、社会、行为实践等多维度的活动。科学探究作为我国生物学学科核心素养的重要组成，对它的研究更应该将理论落实到实际教学中，从而关注核心素养的有效达成。

一、科学探究

　　对于"探究（inquiry）"一词，《辞海》（2009 年版）的释义为"深入探讨；反复研究"。关于探究的概念，《美国国家科学教育标准》给出了较为详细的解释，认为"探究是一种有多侧面的活动，不但需要观察、提出问题、查阅书刊等，还需要对数据进行收集、分析与解释；进一步提出答案、解释和预测；把研究结果告知与人"。科学探究包括两方面："一是指科学家们通过不同途径对研究自然界提出的多种解释的过程；二是指学生们用来习得知识、理解科学思想以及科学家们使用科学方法研究自然界而进行的活动。"[1]

　　笔者认为探究是科学家研究自然世界的方式，可以从工作中获得证据，并进一步提出解释。学生发展科学知识、领悟科学思想以及理解科学家如何研究自然世界的学习活动都是科学探究。

---

[1] （美）国家研究理事会.美国国家科学教育标准[M].戢守志，金庆和，梁静敏，等译.北京：科学技术文献出版社，1999：146-216.

二、科学探究活动

《美国国家科学教育标准》对"探究活动"（inquiry activities）的解释为，"在教师的启发下，确定现行教科书为基本探究内容，学生以周围世界和生活实际为参照，进行独立学习和合作讨论，引导学生通过进行自主探究，掌握科学方法，获取科学知识，发展创造性思维，进而锻炼学生自主发现、提出、分析并解决问题的能力的活动"[1]。此外，人教版教科书主编赵占良根据生物课程标准实验版的要求，也对科学探究活动进行了界定，他认为科学探究活动指学生主动地获取生物科学知识、领悟科学研究方法的活动。

笔者认为，学生通过一系列科学方法获取生物科学知识、发展探究能力的活动都是科学探究活动。

三、科学探究活动的种类与功能

从科学探究的活动方式来进行划分，可以将探究活动分为实验类探究活动、交流类探究活动、调查类探究活动[2]。

实验类探究活动主要包括实验、演示实验、对照实验、探究、课外探究、活动、演示、技能训练等通过实验探究的方法验证、检测或探究新知识、新现象的活动类型。生物学是自然科学中以实验为基础的一门基础学科，实验类探究活动始终是科学探究活动的主要方式。实验类探究活动比较直观地向学生展示探究目的、探究原理和过程，强调学生实验动手操作能力的培养，呈现清晰直观的实验现象。通过对实验现象和实验数据的整理分析和讨论总结，归纳出实验结论，不仅有利于课本枯燥知识的具体化，帮助学生深刻记忆文字知识，有利于学生分析现象、处理数据能力的提升，也有利于学生分析处理问题能力与合作学习能力的培养，对提高中学生生物科学素养具有重要作用。

交流类探究活动主要包括思考与讨论、资料分析、设计等通过合作学

[1] National Research Council. National science education standards[M].Washington，D.C.：National Academy Press，1996.

[2] 王金刚．义务教育初中生物教材科学探究的比较研究 [D]．武汉：华中师范大学，2013.

习、交流共享的方式达到探究目的的活动类型。交流类探究活动通常设置若干小组，以小组为单位针对生物学问题进行交流讨论，提出个人意见及假设，通过思考与讨论、查阅相关资料对个人假设进行论述，求同存异，在信息交流共享的过程中实现对生物学问题的解决，更为重要的是提升了学生的交流表达能力和听取他人意见以弥补自身认识缺陷的能力，同时使学生较为深刻地认识到集体思维的优势和重要性。

调查类探究活动主要包括课外实践、调查、建议活动等以调查法获取信息并对信息进行处理和展示，以达到弄清生物学现象的本质并能提出一定建议的活动类型。对于某些无法在实验室通过实验直接得到证明和解决的生物学现象，可以通过制作调查问卷、调查走访等方式收集相关信息资源，并进行系统性的数据处理和整合分析，将社会生活中广泛而抽象的生物学信息数据化和文字化，以调查报告和论文的形式进行汇报和展示。学生积极主动地参与调查类探究活动，可以让学生感受到发现问题并解决问题的成就感，培养学生分析处理问题的能力，也可以增强学生融入社会和与人交往的能力，加深学生对"知识来源于生活，知识服务于生活"的理解以及对生物学知识的记忆。

第二节 教科书科学探究活动比较的研究设计

本节主要研究国内外生物学教科书中的科学探究活动，根据研究内容与方法，确定了整体研究思路，通过分析有关教科书中科学探究活动设计的质量评价框架和工具，制定本研究的分析指标工具和评分标准。

一、研究对象的选择

本书所选取的国内外生物学教科书对象一致选择必修部分或一般标准水平的内容进行分析，从而保证分析内容的一致性。

（一）国内高中生物学教科书

2019 年 6 月，国家教科书委员会审查通过了由人民教育出版社课程教材研究所生物课程教材研究开发中心编写的高中生物教科书，以下简称"人教版教科书"。本书选取了人教版生物学2019年版教科书的必修1《分子与细胞》以及必修2《遗传与进化》作为研究样本，这也是中国广泛使用的高中生物学教科书。

（二）国外高中生物学教科书

1.*GLENCOE Biology*

GLENCOE Biology（以下简称"美国教科书"），前文已作介绍。

2.*Cambridge International AS Level Biology*

克里斯·克莱格博士所著的 *Cambridge International AS Level Biology*（以下简称"英国剑桥教科书"）是英国高中课程（General Certificate of Education Advanced Level）生物教科书。英国高中课程在英国是国民教育课程，是英国普通中等教育证书考试高级水平课程，同时也是学生进入大学接受高等教育前所接受的主要学习课程。选用此课程教科书是因为其课程测试相当于我国高考，其测试成绩可作为申请世界诸多大学的依据，包括英国所有的大学及美国、澳大利亚、新加坡、加拿大等国家的许多著名大学，被视为取得教育、大学学习和就业成功的通行证。此书的一个特色是，选择性地介绍科学过程、科学方法和在科学发展历史过程中所发生的事件，以帮助学生认识科学的可能性和局限性。

3.*NELSON Biology*

NELSON Biology（以下简称"纳尔逊教科书"），前文已作介绍。

4.*CAMPBELL Biology*，*10th Edition*

CAMPBELL Biology（以下简称"坎贝尔教科书"），前文已作介绍。

5.*Biology−Standard Level−Pearson Baccalaureate for IB Diploma Programs*

Biology−Standard Level−Pearson Baccalaureate for IB Diploma Programs（以下简称"IBDP教科书"），前文已作介绍。

二、栏目的选择

教科书中的各种活动是学生开展探究活动的主要参考依据。从赵占良对科学探究活动的定义来看，人教版教科书涉及的科学探究活动类型有"思考·讨论""思维训练""探究·实践"三部分。其中，"思考·讨论"栏目往往是针对教科书中所涉及的重要概念提出的几个小问题，旨在加深学生对教科书中科学概念的理解。同时，学生通过基于基本事实或证据提出问题，进行讨论或思考，形成分析与解决问题的能力。"思维训练"栏目则是选取某个片段来锻炼学生处理数据的技能，以及培养学生的科学思维能力。"探究·实践"栏目则是对我国以往人教版教科书多种探究活动的整合，也是教科书中篇幅较长、较为完整的活动，针对每一个活动，都给出了一定的指导信息。因此，本书选取的科学探究活动为人教版教科书中的必修1、必修2部分的"探究·实践"栏目，共计20个。所涉及的具体内容见表4-1。

表4-1 人教版教科书中科学探究活动内容

必修1《分子与细胞》	
1	使用高倍显微镜观察几种细胞
2	检测生物组织中的糖类、脂肪和蛋白质
3	用高倍显微镜观察叶绿体和细胞质的流动
4	尝试制作真核细胞的三维结构模型
5	探究植物细胞的吸水和失水
6	比较过氧化氢在不同条件下的分解
7	淀粉酶对淀粉和蔗糖的水解作用
8	影响酶活性的条件
9	探究酵母菌细胞呼吸的方式
10	绿叶中色素的提取和分离
11	探究环境因素对光合作用强度的影响
12	观察根尖分生区组织细胞的有丝分裂

续表

必修 2《遗传与进化》	
13	性状分离比的模拟实验
14	观察蝗虫精母细胞减数分裂装片
15	建立减数分裂中染色体变化的模型
16	制作 DNA 双螺旋结构模型
17	低温诱导植物细胞染色体数目的变化
18	调查人群中的遗传病
19	探究自然选择对种群基因频率变化的影响
20	探究抗生素对细菌的选择作用

美国教科书分为 9 个单元 37 个章节，每章节的科学探究活动设有"迷你实验""数据分析实验""生物实验室"。其中，"迷你实验"篇幅较小，旨在训练学生的科学方法以及实践操作能力；"数据分析实验"通常摘自科技论文中的真实数据，以此来训练学生对于图表和数据的分析能力；"生物实验室"共计 37 个，通常位于章节结束部分，包括自主设计、探究、网络、野外调查等活动，是所需时间较长的活动，且具有一定的指导信息。对比发现，"迷你实验"和"数据分析实验"栏目侧重于对学生单个或少数几个基础过程技能的培养，探究环节专而不全；"生物实验室"栏目与人教版教科书中的"探究·实践"栏目在位置和内容上有很大的重合性，二者结构都比较完整，需花费一定的时间，都提供指导信息。因此，以下只针对这两个栏目进行维度指标的比较研究，以保证研究结果的准确性。美国教科书中科学探究活动具体内容见表 4-2。

表 4-2　美国教科书中科学探究活动内容

	美国教科书
1	如何保鲜切花?
2	野外调查：探究栖息地的大小与物种多样性
3	野外调查：生态瓶
4	同种植物不同个体之间存在竞争吗?
5	野外调查：怎样调查学校周边的一小块地，以帮助你了解该生态系统的结构和功能的完善程度?
6	哪些因素影响酶的活性?
7	哪些物质能通过选择性半透膜?
8	不同波长的光能影响光合作用效率吗?
9	阳光会影响酵母细胞中的有丝分裂吗?
10	怎样通过自带的表现型知道亲本的基因型?
11	在一张脸上能看出什么? 调查人类面部特征
12	鉴证：DNA 是怎样提取的?
13	法医学：如何利用基因工程来调查犯罪案件
14	自然发生说可能成立吗?
15	科学家能模拟自然选择吗?
16	通过对比骨骼，你能学到哪些关于直立行走的知识?
17	在进化树上，生物是如何分类的?
18	如何找到最有效的抗生素?

续表

美国教科书	
19	探究：原生动物会如何反应？
20	环境因素怎样影响霉菌的生长？
21	野外调查：如何确认树木种类并给树木分类
22	矮生植物如何对赤霉素作出反应？
23	单子叶植物与双子叶植物的花有何不同？
24	现场调查：动物有哪些特征？
25	蠕虫和软体动物是如何移动的？
26	哪里有微型节肢动物？
27	棘皮动物在没有头部、眼睛以及大脑的情况下是如何生存的？
28	变温动物如何调节体温？
29	你会为爬行动物和鸟类建立一个怎样的栖息地？
30	野外调查：哺乳动物的类型有哪些？
31	外界刺激或光照如何影响动物行为？
32	取证：骨骼如何帮助你破案？
33	神经通路是如何发展并且变得更为高效的？
34	网络：作出积极健康的选择
35	不同饼干的淀粉消化速率如何？
36	网络：超声波影像是如何用来追踪胎儿发育的？
37	网络：如何找到"零号病人"？

英国剑桥教科书没有专门的科学探究栏目，科学探究活动分布在正文中，内容的设置十分简单，没有多种栏目类型，仅通过在正文相关部分之间穿插的"实验盒子"（Box）展示课程中所涉及的实验内容。这些盒子的实验说明较为简略，其内容一般包括为实验背景资料（实验原理）和大致的实验步骤，强调实验操作的规范性。与人教版教科书的实验设置相比，其更为简略单一，可操作性低，但给了学生更大的思考和探索空间。通过阅读查找，发现英国剑桥教科书中有 9 个与人教版教科书"探究·实践"栏目在内容上有很大重合性的探究活动，英国剑桥教科书科学探究活动具体内容见表 4-3。

表 4-3　英国剑桥教科书中科学探究活动内容

英国剑桥教科书	
1	细胞研究中的显微镜
2	有丝分裂中的染色体行为
3	运输组织的结构
4	传输机制
5	循环系统
6	ATP 的合成过程
7	无氧呼吸
8	限制因素的调查研究
9	生物多样性

澳大利亚纳尔逊教科书中设置的"实验"（Experiment）栏目对科学探究活动进行简单介绍后，分为实验目的、实验材料、实验过程、实验结果、结果分析、讨论以及进一步研究 7 个部分，与人教版教科书"探究·实践"栏目大部分内容重合，栏目共计 27 个，具体内容见表 4-4。

表 4-4　纳尔逊教科书中科学探究活动内容

纳尔逊教科书	
1	识别昆虫
2	土壤分析

续表

纳尔逊教科书	
3	植物的分布和丰度
4	人口规模的估算
5	显微镜和细胞
6	研究细胞
7	选择渗透率和温度
8	土豆中的渗透
9	测定渗透率
10	温度对酶活性的影响
11	光对光合作用的影响
12	向多组织细胞的飞跃
13	肾的解剖
14	植物运输系统
15	叶子的结构
16	从水果中提取 DNA
17	玉米双杂交品种
18	凝胶电泳分析
19	黑天鹅的巢内寄生与家族规模
20	同源结构
21	研究体内平衡：温度调节
22	皮肤和温度的控制
23	污染物和病原体的传播
24	二手数据分析：溶菌酶是有效的细菌屏障吗？
25	生化战争
26	蛇血清酶联免疫吸附试验
27	酒精消毒的效果

坎贝尔教科书的科学探究活动为"科学技能实践"（Practice Scientific Skills）栏目，共计 56 个。每个探究活动都展示了实验背景、实验目的、实验过程和实验数据，并以问题的形式要求学生解释数据、绘图、设计实验，检测学生的数学技能等，以此来帮助学生建立生物学所需的关键技能，具体内容见表 4-5。

表 4-5　坎贝尔教科书中科学探究活动内容

坎贝尔教科书（第 10 版）	
1	解释一对柱状图
2	校准标准放射性同位素衰变曲线并解释数据
3	用回归线解释散点图
4	摩尔和摩尔比
5	多肽序列数据分析
6	使用比例尺来计算细胞的体积和表面积
7	用两组数据解释散点图
8	作图并计算斜率
9	制作柱状图并评估假设
10	用回归线制作散点图
11	用实验来测试一个模型
12	解释直方图
13	作折线图和在数据单位之间转换
14	作柱状图并分析分布格局
15	使用卡方（χ^2）测试
16	处理表中的数据
17	解读序列标志
18	DNA 缺失分析实验
19	分析基于序列的系统发生树以理解病毒进化
20	分析基因选择性表达数据
21	阅读氨基酸序列识别
22	作出并检验预测
23	用哈迪－温伯格方程解释数据并作出预测
24	确定独立和因变量，制作散点图，解释数据

续表

坎贝尔教科书（第 10 版）	
25	从图中估计定量数据并发展假设
26	利用蛋白质序列数据来检验进化假说
27	作柱状图和解释数据
28	解释遗传序列的比较
29	制作柱状图和解释数据
30	用自然对数解释数据
31	解释基因组数据和产生假设
32	计算和解释相关系数
33	理解实验设计和解释数据
34	确定回归线方程
35	用柱状图解释数据
36	计算和解释温度系数
37	观察
38	用正、负相关关系解释数据
39	从柱状图解释实验结果
40	解释饼图
41	用基因突变解释实验数据
42	制作和解释直方图
43	比较同一 x 轴上的两个变量
44	描述和解释定量数据
45	设计控制实验
46	推断和设计实验
47	解释斜率的变化
48	解释用科学符号表示的数据值
49	利用基因突变体设计实验
50	用对数尺度解释图
51	用定量模型检验假设
52	用柱状图和线状图来解释数据
53	用 Logistic 方程来模拟人口增长
54	制作柱状图和散点图
55	解释表中的定量数据
56	循环数据作图

IBDP 教科书分为 10 章 48 节。在栏目设置上专门设置"实验工作"（Laboratory work）栏目，该栏目共有 14 个活动，旨在通过设置相关实验任务，帮助学生理解科学过程，具体内容见表 4-6。

表 4-6　IBDP 教科书中科学探究活动内容

	IBDP 教科书
1	草履虫和生命的功能
2	小球藻与生命的功能
3	用光学显微镜研究细胞和细胞结构大小的方法
4	测定组织的渗透性
5	用色谱法分离光合色素
6	检查根尖的染色体
7	探讨影响茎扦插生根的因素
8	野外工作
9	塑料瓶子里的微缩世界
10	设计一个模拟自然选择的实验
11	监测人体在休息和轻度及剧烈运动后的散热情况
12	革兰氏染色剂技术
13	酶活性影响因素的研究
14	环境干扰对生态系统影响的研究

三、研究方法与思路

（一）研究方法

1. 文献研究法

本书通过查阅国内外相关文献，梳理了国内外对科学探究内涵的界定以及对教科书中科学探究活动的研究，确定了本书研究的指标分析框架与内容评价标准，同时也为研究提供了扎实的理论依据。

2. 内容分析法

本书采用内容分析法，对选择的文本内容进行系统、客观的量化并予以分析。首先，根据研究工具，对国内外生物学教科书中选定的探究活动进行了评分。其次，对维度得分情况进行分析，并结合教科书中具体内容展开定性分析。最后，整理和归纳研究结果，得出结论和启示。

3. 比较研究法

本书通过对国内外生物学教科书中科学探究活动设计的比较研究，探索各国不同教科书科学探究活动编写的一般规律与特殊规律，以期为我国生物学教科书改革提供依据。

（二）研究思路

根据研究内容与方法，确定了本研究的整体研究思路。首先，梳理前人的研究成果，归纳科学探究的内涵；其次，制定分析指标框架与内容评价标准，根据分析指标框架与内容评价标准展开研究，收集数据并解释，得出结论与建议。研究流程图如图 4-1。

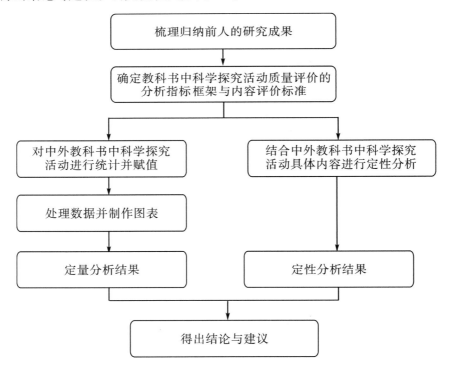

图 4-1　研究流程图

四、研究工具的设计

结合国内外学者对科学探究活动内容制定的分析指标工具，本书聚焦于科学探究活动设计所体现的教育功能，选择了从定量与定性分析角度对国内外生物学教科书的科学探究活动设计展开分析，目的在于了解教科书中科学探究活动设计是否能体现探究式学习的教学目标。其中，定量分析主要是对探究活动的整体概况进行统计和比较分析，定性分析集中于对科学探究活动的两个维度——科学探究技能、对科学探究的理解进行分析，以及结合教科书中具体内容加以阐释。

（一）教科书中科学探究活动分析指标框架

杨文源与刘恩山的基于探究的 栏目分析清单（the Inquiry-Based Tasks Analysis Inventory，以下简称"ITAI 工具"）结合了当前国际科学探究活动研究的进展，从科学探究技能和对科学探究的理解两个维度对探究活动教育功能进行了全面的分析，ITAI 工具本身的科学性经过了专家的论证、实践检验和修正。因此，本书的研究所采用的科学探究活动分析指标框架（以下简称"框架"）主要沿用了此工具。在此工具中对科学探究的理解这一指标则沿用了近些年科学教育界认同的一致观点，也就是在 *Second International handbook of science education* 中 Lederman 总结的关于科学探究理解的八个要素 [1]。杨文源、刘恩山沿用了对科学探究理解的这八个要素作为指标框架，并依此设计了评分规则。我国课程标准在"学业质量水平"表中对科学探究素养的描述是，"能够针对特定情境提出可以探究的生物学问题或生物工程需求，基于给定的条件，设计并实施探究实验方案或工程学实践的实施" [2]。我国课程标准中也强调重视学生实践这一教学理念。科学家在进行调查时会使用各种技能，这也是学生在进行探究时所必需的技能。因此，关于科学探究技能维度，本书的研究沿用 ITAT 工具

[1] LEDERMAN N G, LEDERMAN J S. Nature of scientific knowledge and scientific inquiry：Building instructional capacity through professional development[M]// Fraser B J, Tobin K G, McRobbie C J（Eds.）. Second International handbook of science education，2012：338-339.

[2] 中华人民共和国教育部 . 普通高中生物学课程标准（2017 年版）[M]. 北京：人民教育出版社，2018：51-54.

中提供使用调查技能机会的基本要素作为科学探究技能的分析框架（见表4-7）。

表 4-7　教科书中科学探究活动指标分析框架

维度 1：科学探究技能	
指标 1	观察：利用感觉来收集关于一个物体或事件的信息
指标 2	推断：根据先前收集的数据或信息对一个对象或事件进行有根据的猜测
指标 3	度量：使用标准和非标准的度量或估计来描述对象或事件的维度
指标 4	交流：用语言文字或图形符号来描述一个动作、物体或事件
指标 5	分类：根据对象或事物的属性或标准将其分组或排序到某个类别
指标 6	预测：根据证据模式陈述未来事件的结果
指标 7	控制变量：确定能够影响实验结果的变量，在只处理自变量的情况下尽量保持其他无关变量不变
指标 8	下操作性定义：说明如何在实验中测量变量，即详细描述研究变量的操作程序和测量指标
指标 9	提出假设：陈述实验的预期结果
指标 10	解释数据：整理数据并从中得出结论
指标 11	提问：提出合适的问题
指标 12	制定模型：创建一个过程或事件的心智模型或实体模型
维度 2：对科学探究的理解	
指标 13	科学探究都是从一个问题开始的，但不一定要验证一个假设
指标 14	不存在适合所有探究活动的一套步骤或方法
指标 15	探究过程以所探究的问题为指导
指标 16	所有执行相同探究程序的科学家可能会得到不同的结果
指标 17	探究过程会影响结果
指标 18	结论必须与收集的数据一致
指标 19	科学数据与科学证据不一样
指标 20	解释是从收集的数据和已有认知中发展而来的

（二）教科书中科学探究活动的内容评价标准

1. 科学探究技能维度

按照 ITAI 工具对科学探究技能维度的内涵解读，形成了内容评分标准。对国内外生物学教科书中的科学探究活动按照此内容评分标准进行赋分，与各项子类别描述符合的标记"1"，反之标记"0"（见表 4-8）。

表 4-8　科学探究技能维度各指标内容评分标准

维度 1：科学探究技能		1	0
指标 1	观察：学生被要求或必须进行观察，标记 1，否则标记 0		
指标 2	推断：学生被要求或必须作出推断，标记 1，否则标记 0（注意推断和观察的区别）		
指标 3	测量：学生被要求或必须测量与研究问题直接相关的变量，标记 1，否则标记 0		
指标 4	交流：要求学生进行或必须进行交流，标记 1，否则标记 0		
指标 5	分类：学生被要求或必须在探究过程中严格定义分类（如生物分类），标记 1，否则标记 0		
指标 6	预测：学生被要求或必须作出预测，标记 1，否则标记 0		
指标 7	控制变量：学生被要求或必须控制变量，标记 1，否则标记 0		
指标 8	下操作性定义：这个任务的文本完全符合以下三个标准。 （1）要求学生定义操作； （2）教科书没有提供具体的操作菜单示例； （3）教科书提供了明确、科学、相关的研究问题或学生被要求挖掘研究的问题，且教科书没有出现模糊的、不科学的、无关的问题，标记 1，否则标记 0		
指标 9	提出假说：学生被要求或必须提出假设，并且这项任务实际上属于必须检验假设的探究活动（如实验探究），标记 1，否则标记 0		
指标 10	解释数据：学生被要求或必须解释数据，标记 1，否则标记 0		
指标 11	提出问题：如果要求学生提出研究方面的问题，且教科书没有提供不明确、不科学或不相关的问题或例子，标记 1，否则标记 0		
指标 12	制定模型：学生被要求或必须制作模型，标记 1，否则标记 0（心智模型是存在于学生头脑中的对模型认知的个人化表征）		

2 对科学探究的理解维度

谭永平指出，科学知识、科学方法和科学精神三方面的有机结合是科学的具体表现。课程文件中应明确科学本质的内涵，提出理解科学本质、培养科学精神的基本途径。教科书应在具体内容中渗透对学生科学本质和科学精神的培养，如科学探究活动[1]。培养学生理解科学本质的前提是对科学探究有一个正确的理解。对科学探究的理解维度各指标的具体评分标准见表4-9。

表 4-9　对科学探究的理解维度各指标内容评分标准

维度 2：对科学探究的理解		1	0
指标 13	科学探究都是从一个问题开始的，但不一定要验证一个假设。如果探究活动的文本完全符合以下三个标准：（1）提供了定义明确、科学的、相关的研究问题或项目 11 被标记 1；（2）活动不属于必须检验假设的任务（如实验探究）；（3）不要求学生作出假设，标记 1，否则标记 0		
指标 14	不存在适合所有探究活动的一套步骤或方法：如果探究活动不是按照传统的探究模板"提出问题—形成假设—进行操作性定义"设计的，并且学生不需要遵循一套清单的步骤，标记 1，否则标记 0		
指标 15	探究过程以所探究的问题为指导：（1）如果所提供研究问题是明确、科学、相关的，或者项目 11 被标记 1；（2）所提供的程序以所询问的问题为指导，或者项目 8 被标记 1，标记 1，否则标记 0		
指标 16	所有执行相同探究程序的科学家可能会得到不同的结果：如果根据所问的问题提供了定义明确、科学和相关的研究问题和程序，并且该任务的预期结果不是预先确定的（如生活在玻璃容器中的草履虫种群的逻辑增长模型），标记 1，否则标记 0		
指标 17	探究过程会影响结果：如果探究程序对学生自主设计开放，且没有提供菜单示例，标记 1，否则标记 0		
指标 18	结论必须与收集的数据一致：如果要求学生根据收集到的数据得出结论，标记 1，否则标记 0		

[1] 谭永平. 从发展核心素养的视角探讨高中生物必修内容的变革 [J]. 课程·教材·教法，2016，36（7）：62-68.

续表

维度 2：对科学探究的理解	1	0
指标 19	科学数据与科学证据不一样：如果要求学生描述所收集到的观察结果，然后分析和解释数据，标记 1，否则标记 0		
指标 20	解释是从收集的数据和已有认知中发展而来的：如果对研究问题的解释或对讨论部分提出的问题的解释必然是从收集的数据和已有认知结合发展而来，标记 1，否则标记 0		

在提出问题之前，通常伴随观察。由观察而引发的兴趣，也是科学的一部分。在进行科学探究时，首先需要提出一个问题，这也与 NGSS 中提出的要求一致，但是所有的调查不一定要陈述一个假设。虽然传统的实验常常包括作出假设，但这不是科学探究所必备的条件。

例：人教版教科书必修 1《分子与细胞》的探究实践"淀粉酶对淀粉和蔗糖的水解作用"，要求学生探究淀粉酶是否只能催化特定的化学反应。整个实验设计没有要求学生作出假设，符合上述指标的得分要求，标记"1"。

教科书中提供了一系列的科学方法，而以往的科学探究活动也依赖于教科书所提供的实验设计或步骤，但这样实际上并没有给予学生自主探究的权利，也没有达到进行科学探究的真正目的。因此，在活动中不给学生提供统一的步骤，则更有利于提升其科学思维及科学探究能力。

例：人教版教科书必修 1《分子与细胞》的探究实践"尝试制作真核细胞的三维结构模型"，要求学生尝试制作真核细胞的三维结构模型。实验设计中只提供了建立模型应注意的事项，没有给学生提供统一的步骤。在一定程度上锻炼了学生自主设计实验的能力，符合上述指标的得分要求，标记"1"。

尽管科学家可能会设计不同的方法步骤来探究同一个问题，但是这些步骤都是围绕所需要探究的问题设计的。研究问题驱动研究方法的产生，学生也应该理解两者之间的关联。

例：人教版教科书必修1《分子与细胞》的探究实践"比较过氧化氢在不同条件下的分解"，分别围绕温度、催化剂来探究过氧化氢的分解。学生通过探究可以得出，在相同的温度条件下，酶的催化效率远高于无机催化剂。步骤设计紧紧遵循问题展开，符合上述得分指标，标记"1"。

NGSS中强调，学生应该明白科学数据的解释有不同的方式。在合理的情况下，科学家会对实验数据作出不同的解释。因此，提出类似问题或者遵循相同的方法也可能得到不同的结论。比如，选择论证的证据不同，或者处理数据的方式不同，都可以产生不同的解释。

例：人教版教科书必修1《分子与细胞》的探究实践"影响酶活性的条件"，要求学生自主提出问题，并确定选择何种酶作为实验材料。学生根据指导信息自主开展实验，选择的探究条件不同，会得到不同的结果。选择相同的条件，由于每组作出的假设及进行实验的步骤不尽相同，也可能得到不同的结论，符合上述得分指标，标记"1"。

如果在进行实验时，学生自主设计实验步骤，那么实验结果往往会受到探究过程的影响。运用不同的方式对变量进行测量及数据的收集和分析，也会影响学生得出的结论。

例：人教版教科书必修1《分子与细胞》的探究实践"探究环境因素对光合作用强度的影响"，要求学生通过小组讨论，选择某一个环境因素来进行探究。学生选取的探究因素不同，对变量的测量和分析也不同，那么可能会得到不同的结论。符合上述指标的得分要求，标记"1"。

探究活动中要求学生根据收集的数据得出结论，每一个研究结论都有一定的数据来作为支持。科学知识是基于经验得来的，科学解释也应该以数据作为基础，这些数据有助于科学家发展这些解释。

例：人教版教科书必修1《分子与细胞》的探究实践"检测生物组织中的糖类、脂肪和蛋白质"，学生通过实验观察的现象，推断是否有糖类、脂肪或蛋白质的出现。符合上述指标的得分要求，标记"1"。

数据和证据在探究过程中有着不同的用途，学生需要理解数据与证据之间的不同，并且能够根据收集到的观察结果分析和解释这些数据。科学家在调查过程中通常采用数字、照片、记录等多种形式对数据进行收集。证据则是对数据进行一定分析和解释之后的产物，它反映了特定的问题和相关的主张。

例：人教版教科书必修1《分子与细胞》的探究实践"使用高倍显微镜观察几种细胞"，在讨论部分，要求学生根据所观察到的细胞，归纳其结构共同点，并描述它们之间的差异，分析产生差异的原因。这不仅要求学生根据观察到的现象作出结论，同时锻炼学生分析和解释数据的能力，符合指标"如果要求学生根据收集到的数据得出结论"和"如果要求学生描述所收集到的观察结果，然后分析和解释数据"的得分要求，各项均标记"1"。

解释是从收集的数据和已知的信息中发展而来的，科学家以观察到的现象和公认的科学知识或原理为基础，从而作出解释。当然，也有可能面临充分支持的结论与公认的科学知识不同，或者有《框架》中提出的"对现象的解释力比以前的理论更强"这种情况存在，那就需要根据已知的知识来解释这些发现。例如，当古生物学家发掘恐龙骨骼时，通常面对一些残缺的碎片，科学家必须将他们已知的骨骼信息与新发现的骨骼结合起来，来构建骨骼结构。

　　例：人教版教科书必修2《遗传与进化》的探究实践"性状分离比的模拟实验"，结果和结论部分提出的问题及讨论部分均需要学生在原有知识的基础上，分析收集到的数据，从而对问题作出解释。符合上述指标的得分要求，标记"1"。

（三）研究工具的数值计算

　　根据确定的维度指标分析框架和各指标内容评分标准，对选定的每一个科学探究活动（即分析单元）进行赋分。在探究活动内容中出现的指标标记"1"，未出现的则标记"0"。针对某本教科书，对某个指标出现的次数进行求和，则为某个指标的得分值；出现的指标次数/某本教科书科学探究活动总数＝某本教科书某个指标的得分概率（小于或等于100%）。

第三节　国内外高中生物学教科书中科学探究活动分析的结果

　　本节内容为笔者对国内外高中生物学教科书中科学探究活动设计的比较分析情况。首先简述了国内外高中生物学教科书中的探究活动设置的整体情况，其次统计了各维度的得分情况，并结合教科书中具体内容进行分析。通过比较国内外高中生物学教科书中各维度的得分情况，分析国内外高中生物学教科书中各个维度指标呈现差异的原因。

一、国内外高中生物学教科书中探究活动设置的概况比较
（一）探究活动栏目设置与栏目数量统计

　　人教版生物学教科书共有20个"探究·实践"活动，活动的内容要素通常包括目的要求、材料用具、方法步骤、讨论或结论等（如图4-2）。除此之外，还包括"思考·讨论""思维训练"栏目。"思考·讨论"栏目以科学史、科学研究的结果为主，以此为任务驱动，要求学生分析、讨

论、交流和寻求答案，而"思维训练"栏目则包括分析数据、提出假说、综合概括等部分（如图4-3、图4-4）。

绿叶中色素的提取和分离

绿叶中的色素能够溶解在有机溶剂无水乙醇中，所以，可以用无水乙醇提取绿叶中的色素。由于色素存在于细胞内，需要先破碎细胞才能释放出色素。绿叶中的色素不只一种，它们都能溶解在层析液中，但不同的色素溶解度不同。溶解度高的随着层析液在滤纸上扩散得快，反之则慢。这样，绿叶中的色素就会随着层析液在滤纸上的扩散而分开。

目的要求

1. 进行绿叶中色素的提取和分离。
2. 探究绿叶中含有几种色素。

材料用具

新鲜的绿叶（如菠菜的绿叶）。

干燥的定性滤纸，试管，棉塞，试管架，研钵，玻璃漏斗，尼龙布，毛细吸管，剪刀，药勺，量筒（10 mL），天平。

无水乙醇（也可用体积分数为95%的乙醇加入适量无水碳酸钠来代替），层析液（由20份在60～90 ℃下分馏出来的石油醚、2份丙酮和1份苯配合而成），二氧化硅和碳酸钙。

方法步骤

1. 提取绿叶中的色素

（1）称取5 g绿叶，剪去主叶脉，剪碎，放入研钵中。

（2）向研钵中放入少许二氧化硅和碳酸钙，再加入5～10 mL无水乙醇，迅速、充分地进行研磨（二氧化硅有助于研磨得充分，碳酸钙可防止研磨中色素被破坏）。

（3）将研磨液迅速倒进玻璃漏斗（漏斗基部放一块单层尼龙布）进行过滤。将滤液收集到试管中，及时用棉塞将试管口塞紧。

2. 制备滤纸条

将干燥的定性滤纸剪成宽度略小于试管直径、长度略小于试管长度的滤纸条，再

将滤纸条一端剪去两角，并在距这一端底部1 cm处用铅笔画一条细的横线。

3. 画滤液细线

用毛细吸管吸取少量滤液，沿铅笔线均匀地画一条细线（也可将滤液倒入培养皿，再用盖玻片蘸取滤液，在横线处按压均匀的细线）。待滤液干后，再重复画一到两次。

4. 分离绿叶中的色素

将适量的层析液倒入试管中，将滤纸条（有滤液细线的一端朝下）轻轻插入层析液中，随后用棉塞塞紧试管口。注意不要让滤液细线触及层析液，否则滤液细线上的色素会被层析液溶解，而不能在滤纸上扩散。

5. 观察与记录

观察试管内滤纸条上出现了几条色素

带，以及每条色素带的颜色和宽窄。将观察结果记录下来。

分离绿叶中色素的
实验装置
1. 层析液液面
2. 滤液细线

⚠ 警示：为减少吸入层析液中有毒性的挥发性物质，分离色素这一步应在通风好的条件下进行。实验结束应尽快用肥皂将手洗干净。

讨论

1. 滤纸条上有几条色素带？它们是按照什么次序分布的？

2. 滤纸条上色素带的分布情况说明了什么？

图4-2　人教版教科书"探究·实践"栏目示例

思考·讨论

叶绿体的功能

资料1　1881年，德国科学家恩格尔曼（T. Engelmann, 1843—1909）做了这样的实验：把载有水绵（叶绿体呈螺旋带状分布）和需氧细菌的临时装片放在没有空气的小室内，在黑暗中用极细的光束照射水绵，发现细菌只向叶绿体被光束照射到的部位集中；如果把装置放在光下，细菌则分布在叶绿体所有受光的部位。

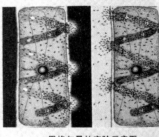

恩格尔曼的实验示意图

紧接着，他又做了一个实验：用透过三棱镜的光照射水绵临时装片，发现大量的需氧细菌聚集在红光和蓝紫光区域。

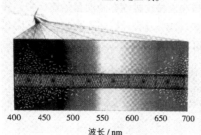

恩格尔曼第二个实验的示意图

资料2　在类囊体膜上和叶绿体基质中，含有多种进行光合作用所必需的酶。

讨论

1. 恩格尔曼第一个实验的结论是什么？

2. 恩格尔曼在选材、实验设计上有什么巧妙之处？

3. 在第二个实验中，大量的需氧细菌聚集在红光和蓝紫光区域，为什么？

4. 综合上述资料，你认为叶绿体具有什么功能？

图4-3　人教版教科书"思考·讨论"栏目示例

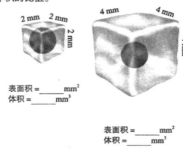
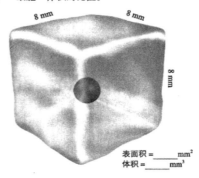

思维训练

运用模型作解释

细胞不能无限长大的原因有很多。细胞的大小影响物质运输的效率，可以作为一种解释。

1. 现有3个大小不同的细胞模型，如下图所示，计算每个"细胞"的表面积与体积的比值。

表面积 = ＿＿＿ mm²
体积 = ＿＿＿ mm³

表面积 = ＿＿＿ mm²
体积 = ＿＿＿ mm³

2. 物质在细胞中的扩散速率是一定的，假定某种物质如葡萄糖通过"细胞膜"后，向内扩散的深度为0.5 mm。计算这3个"细胞"中物质扩散的体积与整个"细胞"体积的比值。

表面积 = ＿＿＿ mm²
体积 = ＿＿＿ mm³

讨论

1. 细胞的表面积和体积的比值与细胞的大小有什么关系？

2. 从物质运输的效率看，细胞为什么不能太大？

3. 细胞越小，越有利于细胞与外界的物质交换，那么，细胞是越小越好吗？

图 4-4　人教版教科书"思维训练"栏目示例

而美国教科书中探究实践活动比较丰富，包括"迷你实验""数据分析实验""生物实验室"。其中，"迷你实验"65个，"数据分析实验"46个，"生物实验室"37个。美国教科书中的"迷你实验"旨在通过短期、灵活的探究活动训练学生的科学方法以及实践操作能力（如图4-5），主要包括观察、检测、调查、模型建构等多种类型。"迷你实验"体现了很大的灵活性，可以不受实验室地点的限制，时间也比较自由，但因篇幅较小，与本书研究的分析维度指标相比，只能体现很少的维度。因此，如果纳入中美两国教科书内容的比较分析中，会导致实验结果的偏差。"数据分析实验"中的数据通常来源于科技论文中的真实数据，包括解释图表、解释数据、比较数据、运用数据建立假设和获得结论等活动设置，以此来训练学生对于图表和数据的分析能力（如图4-6）。对比发现，美国教科书的"数据分析实验"栏目在内容上等同于人教版教科书的"思维训练"栏目，但前者更注重真实情境的创设。"生物实验室"设置在美国教科书中的综合性实验中，通常位于每章节内容的结束部分，包括自主设计、探究、网络、野外调查等活动（如图 4-7）。"生物实验室"栏目与人教版教科书的"探究·实践"栏目在位置和内容上都有很大的重合性，因此，下文的指标分析只针对这两个栏目进行比较分析。

Mini Lab 1

MiniLab

Investigate Human Pedigrees

Where are the branches on the family tree? Unlike some organisms, humans reproduce slowly and produce few offspring at one time. One method used to study human traits is pedigree analysis.

Procedure

1. Read and complete the lab safety form.
2. Imagine that you are a geneticist interviewing a person about his or her family concerning the hypothetical trait of hairy earlobes.
3. From the transcript below, construct a pedigree. Use appropriate symbols and format.

"My name is Scott. My great grandfather Walter had hairy earlobes (HEs), but great grandma Elsie did not. Walter and Elsie had three children: Lola, Leo, and Duane. Leo, the oldest, has HEs, as does the middle child, Lola; but the youngest child, Duane, does not. Duane never married and has no children. Leo married Bertie, and they have one daughter, Patty. In Leo's family, he is the only one with HEs. Lola married John, and they have two children: Carolina and Luetta. John does not have HEs, but both of his daughters do."

Analysis

1. **Assess** In what ways do pedigrees simplify the analysis of inheritance?
2. **Think Critically** Using this lab as a frame of reference, how can we put to practical use our understanding of constructing and analyzing human pedigrees?

图 4-5 美国教科书"迷你实验"栏目示例

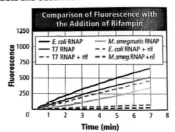

DATA ANALYSIS LAB 1

Based on Real Data*
Interpret the Data

How can a virus affect transcription? To study RNA synthesis, a group of scientists used a fluorescent molecular beacon to trace molecules. This beacon becomes fluorescent when it binds to newly synthesized RNA. The fluorescence increases as the RNA chain lengthens. Thus, the beacon can be used to follow RNA synthesis.

In this experiment, scientists added the antibiotic rifampin (rif) to RNA polymerase from a virus (T7 RNAP), *Escherichia coli* (E. coli RNAP), and *Mycobacterium smegmatis* (M. smegmatis RNAP) and followed RNA synthesis.

Think Critically

1. **Describe** the relationship between the fluorescence level and time in each experiment not exposed to rifampin.

Data and Observations

Comparison of Fluorescence with the Addition of Rifampin

2. **Infer** what the relationship between fluorescence level and time indicates is happening in each case where rifampin was added.
3. **Interpret** which organism's RNA synthesis is affected most by the antibiotic rifampin.

*Data obtained from: Marras, Salvatore A.E., et al. 2004. Real-time measurement of in vitro transcription. *Nucleic Acids Research* 32.9.e: 72.

图 4-6 美国教科书"数据分析实验"栏目示例

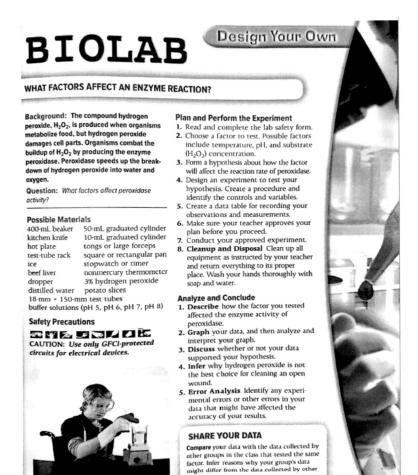

图 4-7　美国教科书"生物实验室"栏目示例

　　英国剑桥教科书没有专门的科学探究活动栏目，但将其与人教版教科书的"探究·实践"栏目内容进行对比后发现，英国剑桥教科书中有 9 个科学探究活动，如"细胞研究中的显微镜""有丝分裂中的染色体行为"等（如图 4-8）。英国剑桥教科书中大多数探究活动为实验类探究活动，分为两类：一类为技能类实验，包括"细胞研究中的显微镜""有丝分裂中的染色体行为""传输组织的结构" 3 个实验，要求学生在该课程的学习中掌握基本的使用技能，如"细胞研究中的显微镜"要求学生学会使用

Examining the structure of living cells

Living cells are not only tiny but also transparent. In light microscopy it is common practice to add dyes or stains to introduce sufficient contrast and so differentiate structure. Dyes and stains that are taken up by living cells are especially useful.

1 Observing the nucleus and cytoplasm in onion epidermis cells.

A single layer of cells, known as the epidermis, covers the surface of a leaf. In the circular leaf bases that make up an onion bulb, the epidermis is easily freed from the cells below, and can be lifted away from a small piece of the leaf with fine forceps. Place this tiny sheet of tissue on a microscope slide in a drop of water and add a cover slip. Irrigate this temporary mount with iodine (I_2/KI) solution (Figure 1.5). In a few minutes the iodine will penetrate the cells, staining the contents yellow. The nucleus takes up the stain more strongly than the cytoplasm, whilst the vacuole and the cell walls are not stained at all.

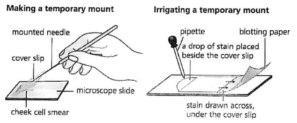

Figure 1.5 Preparing living cells for light microscopy

2 Observing chloroplasts in moss leaf cells.

A leaf of a moss plant is typically mostly only one cell thick. Remove a leaf from a moss plant, mount it in water on a microscope side and add a cover slip. Then examine individual cells under medium and high power magnification. No stain or dye is used in this investigation.

What structures in these plant cells are visible?

3 Observing nucleus, cytoplasm and cell membrane in human cheek cells.

Take a smear from the inside lining of your check, using a fresh, unused cotton but you remove from the pack. Touch the materials removed by the 'bud' onto the centre of a microscope slide, and then immediately submerge your cotton bud in 1% sodium hypochlorite solution (or in absolute alcohol). Handle the microscope slide yourself, and at the end of the observation immerse the slide in 1% sodium hypochlorite solution (or in absolute alcohol). To observe the structure of human cheek cells, irrigate the slide with a drop of methylene blue stain (Figure *1.5*), and examine some of the individual cells with medium and high power magnification.

How does the structure of these cells differ from plant cells?

4 Examining cells seen in prepared slides and in photomicrographs.

The structures of cells can also be observed in prepared slides and in photomicrographs made from prepared slides. You might choose to examine the cells in mammalian blood smears and a cross-section of a flowering plant leaf, for example. Alternatively (or in addition) you can examine photomicrographs of these (Figure 8.2b on page *153* and Figure 7.2 on page *130*).

图 4-8　英国剑桥教科书"实验"栏目示例

显微镜，并学习如何制作临时装片；另一类为探究类实验，包括"传输机制""循环系统""ATP 的合成过程""无氧呼吸"4 个实验，旨在通过控制变量来探究相关因素的变化，培养学生掌握科学探究的一般方法。调查类探究活动主要是限制因素的调查研究，让学生积极主动地参与调查类探究活动，感受到发现问题并解决问题的成就感，培养学生分析处理问题的能力，增强学生融入社会和与人交往的能力。"生物多样性"为交流类探究活动，通过资料介绍教科书中相关生物学概念，实验技术条件要求较高，不要求学生实际动手操作。

纳尔逊教科书的"实验"栏目内容较为详细，并且都设置在实验相关理论知识后，每个实验都有实验基本介绍、实验目的、实验材料、实验过程、实验结果、结果分析、讨论以及进一步研究等八个部分，以保证学生掌握科学的实验方法，包括提出问题、作出假设、制订计划、实施计划、得出结论、表达和交流等，同时在此栏目下设置的"结果分析—讨论—进一步研究"板块逐步提升问题的困难程度，锻炼学生的科学思维（如图4-9）。

EXPERIMENT 8.2

OSMOSIS IN POTATOES

Aim

To demonstrate the process of osmosis in plant tissue

Materials

- a large potato
- fruit knife
- pie dish
- honey
- teaspoon
- hot plate
- 250 mL beaker

What are the risks in doing this experiment?	How can you manage these risks to stay safe?
Knives are sharp.	Be careful when using the fruit knife and do not walk around the room carrying the knife.
Hot plates can burn.	Take care around hot plates. Place hot plates back from the edge of benches when not in use.

Procedure

1. Cut three cubes of potato, each 3 cm × 3 cm × 3 cm.
2. Cut a well in each cube, taking care not to cut all the way through.
3. Place one cube in a beaker of water and boil for 3 minutes.
4. Place all three cubes in the dish and add water until it is roughly level with the bottom of the wells.
5. Place a teaspoon of honey into the well of one unboiled cube and the boiled cube. Leave the third empty.
6. Leave for several hours then observe any changes.

Results

1. Describe any changes in the wells of your three potato cubes.

Discussion

1. Identify the independent variable in this experiment. What was the control?
2. Explain what happened to produce the results you obtained.

Taking it further

1. Try other types of vegetables to see if they respond in the same way.

图 4-9　纳尔逊教科书"实验"栏目示例

坎贝尔教科书中有 56 个科学技能实践栏目，各自基于一个与章节内容相关的实验。每个科学研究活动都引用已发表的研究成果，且其中大多数都使用已发表的研究数据。与其他教科书中的实验类探究活动有所不同，坎贝尔教科书主要是在真实情境中训练学生获取、处理和转化数据的能力。同时，由于探究活动是基于真实的实验，因此也能帮助学生获取相关的生物学知识。比如，在"使用比例尺来计算细胞的体积和表面积"探究活动中，先让学生用标尺测量成熟酵母菌细胞和从中出芽的酵母菌细胞的直径，接着通过比例的转化，得到酵母菌细胞的真实直径（这一过程中涉及数据获取、处理和转化的能力），再通过计算两者表面积和体积的大小，确定新细胞需要合成多少细胞质和质膜来生长到这样的大小（这一过程涉及生物生长发育的相关知识），用真实有效的数据来解释细胞的生长发育这一抽象的概念。问题的困难程度逐步递增，引导学生一步一步地掌握新技能，并为更高层次的科学思维提供机会。比如，以"用两组数据解释散点图"的探究活动为背景探究葡萄糖进入细胞受不同年龄的影响，通过展示真实的实验数据并设置相关的问题帮助学生理解实验，试图让学生作出假设来解释葡萄糖进入细胞受不同年龄影响的原因，并用实验验证假设。如此过程环环相扣，引导学生逐步理解实验、解释实验并验证实验。图4-10为坎贝尔教科书中"实验"栏目中的一个实验。

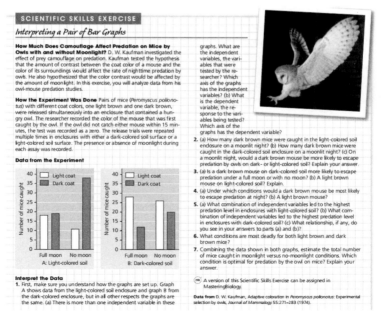

图4-10　坎贝尔教科书"实验"栏目示例

　　IBDP 教科书鼓励学生思考科学知识的本质和科学过程，设置了 14 个"实验室工作"（Laboratory work）栏目帮助学生了解实验室中所涉及的部分工作，包括基本的实验技能、探究实验的研究思路等（如图 4-11）。通过分析发现，IBDP 教科书在部分科学探究活动的内容选择上与人教版教科书部分科学探究活动具有一致性，如 IBDP 教科书的"观察根尖的染色体"与人教版教科书的"观察根尖分生区组织细胞的有丝分裂"，都是通过葱或洋葱的根尖来观察细胞的有丝分裂现象。IBDP 教科书也有自己的特色探究活动，如"野外工作""环境干扰对生态系统影响的研究"这类调查类探究活动，要求学生获取信息并对信息进行处理和展示，以弄清生物学现象的本质并提出一定建议。

Examining chromosomes in root tips
Safety alerts: The chemicals in this lab, as well as the risk of breaking glass during the squashing process, require vigilance and caution. Ask your teacher what precautions to consider.
There are two options for doing this lab, depending on time and materials available. You can either prepare your own root tip squashes from plant material grown in the laboratory, or you can examine pre-made root tip preparations from a laboratory supply company.
For the first option, carry out the following.
- Over a beaker full of water, suspend a plant that will produce roots in the water, for example garlic, onion, or potato. Use toothpicks to support it.
- Leave it for 2-5 days until little white roots have pushed their way down into the water. Top up the water periodically if it gets low.
- Cut off the roots and place them first into ethanoic acid for 10 min, then into 1 M HCl for 10 min, then rinse them with water.
- Cut off 2 mm of the tips, and place these segments on a microscope slide.
- Stain them with orcein, allowing it to soak in for a few minutes.
- To spread the cells out on the side, use a mounted needle.
- Place a cover slip over the root tips, and place several layers of paper towel over the slide and cover slip. Push down firmly to squash the tissue.
- If you have the time and materials, you can compare the chromosomes in your root tips with professionally prepared slides.

图 4-11　IBDP 教科书"实验室工作"栏目示例

（二）国内外高中生物学教科书中科学探究活动所有维度整体得分情况

根据国内外生物学教科书中关于科学探究技能、对科学探究的理解两个维度的总体得分情况来看，不同版本的教科书中各个探究活动的得分参差不齐，人教版教科书最高得分为 17 分，最低得分为 3 分，其中，10 分及以下的探究活动有 15 个，11 ~ 15 分的探究活动有 4 个，15 分以上的探究活动有 1 个。美国教科书最高得分为 17 分，最低得分为 7 分，其中，得分 10 分及以下的探究活动有 16 个，11 ~ 15 分的探究活动有 19 个，15 分以上的探究活动有 1 个。IBDP 教科书最高得分为 11 分，最低得分为 2 分，其中，10 分及以下的探究活动有 11 个，余下的 3 个探究活动得分皆为 11 分。英国剑桥教科书最高得分为 9 分，最低得分为 5 分，9 个探究活动得分全部为 10 分及以下。纳尔逊教科书最高得分为 14 分，最低得分为 3 分，其中，10 分以下的探究活动有 20 个，11 ~ 15 分的探究活动有 7 个。坎贝尔教科书最高得分为 12 分，最低得分为 3 分，其中，10 分及以下的探究活动占绝大多数，有 54 个，11 ~ 15 分的探究活动有 2 个，11 分和 12 分的探究活动分别有 1 个（如图 4-12、图 4-13）。

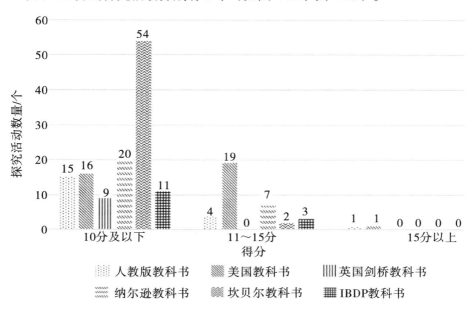

图 4-12　国内外高中生物学教科书所有维度总体得分

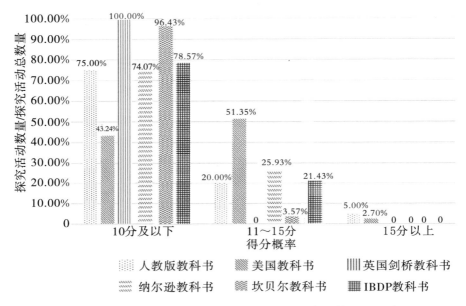

图 4-13　国内外高中生物学教科书所有维度总体得分概率

　　综上可知，除美国教科书以外，其他版本的教科书大部分探究活动的得分都分布在 10 分及以下，美国教科书的得分主要分布在 10 分及以下与 11～15 分，而得分为 15 分以上的探究活动是美国教科书和人教版教科书，这说明各版本教科书中科学探究活动的设计情况参差不齐。总的来说，美国教科书的科学探究活动整体得分居于首位，其次为人教版教科书和纳尔逊教科书。关于各维度的得分情况，以及国内外教科书编写各自科学探究活动的特色之处，还需要进行具体分析。

二、国内外高中生物学教科书中科学探究活动各维度定量分析

　　根据表 4-10 和表 4-11 可以看出，国内外教科书中的科学探究活动在体现科学探究技能这一方面的总体得分情况参差不齐。其中，人教版教科书得分次数较多的三个指标是指标 4：交流、指标 1：观察、指标 10：解释数据，分别占探究活动总数的 100.0%、70.0%、55.0%；而指标 2：推断、指标 6：预测、指标 5：分类、指标 11：提出问题、指标 9：提出假

说在整本教科书科学探究活动中出现的比例较少，分别占探究活动总数的15.0%、15.0%、20.0%、20.0%、25.0%。

表 4-10　国内外教科书科学探究技能维度指标得分次数

科学探究技能维度指标	人教版教科书（次数）	美国教科书（次数）	IBDP教科书（次数）	英国剑桥教科书（次数）	纳尔逊教科书（次数）	坎贝尔教科书（次数）
指标 1	14	32	12	8	25	24
指标 2	3	17	2	1	2	27
指标 3	8	13	8	6	20	6
指标 4	20	36	8	8	26	38
指标 5	4	11	4	3	5	2
指标 6	3	11	1	1	6	17
指标 7	6	12	5	3	12	23
指标 8	9	18	1	0	5	1
指标 9	5	13	1	1	4	15
指标 10	11	36	11	8	24	56
指标 11	4	2	0	0	1	1
指标 12	6	14	4	5	13	20

表 4-11　国内外教科书科学探究技能维度指标得分概率

科学探究技能维度指标	人教版教科书（%）	美国教科书（%）	IBDP教科书（%）	英国剑桥教科书（%）	纳尔逊教科书（%）	坎贝尔教科书（%）
指标 1	70.0	86.5	85.7	44.4	92.6	42.9
指标 2	15.0	45.9	14.3	5.6	7.4	48.2
指标 3	40.0	35.1	57.1	33.3	74.1	10.7
指标 4	100.0	97.3	57.1	44.4	96.3	67.9
指标 5	20.0	29.7	28.6	16.7	18.5	3.6
指标 6	15.0	29.7	7.1	5.6	22.2	30.4
指标 7	30.0	32.4	35.7	16.7	44.4	41.1
指标 8	45.0	48.6	7.1	0.0	18.5	1.8

续表

科学探究技能维度指标	人教版教科书（%）	美国教科书（%）	IBDP教科书（%）	英国剑桥教科书（%）	纳尔逊教科书（%）	坎贝尔教科书（%）
指标9	25.0	35.1	7.1	5.6	14.8	26.8
指标10	55.0	97.3	78.6	44.4	88.9	100.0
指标11	20.0	5.4	0	0	3.7	1.8
指标12	30.0	37.8	28.6	27.8	48.1	35.7

美国教科书中出现次数较多的指标分别是指标4：交流、指标10：解释数据、指标1：观察，分别占总数的97.3%、97.3%、86.5%；而指标11：提出问题、指标5：分类、指标6：预测、指标7：控制变量在美国教科书所有探究活动中出现的得分概率为5.4%、29.7%、29.7%、32.4%。

IBDP教科书中，指标1：观察、指标10：解释数据、指标3：测量、指标4：交流这4个指标分别占探究活动总数的85.7%、78.6%、57.1%、57.1%，出现次数较多；科学探究活动中并未出现指标11：提出问题这一指标；指标6：预测、指标8：下操作性定义、指标9：提出假说这三个指标均只出现了1次，均占探究活动总数的7.1%。

英国剑桥教科书中，指标1：观察、指标4：交流、指标10：解释数据出现次数较多，占探究活动总数的比例均为44.4%；科学探究活动中并未出现指标8：下操作性定义与指标11：提出问题这两个指标；而指标2：推断、指标6：预测、指标9：提出假说这三个指标均只出现了1次，只占探究活动总数的5.6%。

通过对纳尔逊教科书的分析不难看出，出现次数最多的指标分别是指标4：交流、指标1：观察、指标10：解释数据，分别占探究活动总数的96.3%、92.6%、88.9%；而指标11：提出问题、指标2：推断、指标9：提出假说在整本教科书科学探究活动中出现的比例较少，分别占探究活动总数的3.7%、7.4%、14.8%。

坎贝尔教科书中，指标10：解释数据出现在了所有探究活动中，紧随其后的指标为占比67.9%的指标4：交流和48.2%的指标2：推断；指标 8：下操作性定义和指标 11：提出问题均只占比 1.8%，为出现次数最少的指标。此外，指标 5：分类这一指标出现次数较少，占比为 3.6%。

科学探究技能的重要性在于它拓展了科学探究的学生活动范围，在以科学探究为取向的科学教育课程中，应引导学生积极参与各种实践操作，从而实现对科学知识、科学方法与本质的深入理解。在各版本的生物学教科书中，科学探究技能的基本要素都有在文本中出现。值得注意的是，在各版本教科书科学探究活动中，占比最高的指标集中在指标 4：交流、指标 10：解释数据、指标 1：观察中，其中，指标 4：交流在除 IBDP 教科书和英国剑桥教科书之外的教科书中均为占比最高的指标（如图 4-14）。

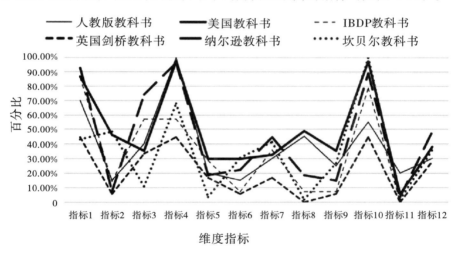

图 4-14 国内外教科书科学探究技能维度指标得分概率折线图

（一）教科书中科学探究技能维度的特点分析

1. 国内外教科书均重视观察、交流、解释数据等探究技能

总体来说，国内外教科书的探究活动体现出的科学探究技能的基本要素，得到的得分概率折线图的趋势大致相同。无论是人教版教科书还是国外教科书，都比较强调指标 1：观察、指标 4：交流、指标 10：解释数据。指标 1：观察在国内外教科书多个探究活动中得到明显体现，是学生进行科学探究活动时必不可少的环节，是学生提出问题、识别变量等的基础。其中，人教版教科书在指标 1：观察的得分概率为 70.0%，比英国剑

桥教科书、坎贝尔教科书的得分概率高。指标4：交流方面，科学探究技能强调动手操作，兼顾动脑和动嘴（笔），与他人高效地交流研究成果是组成一个完整科学探究活动的重要部分。人教版教科书在指标4：交流的得分概率达到100.0%，高于其他各国。除此之外，各版教科书还主要关注指标10：解释数据这一基本要素。在科学探究活动中，实验结果和研究问题间的关系需要复杂的推论链，科学探究活动需要重点培养学生收集和分析、解释数据的能力，为推论提供支撑。其中，人教版教科书在指标10：解释数据的得分概率为55.0%，仅高于英国剑桥教科书。

2. 国内外教科书中提出问题这一探究技能的占比较低

指标11：提出问题作为科学探究技能的第一基本要素，要求学生就所阅读的文本、观察到的现象或模型以及科学调查得出的结论相互提问。只有当学生发现并提出问题后，才能进行主动探究。在探究活动中，需要引导学生在阅读文献或专家研究报告等资料的基础上，根据问题情境提出问题，或对日常各种事物发现并提出问题。爱因斯坦曾言，"提出一个问题往往比解决一个问题更重要。因为解决问题仅仅只是一个教学或实验上的技能，而提出新的问题或从新的角度去看旧的问题，就需要有创造性的想象力，这也标志科学的进步"。通过分析可发现，各版教科书中指标11：提出问题的得分概率并不高，从高到低分别为人教版教科书占20.0%、美国教科书占5.4%、纳尔逊教科书占3.7%、坎贝尔教科书占1.8%，IBDP教科书与英国剑桥教科书占比为0。人教版教科书中指标11：提出问题这一指标的占比相对而言较高，但依旧存在发展空间。

3. 人教版教科书对于观察、控制变量、解释数据等探究技能的重视程度有待加强

对比发现，在各版教科书的科学探究技能各要素占比中，人教版教科书的科学探究活动中的指标1：观察、指标7：控制变量、指标10：解释数据这三个指标的得分率分别为70.0%、30.0%、55.0%，在各国得分率中排名靠后。指标1：观察与指标10：解释数据的重要性在前文中已经说明，而指标7：控制变量同样是科学探究中保证探究高效性的前提条件。综上，人教版教科书需要提高对于指标1：观察、指标7：控制变量、指标10：

解释数据这三个指标的重视程度。

（二）教科书中对科学探究的理解维度的定量分析

有关国内外生物学教科书对科学探究的理解维度指标得分与得分概率情况分别见表 4-12、表 4-13、图 4-15。

表 4-12　国内外生物学教科书对科学探究的理解维度指标得分次数

对科学探究的理解维度指标	人教版教科书（次数）	美国教科书（次数）	IBDP教科书（次数）	英国剑桥教科书（次数）	纳尔逊教科书（次数）	坎贝尔教科书（次数）
指标 13	4	25	10	0	6	10
指标 14	7	12	1	0	4	10
指标 15	9	37	11	1	6	10
指标 16	2	14	1	0	3	9
指标 17	5	13	3	0	2	9
指标 18	16	34	4	1	18	9
指标 19	9	23	7	1	14	9
指标 20	12	36	10	8	25	9

表 4-13　国内外生物学教科书对科学探究的理解维度指标得分概率

对科学探究的理解维度指标	人教版教科书（%）	美国教科书（%）	IBDP教科书（%）	英国剑桥教科书（%）	纳尔逊教科书（%）	坎贝尔教科书（%）
指标 13	20.00	67.57	71.43	0	22.22	17.86
指标 14	35.00	32.43	7.14	0	14.81	17.86
指标 15	45.00	100.00	78.57	11.11	22.22	17.86
指标 16	10.00	37.84	7.14	0	11.11	16.07
指标 17	25.00	35.14	21.43	0	7.41	16.07
指标 18	80.00	91.89	28.57	11.11	66.67	16.07

续表

对科学探究的理解维度指标	人教版教科书（%）	美国教科书（%）	IBDP教科书（%）	英国剑桥教科书（%）	纳尔逊教科书（%）	坎贝尔教科书（%）
指标19	45.00	62.16	50.00	11.11	51.85	16.07
指标20	60.00	97.30	71.43	88.89	92.59	16.07

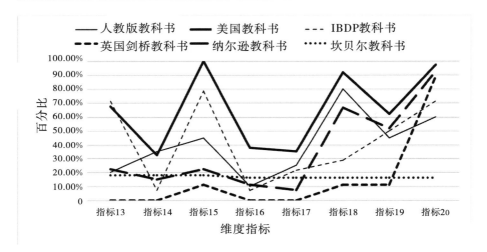

图 4-15　国内外教科书对科学探究的理解维度指标得分概率折线图

（三）教科书中对科学探究的理解维度的特点

1. 国内外生物学教科书对科学探究的理解维度的所有指标均有覆盖

由表 4-12 可知，国内外生物学教科书中科学探究活动内容对科学探究的理解这一维度的所有指标均有覆盖，但是各指标得分情况却参差不齐。

人教版教科书得分较多的两个指标为"结论必须与收集的数据一致"和"解释是从收集的数据和已知的信息中发展而来的"，分别占总数的80.0%、60.0%；"科学数据与科学证据不一样""探究过程以所探究的问题为指导"两个指标紧接其后，皆占总数的45.0%；"不存在适合所有的探究活动的一套步骤或方法""探究过程会影响结果""科学探究都是从一个问题开始的，但不一定要验证一个假设"分别占总数的35.0%、25.0%、20.0%；出现次数最低的指标是"所有执行相同探究程序的科学家可能不会得到相同的结果"，占总数的 10.0%。

美国教科书的科学探究活动内容中，出现次数较多的三个指标为"探究过程以所探究的问题为指导""解释是从收集的数据和已知的信息中发展而来的"和"结论必须与收集的数据一致"，分别占总数的 100.00%、97.30%、91.89%；"科学探究都是从一个问题开始的，但不一定要验证一个假设""科学数据与科学证据不一样"依次占总数的 67.57%、62.16%；"所有执行相同探究程序的科学家可能不会得到相同的结果""探究过程会影响结果""不存在适合所有的探究活动的一套步骤或方法"占总数的 37.84%、35.14% 和 32.43%。

IBDP 教科书中的科学探究活动内容中出现次数较多的三个指标是"探究过程以所探究的问题为指导""科学探究都是从一个问题开始的，但不一定要验证一个假设""解释是从收集的数据和已知的信息中发展而来的"，分别占总数的 78.57%、71.43%、71.43%；其次是"科学数据与科学证据不一样""结论必须与收集的数据一致""探究过程会影响结果"分别占比 50.00%、28.57%、21.43%；"所有执行相同探究程序的科学家可能不会得到相同的结果""不存在适合所有的探究活动的一套步骤或方法"两个指标出现次数最少，均为 7.14%。

纳尔逊教科书中出现次数较多的三个指标为"解释是从收集的数据和已知的信息中发展而来的""结论必须与收集的数据一致""科学数据与科学证据不一样"，分别占总数的 92.59%、66.67%、51.85%；"探究过程以所探究的问题为指导""科学探究都是从一个问题开始的，但不一定要验证一个假设""不存在适合所有的探究活动的一套步骤或方法""所有执行相同探究程序的科学家可能不会得到相同的结果"依次占总数的 22.22%、22.22%、14.81%、11.11%；出现次数最少的指标为"探究过程会影响结果"，占总数的 7.41%。

坎贝尔教科书的科学探究活动各个指标出现次数较为平均，其中，"科学探究都是从一个问题开始的，但不一定要验证一个假设""不存在适合所有的探究活动的一套步骤或方法""探究过程以所探究的问题为指导"均占总数的 17.86%，其余指标"所有执行相同探究程序的科学家可能不会得到相同的结果""探究过程会影响结果""结论必须与收集的数据一致""科学数据与科学证据不一样""解释是从收集的数据和已知的信息中发展而来的"均占总数的 16.07%。

英国剑桥教科书中出现次数最多的指标为"解释是从收集的数据和已知的信息中发展而来的"，占总数的 88.89%；"探究过程以所探究的问题为指导""结论必须与收集的数据一致""科学数据与科学证据不一样"三个指标均占总数的 11.11%；而其余指标"科学探究都是从一个问题开始的，但不一定要验证一个假设""不存在适合所有的探究活动的一套步骤或方法""所有执行相同探究程序的科学家可能不会得到相同的结果""探究过程会影响结果"皆没有出现。

由此可以看出，国内外生物学教科书对科学探究活动的设置还需更加合理，以期能给学生提供全面理解科学探究的机会。

2. 国内外生物学教科书都重视培养学生对科学本质的理解

对比国内外生物学教科书，发现出现次数较多的三个指标为"探究过程以所探究的问题为指导""结论必须与收集的数据一致""解释是从收集的数据和已知的信息中发展而来的"，但每个指标出现次数不同。其中，"探究过程以所探究的问题为指导"指标得分最高的教科书为美国教科书，高达 100.00%；"结论必须与收集的数据一致"指标得分较高的教科书依次为美国教科书和人教版教科书；"解释是从收集的数据和已知的信息中发展而来的"指标得分较高的教科书依次为美国教科书、纳尔逊教科书和英国剑桥教科书。

值得一提的是，美国教科书中的每个科学探究活动都体现了"探究过程以所探究的问题为指导"，其中的"生物实验室"栏目都是以一个明确的研究问题开始的。

例：美国教科书生物实验室"野外调查：怎样调查学校周边的一小块地，以帮助你了解该生态系统的结构和功能的完善程度？"设计与实施实验部分，学生根据研究问题"怎样使一个生态系统恢复到自然状态？"为指导，设计并确定实验计划。（P137）

除此以外，无论是人教版教科书，还是美国教科书得分都很高，指标18：结论必须与收集的数据一致的建议都得到了较好的凸显。

例：美国教科书生物实验室"哪些因素影响酶的活性？"要求学生创建数据表，记录观察和检测结果，并得出结论。（P51）

人教版教科书必修1《分子与细胞》的探究实践"检测生物组织中的糖类、脂肪和蛋白质"，要求学生通过设计预测结果、记录实测结果来观察两者之间是否一致。（P18）

关于"解释是从收集的数据和已知的信息中发展而来的"，美国教科书的得分概率为97.30%，纳尔逊教科书的得分概率为92.59%，英国剑桥教科书的得分概率为88.89%，得分概率都较高。美国教科书中的生物实验室位于每章的结束部分，对于学生来说，在进行每个探究活动之前，均已经对本次探究活动所涉及的概念有了一定的经验基础。纳尔逊教科书中的每个科学探究活动都通过"结果分析—讨论—进一步研究"的设置，要求学生深入理解研究问题，并对出现的数据、信息与现象进行合理解释。英国剑桥教科书中的科学探究活动虽没有设置专门的栏目，但是在进行科学探究活动后设置问题让学生思考活动相关的问题，并对问题进行解释。因此，学生在进行科学探究活动得出解释或结论时，不全是包括已有的知识经验。探究实践活动可以内化学生对原有科学概念的理解，从而使学生加深对科学探究本身的理解。同时，学生也可以通过探究实践活动锻炼自己的科学探究能力，再通过对教科书中章节内容的学习，更好地促进对科学概念的理解，进而理解科学的本质。

例：美国教科书生物实验室"哪些物质能够通过选择性半透膜？"中，实验分析与结论要求学生思考检测的分子是否通过渗透管并作出解释，同时对可能出现的误差进行分析。（P209）

纳尔逊教科书实验"皮肤和温度的控制"中不仅要求学生做实验模拟和研究哺乳动物暴露表面的热损失，并要求学生用观察得到的结果解释生

物学现象——为什么狗的喘气是一种有效的散热方式。（P232）

英国剑桥教科书"有丝分裂中的染色体行为"要求学生利用五名学生各自记录的 100 个细胞在有丝分裂各个阶段的数量，计算有丝分裂各阶段的细胞的平均百分比，并根据这些数据解释细胞有丝分裂各阶段所需的时间。（P112）

3. 美国教科书整体对科学探究观的呈现较好

国内外生物学教科书中的科学探究活动分析反映出不是每一个探究活动都体现出对科学探究的理解所包含的八个方面，这些指标是分布在整本书所有的科学探究活动中，从而依次体现对科学探究的理解。由图 4-15 可以看出，国内外生物学教科书中所涉及的得分情况有所不同，从整体来看，美国教科书得分情况较好，说明其在通过科学探究活动来实现学生对科学探究的理解这一维度上做得更加深入。

国内外生物学教科书中关于"不存在适合所有的探究活动的一套步骤或方法"和"探究过程会影响结果"的得分情况差别不大，所有教科书总体得分不超过 40%。以美国教科书与人教版教科书为例，在"不存在适合所有的探究活动的一套步骤或方法"中，人教版教科书的得分概率为 35.00%，美国教科书的得分概率为 32.43%，两者相差不大。这说明两版教科书中的大部分科学探究活动都有需要遵循的步骤，这也说明实际上中美教科书中探究活动的类型并不多样，留给学生独立设计实验步骤的空间较小。当探究的过程转化为固定的操作步骤时，一味地重复操作步骤对学生学习科学知识的帮助并不明显，但会使学生的思维能力、科学探究技能和科学探究观的发展受限。人教版教科书中有一些探究实践虽没有说明实验步骤，但会提供参考案例，学生按照参考案例开展实验，在一定程度上也是给学生提供了可以使用的科学方法。

例：人教版教科书必修 1《分子与细胞》的探究实践"探究植物细胞的吸水和失水"中给学生提供了详细的参考案例，包括材料用具、方法步

骤、进行实验，记录结果、分析结果，得出结论等方面。指导学生可以参考案例，也可以作出适当的修改。（P64）

人教版教科书必修2《遗传与进化》的探究实践"制作DNA双螺旋结构模型"给学生留出了自主设计实验步骤的空间。教科书中仅对模型设计应注意的问题进行说明，学生可以制作自己的DNA双螺旋结构模型。（P51）

美国教科书生物实验室"怎样通过子代的表现型知道亲本的基因型？"中仅对学生在进行实验或活动时应考虑哪些方面作出说明，没有提供详细的需要遵循的实验步骤，学生需要设计自己的实验方案，因此也可能会得到不同的结论。这个活动不但体现出子类别"不存在适合所有的探究活动的一套步骤或方法"，也是对下述子类别"探究过程会影响结果"的体现。（P287）

美国教科书生物实验室"在一张脸上能看出什么？调查人类面部的遗传特征"则提供了详细的实验步骤，学生按照实验方案统一操作。此外，学生对同一张表格的所有形状进行记录，那么理论上得到的预期结果也是一样的。（P317）

关于"探究过程会影响结果"，美国教科书的得分概率为35.14%，人教版教科书的得分概率为25.00%。这一指标要求教科书中的探究活动方案可以由学生自主设计，并且没有提供案例。科学调查的程序会影响结果，变量的操作化、数据收集的方法、变量的测量和分析方式都会影响研究者得出的结论。统计的结果表明，两版教科书均给学生提供了大量的实验步骤或方法，学生很容易就得到相同的结论，未能给学生提供自主探索的机会。

例：美国教科书的生物实验室"不同波长的光能影响光合作用效率吗？"要求学生选择在该实验中可能用到的材料，并设计实验检验自己的预测并制订实验步骤，给学生自主探索的机会。（P235）

美国教科书的生物实验室"阳光会影响酵母细胞中的有丝分裂吗？"给出了实验步骤，因此，在评估和误差分析时学生容易得到相同的结果。（P259）

人教版教科书必修1《分子与细胞》的探究实践"影响酶活性的条件"要求学生提出想要探究的问题，并设计实验方案。基于此，每组学生的探究问题可能不同，且涉及实验中变量的确定与控制操作也不同，因此，学生得到的结论可能不尽相同。（P82）

人教版教科书必修1《分子与细胞》的探究实践"用高倍镜观察叶绿体和细胞质的流动"，给出相同的实验步骤，讨论部分要求学生说明叶绿体的形态和分布与叶绿体功能之间的关系。学生通过观察实验，联系已有知识很容易得到相同结论。（P50）

总的来看，两版教科书中的绝大多数科学探究活动都容易让学生得到相同的结论，学生自主探究具有一定的局限性。

分析"所有执行相同探究程序的科学家可能不会得到相同的结果""科学数据与科学证据不一样"这两个指标的得分概率可知，美国教科书均是最高分。关于"所有执行相同探究程序的科学家可能不会得到相同的结果"这项指标，美国教科书的得分概率相对较低，只有37.84%，在37个生物实验中只有14个实验可能会让学生得到不同的结论，其他版本教科书的得分概率均低于20%，这说明国内外生物学教科书中的科学探究活动给予学生自主探究的程度是有限的。

例：美国教科书生物实验室"哪里有微型节肢动物？"中学生从教师处领取的落叶碎屑和土壤样本不同，收集到的微型节肢动物不同，因此，学生得到的结果也会不同。（P783）

"科学数据与科学证据不一样"指标要求学生根据收集到的观察结果分析和解释这些数据。美国教科书关于此项指标的得分概率为62.16%。在生物实验室中，虽然总是包括"实验分析和结论"这一环节，但是有一部分仍没有对学生分析和解释数据作出要求。

　　例：美国教科书生物实验室"哪些物质能够透过选择性半透膜？"仅要求学生记录结果并判断预测是否正确，不涉及对数据的分析与解释。（P209）

　　美国教科书生物实验室"鉴证：DNA 是怎样提取的？"要求学生按照实验步骤操作，提取出玉米的 DNA。在实验分析与结论部分，要求学生描述 DNA 在悬浮状态和变干之后的形态是怎样的。（P351）

　　关于"科学探究都是从一个问题开始的，但不一定要验证一个假设"这一指标，美国教科书的得分概率为 67.57%，IBDP 教科书的得分概率略高，为 71.43%。原因在于美国教科书与 IBDP 教科书的探究活动类型多样，如网络、现场调查、取证、工作等栏目均需要学生进行假设，具体如图 4-16、图 4-17、图 4-18、图 4-19。

BIOLAB

FORENSICS: HOW DO YOU FIND PATIENT ZERO?

Background: Imagine that a new disease—"cellphonitis"—has invaded your school. One of the symptoms of this disease is the urge to use a cell phone during class. Cellphonitis is easily transferred from person to person by direct contact and there is no natural immunity to the disease. A student in your class has the disease, and is Patient Zero. The disease is spreading in your class and you need to track the disease to prevent the spread of an epidemic.

Question: *Is it possible to track a disease and determine the identity of Patient Zero?*

Materials
Pasteur pipets (1 per group)
numbered test tubes of water, one infected with simulated "cellphonitis" (1 per group)
test tube racks (1 per group)
small paper cups (1 per group)
pencil and paper
testing indicator

Safety Precautions 🧤🥽🚫

6. Roll the test tube gently between your hands to mix and repeat Step 4 every time your group is told to exchange. Be sure to pick someone different to exchange with each time.
7. When the exchanges are complete, your teacher will act as the epidemiologist and use the testing indicator to see who has the disease.
8. Share the information and work together as groups to see if you can determine the identity of Patient Zero.
9. Once each group has made their hypothesis, test the original fluid in each cup to see who really was Patient Zero.
10. Return the test tubes. Dispose of the other materials you used as instructed by your teacher.

Analyze and Conclude
1. **Analyze** Use your data and draw a diagram for each possible Patient Zero. Use arrows to show who should be infected with each possible Patient Zero.
2. **Compare and Contrast** How was

图 4-16　美国教科书生物实验室"网络"栏目：如何找到"零号病人"？

BIOLAB

Design Your Own

FIELD INVESTIGATION: WHAT CHARACTERISTICS DO ANIMALS HAVE?

Background: A small pond is an ecosystem in which organisms interact to accomplish essential life functions. They exhibit a wide variety of body plans, obtain food in different ways, and use various methods of movement.

Question: *What kinds of animals live in ponds?*

Materials
wading boots
tweezers
aquarium
Petri dishes
dissecting microscopes
Choose other materials that would be appropriate for this lab.

Analyze and Conclude
1. **Use Scientific Explanations** How were you able to determine if the organisms you observed were animals?
2. **Summarize** the adaptations used for obtaining food that you observed.

图 4-17   美国教科书生物实验室"现场调查"栏目：动物有哪些特征？

BIOLAB

FORENSICS: HOW CAN SKELETONS HELP YOU SOLVE A "CRIME"?

Background: Imagine there is a National Museum of Domestic Chickens and it has been robbed. Several bones from the first chicken eaten in America are missing. Three dogs are suspects. Your job is to examine impressions of bones that were found in mud near the doghouse of each dog and to determine if any of the bones came from a chicken. You will be given a clue for each unknown bone.

Question: *Can the structure and form of a bone tell you from which animal it came?*

Materials
impressions of three unknown bones
set of clues
various animal skeletons
hand lens
metric ruler
string

Analyze and Conclude
1. **Analyze Data** Based on your observations and measurements, determine which one of the impressions came from a chicken.
2. **Interpret Data** How did you use information concerning the size and

图 4-18   美国教科书生物实验室"取证"栏目：骨骼如何帮助你破案？

Fieldwork

To understand random sampling, try this lab using quadrats. A quadrat is a square of a particular dimension that can be made of a rigid material such as metal, plastic, or wood. In this example, each group will use a 1-m2 quadrat. Other materials you will need are: a table of random numbers from 1 to 99, a pencil, and something on which to record your data.

- Pick a well-defined area, such as a fenced-in pasture, public park, or a sports field with natural grass (be sure you have permission to work there first).
- Choose a species of plant that grows there that is easy to identify and that is widespread throughout the area, but not so numerous that counting the number of individuals growing in a square metre would take more than a minute or two. Possible examples are dandelions, docks, and yarrow, but the choice will depend on where you live and when you carry out the lab.
- Each group should start in a different part of the area and spin a pencil to determine a random direction. Then, with your group, look at the first number on the random number table and walk in the designated direction that number of steps. If the border of the area is reached before the designated number of steps has been

图 4-19　IBDP 教科书实验室"工作"栏目：野外工作

三、国内外高中生物学教科书中科学探究活动内容的案例分析

通过前文的分析可知，国内外生物学教科书中科学探究活动内容涉及的科学探究技能指标均有其侧重点。为更好地对比不同版本生物学教科书中科学探究活动的特色，笔者优先选取国外教科书中各个维度得分较高、具有一定代表性，且与人教版教科书同主题的科学探究活动案例进行对比，若无类似案例，则选取国外教科书中的其他案例来探讨国内外生物学教科书中探究活动设计质量的真实情况，并且尝试分析各版本教科书的特色之处。

（一）中、美、澳三国及 IBDP 教科书中科学探究活动案例对比分析

人教版教科书的分析对象选取了《分子与细胞》中"影响酶活性的条件"这一案例，美国教科书的分析对象选取了"哪些因素影响酶的活性？"这一案例，纳尔逊教科书的分析对象选取了"温度对酶活性的影响"这一案例，而 IBDP 教科书的分析对象选取了"酶活性影响因素的研究"这一案例。这四个案例的探究主题类似，均为探究活动的经典主题——酶活性的影响因素。

1. 科学探究活动案例内容的简要介绍

（1）人教版教科书的"影响酶活性的条件"。"影响酶活性的条件"在《分子与细胞》中第 5 章"细胞的能量供应和利用"的第 1 节"降低化学反应活化能的酶"部分（如图 4-20）。这一章的内容聚焦于能量，围绕细胞的生命活动需要能量来驱动展开，包括四节内容：降低化学反应活化能的酶、细胞的能量"货币"ATP、细胞呼吸的原理和应用、光合作用与能量转化。

　　案例首先介绍了细胞中酶的催化作用及酶活性的观察指标，随后引导学生回顾初中消化酶实验的背景知识，并基于背景知识进行小组讨论，自主提出问题并作出假设后，根据提供的材料和用具自行设计、实施与分析实验，最后引导学生交流讨论，为进一步探究（定量实验等）提供指导。

探究·实践

影响酶活性的条件

　　细胞中几乎所有的化学反应都是由酶催化的。酶催化特定化学反应的能力称为酶活性 (enzyme activity)。酶活性可用在一定条件下酶所催化某一化学反应的速率表示。若细胞生活的环境条件发生改变，酶活性会怎样变化呢？

背景知识

　　在初中做消化酶实验时，需要控制温度等实验条件。

　　不同消化液的 pH 不一样。唾液的 pH 为 6.2～7.4，胃液的 pH 为 0.9～1.5，小肠液的 pH 为 7.6。

　　唾液淀粉酶会随唾液流入胃，胃蛋白酶会随食糜进入小肠。

　　读了上述文字，你能提出什么问题吗？

提出问题

　　在小组内交流每个人想探究的问题，讨论这些问题有没有探究价值，能不能通过探究找到答案。将问题用文字表述出来。

作出假设

　　针对提出的问题作出假设，并说明作出假设的依据（提示：酶一般是蛋白质），将所作假设记录下来。

材料用具

　　下面列出的材料用具供选用，你可以根据实验方案进行增减。

　　新配制的质量分数为 2% 的淀粉酶溶液，新鲜的质量分数为 20% 的肝脏（如猪肝、鸡

肝）研磨液，缓冲液（能在加入少量酸或碱时抵抗 pH 改变的溶液）。

　　质量分数为 3% 的可溶性淀粉溶液，体积分数为 3% 的过氧化氢溶液。物质的量浓度为 0.01 mol/L 的盐酸，物质的量浓度为 0.01 mol/L 的 NaOH 溶液，热水，蒸馏水，冰块，碘液，斐林试剂。

进行实验

　　按实验方案进行操作，仔细观察，认真记录。

分析结果

　　1. 哪支试管中酶的活性最高？你是怎样得出这一结论的？

　　2. 实验结果与你预期的结果一致吗？你作出的假设是否得到了证实？

图 4-20　人教版教科书中的"影响酶活性的条件"

试管，量筒，小烧杯、大烧杯，滴管、试管夹，酒精灯、三脚架、石棉网、温度计、pH试纸、火柴。

建议你用淀粉酶探究温度对酶活性的影响，用过氧化氢酶探究pH对酶活性的影响。

设计实验

1. 你选择哪一种酶作实验材料？为什么选择这种酶？

2. 根据自己作出的假设，你预期会看到怎样的实验结果？比如酶活性升高或降低时，会出现什么实验现象？将预期的实验结果写下来。

3. 本实验的自变量是什么？因变量是什么？如何控制自变量？怎样观察或检测因变量？

4. 对照组怎样设置？是否需要进行重复实验？

5. 如果你想探究pH对酶活性的影响，你将设定哪几个pH数值？怎样将不同溶液的pH分别调到设定的数值？怎样排除温度和其他因素对实验结果的干扰？

如果探究温度对酶活性的影响，你将设定哪几个温度？怎样将溶液的不同温度分别调到设定的数值？怎样排除pH和其他因素对实验结果的干扰？

6. 经讨论，形成小组的实验方案。并列出材料用具清单，设计好记录实验数据的表格。

结论和应用

1. 通过这个探究，你们小组的结论是：_____

2. 尝试应用酶的化学本质的知识，解释本小组的结论。

3. 你认为在酶制品的储藏、运输和使用过程中，应该注意什么问题？为什么？

表达和交流

1. 与其他小组交流探究的过程和结论，以及提出的新问题。

2. 听取其他小组的质询，进行必要的答辩、反思和修改。

3. 交流时应当注意具体情况具体分析，如不同酶的最适条件可能是不一样的。

进一步探究

不同温度或pH条件下酶的活性差别有多大？感兴趣的话，建议你进行定量实验：用出现同一结果所需的时间来表示酶的活性，并根据实验数据绘制不同条件下酶活性的曲线图。

除温度和pH外，还有哪些条件影响酶的活性？感兴趣的同学，可以查找有关资料。

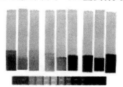

pH试纸及显色反应

图 4-20 人教版教科书中的"影响酶活性的条件"（续）

（2）美国教科书的"哪些因素影响酶的活性？"。"哪些因素影响酶的活性？"在美国教科书中第6章"细胞的能量供应和利用"的生物实验室栏目，如图4-21。这一章的内容同样聚焦于能量，即在任何化学反应中，从反应物到产物，随着化学键的破坏和形成，都会伴随能量的变化。这一章与化学联系紧密，围绕"物质是由原子构成的""化学反应让生物的生长、发育、繁殖和适应成为可能""水的特性使其适合于维持生物体内环境的稳定"及"生物体是由碳分子构成的"这几个主旨展开，同时这也是所有生命体的基础构成物质，有助于学生理解原子是生物化学的基础，进而帮助学生形成物质观。

BIOLAB

Design Your Own

WHAT FACTORS AFFECT AN ENZYME REACTION?

Background: The compound hydrogen peroxide, H_2O_2, is produced when organisms metabolize food, but hydrogen peroxide damages cell parts. Organisms combat the buildup of H_2O_2 by producing the enzyme peroxidase. Peroxidase speeds up the breakdown of hydrogen peroxide into water and oxygen.

Question: *What factors affect peroxidase activity?*

Possible Materials

400-mL beaker
kitchen knife
hot plate
test-tube rack
ice
beef liver
dropper
distilled water
18-mm × 150-mm test tubes
buffer solutions (pH 5, pH 6, pH 7, pH 8)

50-mL graduated cylinder
10-mL graduated cylinder
tongs or large forceps
square or rectangular pan
stopwatch or timer
nonmercury thermometer
3% hydrogen peroxide
potato slices

Safety Precautions

CAUTION: *Use only GFCI-protected circuits for electrical devices.*

Plan and Perform the Experiment

1. Read and complete the lab safety form.
2. Choose a factor to test. Possible factors include temperature, pH, and substrate (H_2O_2) concentration.
3. Form a hypothesis about how the factor will affect the reaction rate of peroxidase.
4. Design an experiment to test your hypothesis. Create a procedure and identify the controls and variables.
5. Create a data table for recording your observations and measurements.
6. Make sure your teacher approves your plan before you proceed.
7. Conduct your approved experiment.
8. **Cleanup and Disposal** Clean up all equipment as instructed by your teacher and return everything to its proper place. Wash your hands thoroughly with soap and water.

Analyze and Conclude

1. **Describe** how the factor you tested affected the enzyme activity of peroxidase.
2. **Graph** your data, and then analyze and interpret your graph.
3. **Discuss** whether or not your data supported your hypothesis.
4. **Infer** why hydrogen peroxide is not the best choice for cleaning an open wound.
5. **Error Analysis** Identify any experimental errors or other errors in your data that might have affected the accuracy of your results.

SHARE YOUR DATA

Compare your data with the data collected by other groups in the class that tested the same factor. Infer reasons why your group's data might differ from the data collected by other groups.

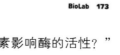

BioLab

BioLab 173

图 4-21　美国教科书中的"哪些因素影响酶的活性？"

案例首先介绍了细胞中过氧化氢酶的作用，即生物体可通过合成过氧化氢酶抑制过氧化氢这一有害物质，随后引出探究问题（什么因素影响过氧化氢酶的活性？）、探究器材与实验设计的各方面思路，并提供了三种假设由学生选择，最后给出实验分析与结论的具体维度，引导学生进行总结工作，并设置了分享数据这一拓展活动。

（3）纳尔逊教科书的"温度对酶活性的影响"。"温度对酶活性的影响"在纳尔逊教科书中第9章"细胞内部"（如图4-22）。学生在学习完本章的内容后，将会习得以下知识，比如，"由于特定酶和环境因素的存在，细胞内的生化过程受内部膜的性质和排列的控制""酶具有特定功能，受温度、pH、抑制剂的存在以及反应物和产物浓度的影响""光合作用是一种生物化学过程，其在植物细胞的叶绿体中发生，并利用光能合成有机化合物，整个过程可以表示为平衡的化学方程式""细胞呼吸是一种生化过程，发生在细胞质和线粒体的不同位置，通过需氧或厌氧代谢有机化合物，以 ATP 的形式释放有用的能量，整个过程可以表示为平衡的化学方程式"等。

案例同样首先介绍了细胞中酶的催化作用，同时还说明酶的本质是蛋白质，由蛋白质对温度的敏感性推测到酶对于温度的敏感性，直接提出探究问题——温度对酶活性的影响，并提供清晰的探究步骤、探究过程中需要记录的项目、讨论的问题等引导学生进行探究与得出结论，最后设置了与本案例类似的探究主题——pH 值对酶活性的影响与"发烧对细胞的影响"这一问题以给学生预留进一步思考的空间。

（4）IBDP 教科书的"酶活性影响因素的研究"。"酶活性影响因素的研究"在 IBDP 教科书中第2章"分子生物学"的第5部分（如图4-23）。这一章的内容聚焦于分子生物学，包括8节内容：分子与代谢、水、碳水化合物和脂类、蛋白质、酶、DNA 和 RNA 的结构、DNA 的复制转录和翻译、细胞呼吸。

EXPERIMENT 9.1

THE EFFECT OF TEMPERATURE ON ENZYME ACTIVITY

Chemical reactions, such as those involved in photosynthesis and respiration, take place in living cells. Such reactions are critical to the continued life of the cell. It is also very important that these reactions take place at adequate rates to supply the cells with their needs as demanded by their activities. Enzymes have a vital role in these reactions. They speed up chemical reactions that occur in cells by decreasing the amount of activation energy required. Enzymes are proteins and are therefore affected by the same factors that affect all proteins. All proteins are sensitive to heat, and enzymes are no exception. The temperature at which an enzyme works most effectively is called its optimum temperature.

The enzymes studied in this activity are examples of intracellular enzymes, that is, they speed up and control metabolism within cells.

Aim

To test the effect that temperature has on enzyme function

Materials

- six test tubes
- large beakers to hold test tubes
- clock or timer
- permanent marker
- thermometer
- 2% amylase solution in a dropper bottle
- 5% starch solution in a dropper bottle
- distilled water in a dropper bottle
- iodine solution

- two pipettes: 5 mL and 1 mL
- eight Pasteur pipettes
- toothpicks
- white tile or spotting tile
- glass rods
- test-tube rack
- Bunsen burner or hot plate
- ice water
- four water baths for the class

What are the risks in doing this experiment?	How can you manage these risks to stay safe?
Iodine can stain skin and clothing.	Take care to avoid spilling iodine on skin and clothing.
Hot water baths can burn.	Do not touch the sides of the water bath or the water within it.

Procedure

Amylase is an enzyme that breaks down starch molecules into separate glucose molecules. Iodine is a stain that turns blue-black in the presence of starch, but stays yellow-brown when starch is not present. Therefore, the colour of iodine is an indicator of how much starch is present.

Part of a starch molecule

Iodine turns blue-black

The enzyme amylase breaks bonds

Separate glucose molecules

Iodine does not change colour, it stays yellow-brown

○ = glucose molecule

▲ Figure 9.15
Amylase breaks starch down to glucose.

1　Each group of students will study an allocated temperature (see Table 9.1).

Table 9.1 Temperatures to be studied

	Group 1	Group 2	Group 3	Group 4	Group 5
Test tubes	1, 2, 3 A, B, C	1, 2, 3 A, B, C	1, 2, 3 A, B, C	1, 2, 3 A, B, C	1, 2, 3 A, B, C
Temperature of water bath	20°C	40°C	60°C	80°C	Ice water

图 4-22　纳尔逊教科书中的"温度对酶活性的影响"

2 Label six test tubes as indicated in Table 9.2 according to your group's temperature allocation.

3 To test tubes 1-3, add 5mL of distilled water.

4 To test tubes A-C, add 5mL of amylase solution.

5 Groups 1-4 are to place their test tubes in a beaker and place their beakers in their assigned water baths for 10 minutes. Group 5 maintains ice water in the beaker for 10 minutes.

6 While you are waiting, put a drop of amylase solution onto a white tile. Now add a drop of iodine to it and observe any colour change. Repeat this step using distilled water and then starch solution instead of amylase. Observe and record the final colour for each combination.

7 After 10 minutes, remove the test tubes from the water bath, place in the test-tube rack and allow the solutions to cool or warm to room temperature for 5 minutes.

8 Add 10mL of starch solution to each test tube and mix, using a separate pipette for each test tube.

9 Use the pipette to remove a drop of each starch solution from each test tube. Place each drop on a clean white tile and add one drop of iodine to each. Mix with a clean toothpick.

10 Observe and record the colour in Table 9.2.

11 Repeat steps 8 and 9 every 5 minutes for each tube, for 20 minutes in total.

Results

1 Record any colour changes you observed when mixing:

   a amylase + iodine.

   b distilled water + iodine.

2 Record your group's results by copying and completing Table 9.2.

Table 9.2 Results of amylase activity at _____ temp.

Test tube	0 min.	5 min.	10 min.	15 min.	20 min.
1					
2					
3					
A					
B					
C					

3 Compare the rates of reaction at different temperatures.

Discussion

1 Using the class results, explain why some groups found different results for starch presence compared with other groups. Did any group find that the presence of starch changed over the testing time? Explain.

2 Explain how the colour produced after adding iodine indicates the activity of the enzyme. Explain why the colour changes throughout the testing time in some test tubes.

3 Explain why you tested the distilled water and the amylase with iodine before the solutions were placed in the water bath.

4 Explain why you had three identical test tubes for each condition you were testing.

5 Outline why tubes 1-3 were set up as controls.

6 Predict the optimum temperature for amylase activity. Justify your answer using the class results.

7 Are there any temperatures where amylase does not appear to function at all? Explain why this might occur.

Conclusion

1 Use the class results to propose a conclusion about whether temperature is an important factor in determining amylase activity. Explain your conclusion.

Taking it further

1 Design an experiment that investigates the effect of pH on enzyme activity. If possible, carry out the experiment.

2 As a result of a fever, a person's temperature may rise above the normal level. Discuss how this could affect cellular activity and in turn the entire body.

图 4-22　纳尔逊教科书中的"温度对酶活性的影响"（续）

Investigation of factors affecting enzyme activity
Safety alerts: Eye protection and lab aprons should be worn for all stages of these experiments.
Enzymes are protein catalysts The catalytic ability of an enzyme can be optimized in certain PH and temperature environments, as well as by increasing the substrate concentration available to the enzyme. Because enzymes are proteins, they are subject to the same denaturing factors that affect all other proteins, including pH environments that are far from their optimum. and temperature environments that put stress on their internal bonds that help shape the molecule.
Note: This lab is designed for a class to be divided into three groups, each assigned one of the following questions.
1 What is the effect of altering the pH environment on the activity of the enzyme lactase?Hypothesis for question 1: the optimum pH environment for lactase will be slightly acidic(pH 6.0-6.5).
2 What is the effect of altering the temperature environment on the activity of the enzyme lactase? Hypothesis for question 2: the optimum temperature environment for lactase will be 25° C.
3 What is the effect of altering the concentration of substrate (lactose) on the activity of the enzyme lactase? Hypothesis for question 3: the optimum substrate concentration for lactase will be a ratio of 20 parts lactose by mass to 1 part lactase by mass.
· The following locally available reagents will need to be purchased: lactose powder (available from food shops), lactase powder or tablets, and glucose test strips (available from pharmacies). An alternative to using glucose test strips is to use Benedict's reagent, following standard protocols. An alternative for lactose powder is milk; use powdered milk if you want to compare the ratio of lactose mass to lactase mass, as in question 3.
· In addition, pH strips or another means of measuring the pH of solutions will be needed for the pH group, as well as buffered solutions for the desired pH. Bulb thermometers will be needed for the temperature group, and a mass scale for the substrate concentration group.
· Standard glassware and supplies, such as stirring rods, spatulas, test tubes, beakers, etc., will also be needed, based on your chosen techniques for carrying out the tests.
· To make the enzyme solution (lactase), crush and add one lactase tablet to 200 ml water. Stir well until completely dissolved.
· To make the substrate solution (lactose), starting with powdered milk, follow the instructions given with the powder, and then decant the volumes needed.
· To carry out a negative control test (one that is designed to purposely give negative results), test the lactose solution using either a glucose test strip or Benedict's reagent (to show the absence of glucose).
· To carry out a positive control test (one that is designed to purposely give positive results), in a test tube add 2 ml of liquid milk and 1 ml of enzyme solution. Immediately mix well and start a timer. Test the solution for the presence of glucose after each 1-minute time period until the test is positive for glucose. Record the time necessary to achieve this positive result.
Each group will need to use the above standard procedures to design and carry out their own investigation by altering the solution pH, solution temperature, or the ratio of the mass of substrate to mass of enzyme (this mass ratio investigation should be based on the mass of the substrate and enzyme when in powder/tablet form). The dependent variable in each nvestigation will be the time necessary to achieve a positive glucose test.
Commercially available lactase has been formulated to still be active in the stomach and so is not sensitive to alterations in various acidic pH environments. Thus this investigation should attempt to start at a slightly acidic pH and have various increments to (safe) alkaline solutions. Commercially available lactase is also quite temperature tolerant and will not completely denature until boiled for about 30 minutes.

图 4-23　IBDP 教科书中的"酶活性影响因素的研究"

　　案例对于酶的背景介绍与纳尔逊教科书的"温度对酶活性的影响"这一案例相同，都介绍了细胞中酶的催化作用与酶的本质。随后将学生分为三组，分别探究温度、pH 值与底物浓度对于酶活性的影响，在提供详细

的实验材料获取 / 制备方法、探究步骤、因变量等信息的同时，还给予相关的课外资料为实验的顺利推进提供保障。

2. 科学探究活动案例内容的对比分析

在探究类的活动中，其基本组成要素包括"问题""证据""解释""交流"，下文主要基于这四个要素进行对比分析。

在"问题"这一要素方面，人教版教科书给予学生充分的自主性，引导学生基于资料，以小组合作的形式自行确定探究问题，并要求学生在确定探究问题之前对问题的探究价值和可行性进行充分的考虑；美国教科书把探究问题直接设置为范围较大的"哪些因素影响酶的活性？"；纳尔逊教科书注重问题提出的逻辑性，结合蛋白质较为明显的热敏感性，提出"温度对酶活性的影响"这一特定探究主题；IBDP 教科书直接将学生分为三组，每一小组布置确定的探究问题。

在"证据"这一要素方面，人教版教科书给出可供选择的材料用具，在给出建议与提示的情况下，允许学生自由进行实验方案的设计，其中包括确定假设与对应的预期结果、自主讨论实验中的自变量和因变量及其观察和控制方法、对照组的设计以及记录数据的表格的设计，以此保证学生能顺利获取解释问题的证据；美国教科书直接给出了确定的材料用具与假设的范围，非常注重数据的记录，强调用规范的表格整理数据，同时注重证据获取过程中的细节问题，如阅读并填写实验安全表、实验结束后及时清理实验用具和双手等；纳尔逊教科书同样非常注重数据的规范整理，直接给出记录数据的表格，同时格外注重实验的严谨性，提供的每一个步骤都十分详细；而 IBDP 教科书给出"乳糖酶的最佳 pH 环境为微酸性（pH 6.0～6.5）""乳糖酶的最佳温度环境为 25℃""乳糖酶的最佳底物浓度为 20 份乳糖：1 份乳糖酶（质量比）"这三个相应的假设，引导学生有针对性地进行探究，同时提供了大量辅助性资料，如"可商购的乳糖酶配制为在胃中仍具有活性，因此对各种酸性 pH 环境中的变化不敏感，此研究应尝试从略带酸性的 pH 值开始，并以各种增量增加（安全）碱性溶液""商业上可用的乳糖酶也是相当耐温的，并且直到煮沸约 30 分钟才会完全变性"等，以确保学生顺利获得解释问题所需的证据。

在"解释"这一要素方面，人教版教科书侧重于引导学生结合所学知识进行分析，同时解释实验结果与预期结果的异同及原因，此外还引导学生运用探究获得的结果解释生活中的实际问题（如酶制品的贮藏、运输和使用过程的注意事项）；美国教科书重视运用数据制成的图表进行解释，并明确引导学生分析可能存在的误差与"为什么过氧化氢不是清理伤口的最佳选择？"这一生活实际问题；纳尔逊教科书要求学生利用课堂结果提出一个结论并进行解释，同时还要解释实验过程存在的不同实验结果，以及实验过程中的细节问题，包括"解释添加碘后产生的颜色是如何表明酶的活性的""解释为什么在一些试管中，颜色会随着测试时间的推移而变化""解释为什么在溶液被放入水浴之前用碘测试蒸馏水和淀粉酶""解释为什么每次测试的情况下你都有三个完全相同的试管""概述为什么设置1～3号试管作为对照，预测淀粉酶活性的最佳温度""在什么温度下淀粉酶似乎完全不起作用"等问题，此外还要求学生解释发烧带来的体温升高如何影响细胞乃至整个身体的活动；而IBDP教科书对于解释这一要素没有严格的要求。

在"交流"这一要素方面，人教版教科书非常重视小组间的充分交流，要求学生不仅要与其他小组交流探究的过程和结论，提出新问题，还要听取其他小组的质询，进行必要的答辩、反思和修改，此外还提示学生在交流时应当注意具体情况具体分析，如不同酶的适应条件可能是不一样的；美国教科书将目光聚焦于数据的分享，以及要求学生在比较和其他组关于相应因素的数据后，推测数据出现差异的原因；而纳尔逊教科书和IBDP教科书对于学生间的交流没有作出明确的要求。

（二）中、英两国教科书中科学探究活动案例对比分析

人教版教科书选取了《分子与细胞》中的"使用高倍显微镜观察几种细胞"这一案例作为分析对象，英国剑桥教科书分析对象选取了"细胞研究中的显微镜"这一案例作为分析对象。这两个案例的探究主题类似，均聚焦于生物学基本研究工具——显微镜的观察使用。

1.科学探究活动案例内容的简要介绍

（1）人教版教科书的"使用高倍显微镜观察几种细胞"。"使用高

倍显微镜观察几种细胞"在《分子与细胞》中第 1 章"走进细胞"的第 2
节"细胞的多样性和统一性"部分，是高中生物学课程的第一个探究活动
（如图 4-24）。这一章的内容聚焦于细胞的介绍，围绕细胞是生命活动的
基本单位、细胞的多样性与统一性两大内容展开。

 探究·实践

使用高倍显微镜观察几种细胞

目的要求

1. 使用高倍显微镜观察几种细胞，比较不同细胞的异同点。

2. 运用制作临时装片的方法。

材料用具

1. 建议选用的观察材料：真菌（如酵母菌）细胞，低等植物（如水绵等丝状绿藻）细胞，高等植物细胞（如叶的保卫细胞），动物细胞（如鱼的红细胞）。以上这些材料，做成临时装片后就可以观察。也可以使用其他替代材料。

2. 还可以观察人体的上皮组织、结缔组织、肌肉组织、神经组织的切片，血涂片和植物叶片结构的永久切片。

3. 显微镜，载玻片，盖玻片，镊子，滴管，清水，生理盐水。如果实验过程中需要染色，应准备常用的染色液。

方法步骤

1. 根据光学显微镜的构造和原理，以及使用低倍镜观察积累的经验，提出使用高倍镜的方法步骤和注意事项。

2. 小组成员分别制作不同材料的临时装片。

① 转动反光镜使视野明亮。　② 在低倍镜下观察清楚后，把要放大观察的物像移至视野中央。　③ 转动转换器，换成高倍物镜。　④ 用细准焦螺旋调焦并观察。

3. 在观察临时装片时，由完成制片的同学调试显微镜，该同学观察后再换其他同学观察。

4. 观察永久切片和血涂片

讨论

1. 使用高倍镜观察的步骤和要点是什么？

2. 归纳所观察到的细胞在结构上的共同点，并描述它们之间的差异，分析产生差异的可能原因。

3. 下图是大肠杆菌的电镜照片，你在本实验中观察到的细胞与大肠杆菌有什么主要区别？

大肠杆菌扫描电镜照片（放大 10 000 倍）　　　　大肠杆菌透射电镜照片（放大 12 000 倍）

图 4-24　人教版教科书的"使用高倍显微镜观察几种细胞"

案例首先明确了探究活动的两大目的与要求，即临时装片的制作与细胞在高倍显微镜下的观察，随后给出了足量的推荐材料与用具供学生选择，并指明了较为清晰的步骤，最后基于 3 个问题引导学生进行讨论。

（2）英国剑桥教科书的"细胞研究中的显微镜"。"细胞研究中的显微镜"在英国剑桥教科书中第 1 章"细胞的结构"的第 1 节"细胞研究中的显微镜"部分（如图 4-25）。这一章包括两部分内容：细胞研究中的显微镜和细胞是生命有机体的基本单位。

Examining the structure of living cells

Living cells are not only tiny but also transparent. In light microscopy it is common practice to add dyes or stains to introduce sufficient contrast and so differentiate structure. Dyes and stains that are taken up by living cells are especially useful.

1 Observing the nucleus and cytoplasm in onion epidermis cells.
A single layer of cells, known as the epidermis, covers the surface of a leaf. In the circular leaf bases that make up an onion bulb, the epidermis is easily freed from the cells below, and can be lifted away from a small piece of the leaf with fine forceps. Place this tiny sheet of tissue on a microscope slide in a drop of water and add a cover slip. Irrigate this temporary mount with iodine (I_2/KI) solution (Figure 1.5). In a few minutes the iodine will penetrate the cells, staining the contents yellow. The nucleus takes up the stain more strongly than the cytoplasm, whilst the vacuole and the cell walls are not stained at all.

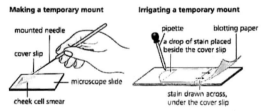

Figure 1.5 Preparing living cells for light microscopy

2 Observing chloroplasts in moss leaf cells.
A leaf of a moss plant is typically mostly only one cell thick. Remove a leaf from a moss plant, mount it in water on a microscope side and add a cover slip. Then examine individual cells under medium and high power magnification. No stain or dye is used in this investigation.
What structures in these plant cells are visible?

3 Observing nucleus, cytoplasm and cell membrane in human cheek cells.
Take a smear from the inside lining of your check, using a fresh, unused cotton but you remove from the pack. Touch the materials removed by the 'bud' onto the centre of a microscope slide, and then immediately submerge your cotton bud in 1% sodium hypochlorite solution (or in absolute alcohol). Handle the microscope slide yourself, and at the end of the observation immerse the slide in 1% sodium hypochlorite solution (or in absolute alcohol). To observe the structure of human cheek cells, irrigate the slide with a drop of methylene blue stain (Figure *1.5*), and examine some of the individual cells with medium and high power magnification.
How does the structure of these cells differ from plant cells?

4 Examining cells seen in prepared slides and in photomicrographs.
The structures of cells can also be observed in prepared slides and in photomicrographs made from prepared slides. You might choose to examine the cells in mammalian blood smears and a cross-section of a flowering plant leaf, for example. Alternatively (or in addition) you can examine photomicrographs of these (Figure 8.2b on page *153* and Figure 7.2 on page *130*).

图 4-25　英国剑桥教科书的"细胞研究中的显微镜"

案例首先给出了活细胞染色观察的可行性，随后直接给出 4 个步骤，限定制作临时装片的材料，每个步骤穿插相关的思考问题，观察项目包括：洋葱表皮细胞的细胞质和细胞核；苔藓叶片的叶绿体；人脸颊细胞的细胞核、细胞质与细胞膜；提前准备好的血涂片、开花植物叶片的横切面装片以及这些装片的显微照片。

2. 科学探究活动案例内容的对比分析

本部分涉及的案例相对简单，通过对比不难发现，人教版教科书首先阐明"使用高倍显微镜观察几种细胞，比较不同细胞的异同点"和"运用制作临时装片的方法"两大活动目的，而英国剑桥教科书首先提供了活细胞染色观察的可行性的背景知识，二者都能在一定程度上激发学生的探究动机；在具体操作步骤方面，人教版教科书并未限定学生选用的实验材料，直接提供了一系列实验材料与用具让学生根据兴趣自行选择与操作，而英国剑桥教科书则直接限定学生制作装片的材料；在培养侧重点上，人教版教科书尤其重视小组间的交流合作，要求学生分工进行装片的制作等工作，且更加注重显微镜的规范使用（直接给出了显微镜的操作图示），而英国剑桥教科书更为重视学生独立操作能力，且更加注重临时装片的正确制作（直接给出了临时装片的制作示意图）；在讨论方面，人教版教科书在探究活动的最后展示了 3 个问题供学生讨论，而英国剑桥教科书则将可供讨论的问题穿插在每个实验步骤中。

（三）人教版教科书、坎贝尔教科书中科学探究活动案例对比分析

人教版教科书选取了《分子与细胞》的"探究环境因素对光合作用强度的影响"这一案例作为分析对象，而坎贝尔教科书的科学探究活动特色鲜明，大部分为数据分析的探究活动，选取了"实践科学技能"（Practice Scientific Skills）栏目的"用回归线制作散点图"案例作为分析对象。两个案例的探究主题类似，同样为探究活动的经典主题——光合作用强度的影响因素。

1. 科学探究活动案例内容的简要介绍

（1）人教版教科书的"探究环境因素对光合作用强度的影响"。"探

究环境因素对光合作用强度的影响"在《分子与细胞》第 5 章"细胞的能量供应和利用"的第 4 节"光合作用与能量转化"部分（如图 4-26）。这一章的内容重点渗透了物质与能量观，介绍了降低化学反应活化能的酶、细胞的能量"货币"ATP、细胞呼吸的原理与利用、光合作用与能量转化四部分内容。"探究环境因素对光合作用强度的影响"这一探究活动有助于学生理解光合作用的原理和应用，并且领会控制变量法。

 探究·实践

探究环境因素对光合作用强度的影响

影响光合作用强度的因素有很多，你们可以选择其中某种因素，探讨它与光合作用的强度有什么关系。你们可以参考以下案例的思路，通过小组讨论，决定本小组要探究的环境因素和实验方案。

参考案例

探究光照强度对光合作用强度的影响。

材料用具

打孔器，注射器，5 W LED 台灯，米尺，烧杯，绿叶（如菠菜、吊兰等）。有条件的学校可以使用化学传感器来测量 O_2 的浓度。

方法步骤

1. 取生长旺盛的绿叶，用直径为 0.6 cm 的打孔器打出圆形小叶片 30 片（避开大的叶脉）。

2. 将圆形小叶片置于注射器内。注射器内吸入清水，待排出注射器内残留的空气后，用手指堵住注射器前端的小孔并缓慢地拉动活塞，使圆形小叶片内的气体溢出。这一步骤可能需要重复 2~3 次。处理过的小叶片因为细胞间隙充满了水，所以全部沉到水底。

3. 将处理过的圆形小叶片，放入黑暗处盛有清水的烧杯中备用。

4. 取 3 只小烧杯，分别倒入富含 CO_2 的清水（可以事先通过吹气的方法补充 CO_2，也可以用质量分数为 1%~2% 的 $NaHCO_3$ 溶液来提供 CO_2）。

5. 向 3 只小烧杯中各放入 10 片圆形小叶片，然后分别置于强、中、弱三种光照下。实验中，可用 5 W 的 LED 灯作为光源，利用小烧杯与光源的距离来调节光照强度。

6. 观察并记录同一时间段内各实验装置中圆形小叶片浮起的数量。

学生正在用打孔器打出圆形小叶片

图 4-26　人教版教科书的"探究环境因素对光合作用强度的影响"

探究活动中给出了一个参考案例（"探究光照强度对光合作用强度的影响"），该参考案例包括完整的材料用具和方法步骤，给予学生极大的自主性进行探究，以小组合作的形式通过讨论确定探究的环境因素和实验方案。

（2）坎贝尔教科书的"用回归线制作散点图"。"用回归线制作散点图"在坎贝尔教科书第十章"光合作用"中（如图 4-27），这一章的内容主要包括四个关键概念（key concepts）：光合作用将光能转换为食物的化学能；光反应将太阳能转换为 ATP 和 NADPH 的化学能；卡尔文循环利用 ATP 和 NADPH 的化学能将 CO_2 还原为糖；在炎热、干旱的气候中已经形成了碳固定的替代机制。

Scientific Skills Exercise

Making Scatter Plots with Regression Lines

Does Atmospheric CO_2 Concentration Affect the Productivity of Agricultural Crops? The atmospheric concentration of CO_2 has been rising globally, and scientists wondered whether this would affect C_3 and C_4 plants differently. In this exercise, you will make a scatter plot to examine the relationship between CO_2 concentration and growth of both corn (maize), a C_4 crop plant, and velvetleaf, a C_3 weed found in cornfields.

How the Experiment Was Done For 45 days, researchers grew corn and velvetleaf plants under controlled conditions, where all plants received the same amounts of water and light. The plants were divided into three groups, and each was exposed to a different concentration of CO_2 in the air: 350, 600, or 1,000 ppm (parts per million).

Data from the Experiment The table shows the dry mass (in grams) of corn and velvetleaf plants grown at the three concentrations of CO_2. The dry mass values are averages calculated from the leaves, stems, and roots of eight plants.

	350 ppm CO_2	600 ppm CO_2	1,000 ppm CO_2
Average dry mass of one corn plant (g)	91	89	80
Average dry mass of one velvetleaf plant (g)	35	48	54

Data from D. T. Patterson and E. P. Flint, Potential effects of global atmospheric CO_2 enrichment on the growth and competitiveness of C_3 and C_4 weed and crop plants, *Weed Science* 28(1):71–75 (1980).

INTERPRET THE DATA

1. To explore the relationship between the two variables, it is useful to graph the data in a scatter plot, and then draw a regression line. **(a)** First, place labels for the dependent and independent variables on the appropriate axes. Explain your choices. **(b)** Plot the data points for corn and velvetleaf using different symbols for each set of data, and add a key for the two symbols. (For additional information about graphs, see the Scientific Skills Review in Appendix D.)

2. Draw a "best-fit" line for each set of points. A best-fit line does not necessarily pass through all or even most points. Instead, it is a straight line that passes as close as possible to all data points from that set. Draw a best-fit line for each set of data. Because placement of the line is a matter of judgment, two

► Corn plant surrounded by invasive velvetleaf plants.

Corn

Velvetleaf

individuals may draw two slightly different lines for a given set of points. The line that actually fits best, a regression line, can be identified by squaring the distances of all points to any candidate line, then selecting the line that minimizes the sum of the squares. (See the graph in the Scientific Skills Exercise in Chapter 3 for an example of a linear regression line.) Excel or other software programs, including those on a graphing calculator, can plot a regression line once data points are entered. Using either Excel or a graphing calculator, enter the data points for each data set and have the program draw the two regression lines. Compare them to the lines you drew.

3. Describe the trends shown by the regression lines in your scatter plot. **(a)** Compare the relationship between increasing concentration of CO_2 and the dry mass of corn to that for velvetleaf. **(b)** Considering that velvetleaf is a weed invasive to cornfields, predict how increased CO_2 concentration may affect interactions between the two species.

4. Based on the data in the scatter plot, estimate the percentage change in dry mass of corn and velvetleaf plants if atmospheric CO_2 concentration increased from 390 ppm (current levels) to 800 ppm. **(a)** What is the estimated dry mass of corn and velvetleaf plants at 390 ppm? 800 ppm? **(b)** To calculate the percentage change in mass for each plant, subtract the mass at 390 ppm from the mass at 800 ppm (change in mass), divide by the mass at 390 ppm (initial mass), and multiply by 100. What is the estimated percentage change in dry mass for corn? For velvetleaf? **(c)** Do these results support the conclusion from other experiments that C_3 plants grow better than C_4 plants under increased CO_2 concentration? Why or why not?

Instructors: A version of this Scientific Skills Exercise can be assigned in Mastering Biology.

图 4-27　坎贝尔教科书的"用回归线制作散点图"

案例首先创设了一个科学研究情境，即科学家想研究全球大气中一直在上升的 CO_2 浓度是否会对 C_3 和 C_4 植物产生不同的影响，同时明确给出了本实验的任务——绘制一个散点图，检查 CO_2 浓度与 C_4 作物植物玉米和玉米田中的 C_3 杂草生长之间的关系，随后给出了相关数据和具体的操作步骤，最后引导学生思考所得结果是否支持其他实验得出的结论。

2. 科学探究活动案例内容的对比分析

两版教科书中涉及的案例均特色突出，通过对比可以发现，人教版教科书尤其尊重学生在探究活动中的自主性，这从前文案例中学生可自主确定探究问题、自由选择实验材料、小组合作确定实验方案等方面已经体现得颇为明显。而在案例中，人教版教科书直接引导学生参考另一个探究案例，以小组合作的形式自主完成包括决定探究因素和设计探究方案等过程的完整探究活动。

坎贝尔教科书的最大特点是其对于数据及图表分析的重视，通过整理不难发现，坎贝尔教科书涉及的探究活动几乎都是"数据""图表"等要素，案例中，提供给学生制作散点图的实验数据来自文献中的真实实验数据，且在具体探究步骤中，坎贝尔教科书也非常重视引导学生基于真实实验数据制作及分析散点图。如步骤一告知学生"将数据绘制成散点图，然后绘制回归线"是探究两个变量之间的关系的有效方式，应在相应的轴上放置因变量和自变量的标签以及进行解释，紧接着再为每组数据使用不同的符号绘制玉米和 C_3 杂草的数据点，并为两个符号添加一个关键点；步骤二为每组点画一条最佳拟合线（最佳拟合线不一定穿过所有点，相反，它是一条尽可能接近该集中的所有数据点的直线），同时使用 Excel 或图形计算器，输入每个数据集的数据点，并让程序绘制两条回归线，将自己绘制的线条与 Excel 或图形计算器绘制的线条进行比较；步骤三为在散点图中描述回归线显示的趋势，这一步骤中不仅需要比较 CO_2 浓度增加和玉米与 C_3 杂草之间的关系，还要考虑 C_3 杂草是一种侵害玉米田的杂草，因此需要预测 CO_2 浓度升高如何影响两个物种之间的相互作用；最后一个步骤是根据散点图中的数据，预测如果大气中的 CO_2 浓度从 390 ppm（当前水平）增加到 800 ppm，玉米和 C_3 杂草的干重百分比变化，同时思考这些结果是否支持其他实验得出的结论，即在 CO_2 浓度升高的情况下，C_3 植物是否比 C_4 植物生长得好，原因是什么。

第四节　国内外高中生物学教科书中科学探究活动比较研究的结论与启示

通过对人教版教科书、美国教科书、英国剑桥教科书、纳尔逊教科书、坎贝尔教科书和 IBDP 教科书中科学探究活动内容的比较，得到如下结论、启示。

一、国内外高中生物学教科书中科学探究活动比较研究的结论

（一）多个版本的教科书均重视培养学生数据整理与分析的能力

通过分析不难发现，多个版本的教科书均重视学生规范记录、整理、分析及运用数据的习惯，如直接提供专门的数据记录模板表格、探究活动的最后要求学生分析数据出现差异的原因、基于真实实验的数据绘制散点图并尝试解释数据等。

（二）美国教科书给学生提供了更多理解科学探究的机会

数据显示，虽然所有教科书均没有给学生提供全面理解科学探究的机会，但是从得分情况看，美国教科书中科学探究活动对探究的理解这一维度具有较明显的优势。相对而言，美国教科书给学生提供了更多理解科学探究的机会。

（三）美国教科书的科学探究活动具有更强的开放性与自主性

结合研究科学探究活动的所有指标分析结果来看，美国教科书的科学探究活动相对于其他教科书来说，体现了更强的自主性与开放性。在活动的类型上，美国教科书中的科学探究活动涉及探究、调查、网络、取证等多种活动类型。在实验步骤设计方面，美国教科书给予学生更多设计实验步骤的机会，开放程度更大，涉及对科学探究的理解的要素更多。

二、国内外高中生物学教科书中科学探究活动比较研究的启示

（一）对我国进行科学探究活动内容质量评价研究的启示

科学探究既是科学素养的重要组成，也是我国高中生物学学科核心素养的要求。核心素养从理论到实践教学中的落实，是我们要一直关注的重点。教科书作为教学过程中最重要的载体，其有关科学探究活动的设计情况直接影响师生对科学探究的正确理解。目前，在国内有关教科书中，关于科学探究活动的研究往往集中于对科学探究活动进行了栏目设置或者数量统计的比较，而对于其具体内容设计的好坏，则缺乏合适且通用的研究工具。本研究借鉴了杨文源、刘恩山开发的 ITAI 指标框架与内容评价标准，包括科学探究技能与对科学探究的理解两个维度。通过赋值"1"或"0"来反映教科书中科学探究活动设计的内容质量。这一分析工具也对教科书中科学探究活动设计的质量情况进行了有效的判断。

（二）对我国高中生物学教科书中探究活动编写的启示

教科书中设计的科学探究活动不仅能帮助学生学会科学探究的方法和技能，还可以帮助学生通过动手、动脑的实践活动理解科学知识是如何构建的，从而更深入地理解科学知识的本质。同时，探究活动内容的设计也应该以培养学生推理、逻辑分析、解释等科学思维的能力为前提。依据前文对国内外生物学教科书中科学探究活动设计的研究，从三个方面为我国高中生物学教科书的编写提出一些启示。

1. 教科书中对科学探究的理解应全面而准确

人教版教科书中科学探究活动在对科学探究的自身理解方面体现不够全面，只有个别方面得到了很好的体现。学生进行自主探究的程度有限，且有些探究活动的实验步骤偏程序化，这在一定程度上反映了教科书中自主探究的局限性。教科书中探究活动是否体现科学探究的特点取决于教科书编者对科学探究的理解程度。在编写生物教科书中的科学探究活动时，教科书编者需要明确科学探究与科学本质之间的关系，对科学探究进行正确的理解，以此来编写高质量的科学探究活动。

2. 教科书应针对性地增添科学探究技能要素

在各版教科书的科学探究技能各要素占比中，人教版教科书的科学探究活动中的指标 1：观察、指标 7：控制变量、指标 10：解释数据这三个指标的得分率在各个版本得分率中排名较为靠后。教科书应尽可能全面地培养学生的科学探究技能，科学探究起始于通过观察等提出的问题，在实验类探究活动中应该严格控制变量，且多数情况下探究活动都需要基于所得数据得到支撑结论的证据，因此，这三个指标是科学探究技能中的基本组成要素，需要提高重视程度。

3. 适当增加更加开放的科学探究活动

除了实验探究，调查任务是目前教科书中另一种常见的探究型活动。然而，人教版教科书中只涉及一个调查活动，也只要求学生描述现有的状态，这实际上无助于学生构建对科学概念和科学探究的理解，也无助于提高探究技能。对于高中课堂来说，探究活动的设置应适度体现学生探究的自主性与开放性，教科书中的探究活动应给予学生适当的引导，又不剥夺学生进行自主探究的机会，适当增加个别开放性较大的科学探究活动，从而让学生进行主动探究、建构知识、获取结论，实现实践与知识的知行合一，提升生物学学科核心素养。

（三）对我国高中生物教师进行探究活动实践的启示

首先，教师应从核心素养层面理解科学探究，把握核心素养背景下科学探究的内涵。在指导学生进行探究活动时，不能只是参照教科书中的方法步骤，生搬硬套，应做到引导学生探究技能与知识构建的有效结合。教师不但要培养学生的探究能力，还应增进学生对科学探究的理解，提高学生乐于探究、善于合作的意识。其次，教师应该研读《普通高中生物学课程标准（2017 年版 2020 修订）》，明确教科书中对于探究活动编写的意图，增加自己的教学和科学知识，充分利用各种课程资源，扎实引导和组织学生开展科学探究活动。

第五章

国内外高中生物学教科书中习题的呈现分析

随着全球经济、文化的快速发展，培养具有核心素养的"全面发展的人"已经成为世界各国课程改革的目标。评价是影响课程改革的重要因素，能否开展科学的核心素养评价直接关系基于核心素养的课程改革的成效。教科书是最重要的教学资源，是课程实践中落实核心素养的关键。对国内外教科书习题的比较研究也必然会对核心素养评价的实施具有积极的现实意义。

第一节　教科书习题分析的理论基础

一、生物学学科核心素养

生物学学科核心素养是学生通过对生物学学科课程的学习，较好地理解生物学概念、掌握科学探究的基本思路和方法，从而发展科学思维、形成生命观念，在个人和社会事务的讨论中作出理性的解释和判断。《普通高中生物学课程标准（2017 年版 2020 年修订）》中明确指出，生物学学科核心素养是学生解决生物学问题的正确价值观念、必备品格和关键能力，包括生命观念、科学思维、科学探究和社会责任四个维度，各维度又具有丰富的内涵。目前教科书中的习题对生物学学科核心素养的评价没有统一的分析框架，但基本围绕核心素养的具体内涵展开，因此，本书从生物学学科核心素养的具体内涵出发，建构对教科书习题评价生物学学科核心素养的分析框架（见表 5-1）。结合该框架以及现有研究来看，教科书中的习题可根据与生命观念各要素有关的概念等知识的运用情况来实现对学生生命观念的评价；可通过学生展现的思维活动过程来评价学生的科学思维素养；可根据学生开展探究活动的能力对其科学探究素养进行评价；可根据学生对社会中生物学议题的关注、探讨，解决生活实际问题的意识、想法以及实践对其社会责任素养进行评价。

表 5-1　生物学学科核心素养的内涵

核心素养	基本要点	内涵
生命观念	结构与功能观	包含结构观、功能观和结构与功能观，具体如下。 结构观：生命系统的结构以物质为基础；结构是有层次的；结构之间是有联系的；结构大多是动态的、灵活的。 功能观：作为部分对于整体的贡献；生命体结构的功能主要是围绕自我更新和自我复制；生命体结构的功能主要是维持生命系统的物质流、能量流和信息流。 结构与功能观；生物体的结构与功能是相适应的，且这种适应是柔性的、非线性的；一个结构功能的实现需要其他结构的配合；结构功能的实现需要外部条件；结构发挥功能的过程可能对结构有反作用
	进化与适应观	包括进化观、适应观和进化与适应观，具体如下。 进化观：生物是不断进化的；进化的过程大体是从简单到复杂，从低等到高等，从水生到陆生；进化的机制主要解释为现代生物进化理论；进化的结果表现为分子的进化、物种的进化及生态系统的进化；进化的方向是多元的，进化的结果是不完美的。 适应观：包括结构与功能相适应以及生物与环境相适应；适应具有普遍性和相对性；适应的方式具有多样性；适应是自然选择的结果。 进化与适应观：适应的结果是进化；人类同其他生物一样都是大自然演化的产物；各种生物和生态系统是系统进化的
	稳态与平衡观	包括稳态观、平衡观和稳态与平衡观，具体如下。 稳态观：生命系统具有维持自身相对稳定状态的特性和能力；稳态使生命系统的组分处在一个相对稳定适宜的环境；稳态通过自我调节实现；生命系统内部的稳态不会被动地随环境变化而出现同样程度的改变。 平衡观：生命系统内部存在各种因素和过程的平衡；平衡是动态的

续表

核心素养	基本要点	内涵
生命观念	稳态与平衡观	稳态与平衡观：生命系统的稳态与平衡是相互联系的，互为条件、互为因果关系；二者都通过系统的自我调节来实现，生命系统的自我调节能力是有限的
	物质与能量观	包括物质观、能量观和物质与能量观，具体如下。物质观：生命体在物质上跟无机自然界既有联系又有其独特性；生物体的物质分工明确，具有特定的功能；物质的运动变化是生命活动的基础；生命系统的结构是物质的有序组织形式。能量观：生命过程需要能量驱动；生命系统的各个层次都有能量的流动和转换；能量以物质为载体；光能是几乎所有生命系统中能量来源的最终源头；生命系统的能量流动同样遵循能量守恒定律。物质与能量观：生命体是物质的特殊存在形式，它的存在和发展需要能量来驱动，而能量的传递和利用又需要以物质为载体；生命系统时刻进行着物质和能量的输入输出；生物之间的关系大都是围绕获取生存所需的物质和能量建立的
	信息观	遗传信息、生理信息和神经感知信息共同组成了生命的信息系统，这些信息控制和调节生命活动；信息的传递、复制、加工和保存都以物质为载体，并消耗能量
	系统观	生命是以系统的形式存在，有其独特的规律。生命系统具有层次性，表现为从分子到生物圈的有序级联结构；生命系统具有整体性，各组成要素之间存在复杂的相互作用；生命系统高层次的功能或性质并非低层次的简单累加，而是会"突现"新性质，形成整体大于部分之和的效果；生命系统具有群体性，由许多个体组成群体，而群体中每个个体都有其独特性

续表

核心素养	基本要点	内涵
生命观念	生态观	生态系统是生物与环境组成的自然系统，生物与环境是一个整体；生态系统内存在复杂的相互作用，表现为生物与生物的竞争与合作等；人、社会、经济、自然等要素协调有序地组成紧密相连、不可分割的整体，形成复杂的生态系统；人作为生态系统的重要组成，又可以能动地参与生态系统的改造过程
科学思维	比较与分类	比较是指对比不同对象之间的共同点和差异点。 分类是指根据对象的特征、性质等，将对象分别归为不同种类
	分析与综合	分析指将研究对象的整体分解为部分或局部，再对各个部分分别进行研究。 综合与之相反，指从整体上认识和把握研究对象
	归纳与演绎	归纳是指把对象的各个部分联系起来，或把事物个别特性、个别方面结合成整体的过程，即从个别中发现一般的推理。 演绎是指根据已有假说进行推理演绎，再通过实验检验演绎的结论，即从一般中发现个别的推理
	抽象与概括	抽象是指抽取出事物一般的、本质的属性，包括建立模型等。 概括是指把抽象出的事物共同的本质属性结合起来
	批判性思维	指有目的性和反思性的判断，包括阐释、分析推理、解释和自我调整等认知技能以及好奇、敏锐、求真等思维习性
	创造性思维	指能够有效地参与想法的产生、评估及改进，从而形成有创意和实效的解决方案、知识进步以及对想象的表达能力
科学探究	发现并提出问题	通过观察等方法发现并提出清晰的、有探究价值的生物学问题
	形成猜想或假设	根据已知的事实和科学知识对所研究的问题进行的一种猜测性陈述

续表

核心素养	基本要点	内涵
科学探究	制定并实施方案	针对特定的需求和条件，设计并实施恰当可行的方案
	获取并处理证据	运用多种方法如实记录数据，获取并处理相关证据，并创造性地分析实验结果
	得出结论并作出解释	运用科学术语阐明实验结果，基于实验结果作出合理的推断，并对探究过程中出现的现象作出合理的解释
	进行交流与讨论	积极参与有关探究过程和结论的交流与沟通
	团队合作以及好奇心和求知欲	具有合作意识并开展有效的合作，有较强的学习欲望和研究生物学的兴趣
社会责任	关注生物学中的社会议题	具备积极关注并参与有关生物学社会议题的讨论，尝试作出合理的解释，具有辨别迷信与伪科学的能力
	宣传生物学知识	主动向他人宣传健康生活方式，珍爱生命和保护环境等相关生物学知识
	解决现实有关生物学的问题	结合本地实际资源开展科学实践，并尝试运用相关生物学知识解决现实生活中的一些问题

二、习题的情境

学习是个体在与情境的互动中创生意义的过程，是在具体的、有意义的情境中展开的，且会受到具体任务或问题情境的深刻影响。情境通过活动，并和活动一起共同创生知识，促进学生核心素养的发展。学生的核心素养也需要在特定的情境下才能有所展现，因此，学生核心素养的评价也应在相应特定的情境下进行。"情境"一词最早由国外学者提出，在英文中对应"situation"或"context"，但如今出现在相关教育学著作中的

situation 更多是指"情形或背景"等实际情况，而 context 更接近于"情境"的含义。如在国际学生评估项目（PISA）等国际大规模评估项目中，也是使用 context。"情境"在《辞海》中的解释为"情景""环境"，虽然"情景"与"情境"的含义相近，但仍有差别。"情景"中的"景"主要是指存在于人周围的客观外界景物，而"情境"中的"境"是指地方、状况，包括客观事物、虚拟事物等，且还蕴涵特定时间或空间的境况，如文化背景、知识背景等，既可以是客观的，也可以是抽象的，因此，"情境"比"情景"的范围更广、内涵更丰富。

习题常由情境和问题两个部分构成。情境是指针对某个既定任务设置的一组背景化信息，为问题提供了一个主体和背景，问题则主要是有待完成的任务。罗日叶提出的情境类型学包括辨别参数、内容参数和装扮参数三个维度，具体含义及举例见表 5-2。

表 5-2　罗日叶情境类型学各参数含义

维度	含义	举例
辨别参数	从外部特征认同这个情境属于某类情境的因素	情境的来源、领域、真实性、开放程度
内容参数	情境设计的目的倾向、具体内容特征等	如希望学生通过该情境发展哪些能力，培养怎样的态度和价值观，问题之间的独立性、解决问题所用方法的创新性等
装扮参数	经过修饰后，给予学习引导或提供帮助或设置障碍的相关参数	情境的表述以文字或图表的形式呈现、是否有趣、新鲜，是否能激发积极的情感等

罗日叶的情境类型学可为情境的分类提供框架指导，但这一框架内的部分维度较为模糊或主观性较大，因此，本书根据实际需要，从各维度中选取部分二级维度，如情境的来源、情境的领域、情境的熟悉程度、情境与问题的相关性、情境的呈现形式等作为分析的主要方向。

PISA 是以试题的形式评估学生在阅读、数学以及科学领域的素养，这与普通高中生物学课程标准中强调对学生生物学学科核心素养的评价能够共通，二者都是为了反映学生的素养水平，为促进学生素养的发展提供参考和依据。且 PISA 在教育评价领域较具影响力和代表性，其可信度较高、有效性较强，也格外强调试题的"情境"。科学领域的测评框架将试题情境进行分类说明，根据情境来源分为"个人""地区或国家""全球性"，根据情境领域分为"健康与疾病""自然资源""环境质量""灾害""科学技术前沿"，这些来源以及领域几乎涵盖学生所接触的所有对象。其从 2003 年提出后确定至今，基本不变。因此，该具体分类较为稳定且具有一定的普适性，可操作性较强。目前，国内对习题情境的研究大多都是借鉴 PISA 项目对情境的分类，且在阅读和数学领域的相关研究多于科学领域。结合罗日叶以及 PISA 中的情境分类，本书将情境分析的维度和具体分类进行分类和界定。由于教科书习题中存在不含任何背景信息的无情境题目，因此，将"无情境"也作为其中一种分类依据。另外，由于生物学中存在较多有关动植物个体层面的生命活动，因此将"个人"来源改为"个体"来源更为准确。表 5-3 所示的关于习题情境的具体分类，也就是本书后续教科书习题情境分析的框架。

表 5-3　习题情境的具体分类

分类依据	具体分类	内涵解释
无情境	去情境	不存在任何有关的情境信息
情境的来源	个体	来自人或动植物个体的生命活动，或来自个体周围的同伴交往以及家庭生活等
	地区或国家	来自特定的具有特定的地理边界或其他特殊属性的区域范围
	全球	来源超越了国家和地区的界限，关乎全人类乃至整个星球
情境的所属领域	健康与疾病	身心健康以及疾病的发生、传播和治疗等
	自然资源	自然界为人类提供的材料、能源以及动植物资源等以及对其的利用、消耗等
	环境质量	环境状况以及人类对环境造成影响

续表

分类依据	具体分类	内涵解释
情境的所属领域	灾害	对人类和人类赖以生存的环境造成破坏性影响的事件
	科学技术前沿	过去、现在或将来生产生活中相关科学技术的开发、运用等
对情境的熟悉程度	熟悉	在学习和生活中已经历过或在将来的工作、生活会遇到的情境
	关联	暂未亲身经历过但与已有经历相似，可通过想象等手段形成
	综合	学生不太可能经历且相对较为复杂的情境

三、习题的开放性

高中生物学课程标准明确指出，教科书的习题应当体现"开放的特点""题型多样化""有些题目可以设计为开放性的题目"，可见习题的开放性是评价生物学学科核心素养的重要特征。开放的习题通常是指没有固定答案或唯一结论，解题思路和答题形式多样的习题，具有不确定性、发散性、探究性和创造性等特点；鼓励学生结合已有的知识经验，运用一定的思维方法积极主动地参与对问题本身的建构；既关注学生形成的有关问题的结果，又关注学生形成有关问题的结果的过程，因此更符合生物学学科核心素养评价的要求。而关于习题的开放性有多个不同方面的内容，不同学者从不同角度按不同的标准对其进行分类。其中，按习题命题要素的发散倾向进行的分类较被认可。该标准将习题的开放性分为条件开放性、情境开放性、策略开放性及结论开放性四个方面（见表5-4）。

表 5-4　习题开放性的具体方面

分类	内涵解释
条件开放性	习题中包含多种信息，如特点的对象、答题形式等，一个信息即为习题提供一个给定的条件，不同的习题条件对解题的约束力、限制性不同，需要基于不同的习题条件进行不同的解答

续表

分类	内涵解释
情境开放性	习题中常会设置与生活、生产实际有关的情境，不同的习题情境具有不同的情境特征，其与学生的关联性以及学生在其中的自主性均会有所差异，进而会对学生解题的思维过程等产生影响
策略开放性	将习题提供的已知条件和情境与个体已有学科知识和生活经验建立联系，通过不同的思维活动或实验等方法，探寻出多种解题方法或设计方案。在寻求解答过程中，通常会出现多种解答的途径，学生会将其进行比较以实现认知结构的重建。允许不同的学生选择不同的解题策略
结论开放性	学生根据习题所给条件和情境进行思考，基于不同的解题策略，得出在给定条件下可能存在的不同结论，并进行相应的解释

四、习题的真实性

为了实现教育目标，有必要在教学、学习和评价之间建立一种建设性的协调关系。当前教育目标更多地关注学生核心素养的发展，因此，教学、学习和评价均应围绕核心素养展开。核心素养评价应该评价和反映的是学生在今后的学习、工作和生活中所需要的真实的核心素养。为了能够如实地评价和反映核心素养，评价任务必须是在相关学科的现实生活问题中的真实任务，需要学生用与专家一样的思维方式来解决现实生活中的问题。基于这些要求和特征，学者们提出了"真实性评价"，并且认为真实性评价在衡量素养方面比客观、传统的测试具有更高的信效度。但是关于真实性到底是什么、有哪些评估要素等重要问题，一直存在许多不同的意见。本书研究的真实性是指在特定情况下的评价与日常现实情况下表现的相似程度，古尔克斯（Gulikers）等人详细描述了辨别真实性的五个维度（见表5-5），并进行了相应的实证研究，表明五维度框架具有可行性和意义性。如今五维度框架已被国内外评价领域的学者普遍接受，为本书研究教科书习题真实性分析提供了坚实的理论基础。

表 5-5　习题真实性的五个维度

维度	具体内容	内涵解释
评价任务真实性	与真实的学习任务相似	与已经历的学习任务类似但不完全相同
	知识、技能与态度的整合	评价任务中三者的整合与现实情况类似
	与前知识的联系	评价任务建立在已有知识的基础上
	没有（或少有）支持	不提供额外的支持
物理场景真实性	保真度	与真实的情境或专业练习相似
	资源的种类和数量	所提供的相关或不相关的资源和信息的种类和数量
	时间	完成评价任务的时间与在现实状态下完成的时间一致
社会场景真实性	合作	完成评价任务的过程中会涉及社会互动、积极的相互依赖、个人责任
	个人	独立完成，不同个体间存在竞争关系
评价结果真实性	证明实力	通过创建高质量的产品或解决方案来展示能力
	向他人展示	通过书写或其他方式向他人展示成果
	多重学习指标	产生了一系列的评价结果
评价标准真实性	基于现实生活中使用的标准	评价标准与现实情况下的评价标准一致
	考虑未来职业生活相关的能力	评价标准可以适应学生未来生活中的相关职业评价
	透明、准确	针对评价任务的评价标准提前公布
	参照标准评分	基于评分标准进行评分，得出总结性的评价

第二节　教科书习题比较分析的研究设计

一、研究内容

围绕研究目标，本书拟定了以下三项核心研究内容：

一是探讨和分析关于习题分析、评价生物学学科核心素养的研究情况，确定教科书习题分析的指标。

二是根据教科书习题分析的指标，对选定的教科书习题的评价内容和方式进行相应的定量和定性分析。

三是基于分析的结果，总结所选教科书的习题在评价生物学学科核心素养方面的特点，为教科书习题的使用和研究以及生物学学科核心素养的评价提供有效建议。

二、研究方法

本书主要采用文献研究法、内容分析法、理论研究法等进行研究，凸显"文献资料与现实情况相结合""定量研究与定性研究相结合""问题探讨与理论解释相结合"的三位一体的方法论，从而解决问题，得出研究结论，实现研究目标。

三、研究对象的选择

人教版高中生物学教科书在国内使用范围较广，具有典型代表性。2019 年，由朱正威和赵占良主编的人教版普通高中教科书生物学系列正式出版，将生物学学科核心素养落到实处，符合普通高中生物学课程标准的要求和学生发展的需求。因此，本书选取了人教版必修 1《分子与细胞》以及必修 2《遗传与进化》两本教科书的课后习题作为研究对象。

美国教科书、英国剑桥教科书、纳尔逊教科书以及 IBDP 教科书均为外国的主流教科书，具有重要的参考价值，本书选取以上 4 本外国教科书的课后习题作为研究对象。

四、研究思路

基于要研究的内容，首先，通过文献研究梳理前人的研究成果，确定研究对象，制定教科书习题的分析的框架和具体指标。其次，运用各分析指标对所选教科书进行编码、统计等量化研究并进行相应的分析，并结合生物学学科核心素养评价的要求，对教科书习题的真实性等进行定性分析。最后，总结研究结果，并归纳得出相应的结论和启示。

五、研究工具

根据文献分析，基本能够解决生物学学科核心素养评价中的"为什么评"的问题，即为了学生更好地发展生物学学科核心素养。后续研究则侧重于解决"评什么"以及"怎么评"的问题。本书从教科书习题评价内容以及评价方式两大方面入手，基于前期分析所建立的理论基础，建立了以下分析维度和指标。

（一）评价内容的分析维度和指标

教科书习题以事实、概念等生物学理论知识为内容载体，而评价学生生物学学科核心素养的发展水平才是其真正的目的和意义。每个生物学学科核心素养都有丰富的内涵，如生命观念主要包括结构与功能观、物质与能量观、稳态与平衡观、进化与适应观、系统观、信息观、生态观等。每个内涵要素又分别由一系列概念等作为支撑。因此，生物学学科核心素养的获得和发展始于对生物学知识的积累，但单纯习得生物学知识本身并不直接导致学生生物学学科核心素养的获得和形成，学生只有以某些特定的方式、方法去理解、反思学科的概念和原理，并将其运用于各种实际问题情境，在实际探索和运用过程中整合已有观念、知识和策略，学会分析问题情境，综合已有知识或创造新的知识以适应环境，素养才有可能形成和发展。因此，习题涉及生命观念形成所必需的学科知识，需要运用相应的科学思维方法、经历相应的科学探究过程或承担相应的社会责任时，其实质是指向对学生生物学学科核心素养的评价。

　　关于水平的判定，则以《普通高中生物学课程标准（2017 年版 2020年修订）》中的"学业质量水平""学科核心素养水平"划分的四个水平为依据。这两者并不是单纯地基于学业水平测试而制定的表现标准，而是以生物学学科核心素养为核心的规范性表现标准和实际表现标准相结合的产物。其采用整合的、实践取向的学业成就观，以生物学学科核心素养为纲领，整合了特定的生物学知识、技能、方法或观念，对学生学业成就进行描述和界定，提供了对各素养不同水平及表现特征的刻画。四个水平之间的差异不是简单的从低到高、从知到行、从局部到整体的关系，而是在"知"和"行"两方面上的广度和深度上的差异，反映学生在生物学学科核心素养上的实质性变化。四个不同素养水平所描述的预期表现在本质上是一种抽象的概念，但正因为其概括性和抽象性的特点，使得各素养的不同水平描述能够跨越各种不同的评价任务，涵盖学生在不同习题中的各种表现。有学者建议将水平描述具体化为各种具体的行为指标，使评价者能够更好地理解和运用，但这样会导致对总体目标和生物学学科核心素养内涵解读的窄化和表面化。基于此，笔者认为，普通高中生物学课程标准中以生物学学科核心素养为本位的相关学业质量水平和学科核心素养水平，系统阐明了学生在高中阶段的生物学学科核心素养发展水平及表现特征，足以为习题评价水平的判定提供依据。因此，本书通过解读生物学学科核心素养并结合普通高中生物学课程标准，确定了以下评价内容的分析维度和具体指标（见表 5-6 ）。

　　为了统计以及编码的方便，根据相应维度的英文名称用相应英文首字母代表相应的素养维度。生命观念的英文为"Life Concept"，简写为 LC ；科学思维的英文为"Scientific Thinking"，简写为 ST ；科学探究的英文为"Scientific Inquiry"；简写为 SI ；社会责任的英文为"Social Responsibility"，简写为 SR。将各维度的具体方面以简写加序号的方式进行表示，形成具体的不同素养代号。在具体的素养代号后加数字，用以表示所评价的素养水平。

表 5-6　评价内容的分析维度和具体指标

评价的学科核心素养维度数量	单一维度		
	交叉维度		
学科核心素养的维度以及具体要素	生命观念 （Life Concept）	LC1：结构与功能观	
		LC2：进化与适应观	
		LC3：稳态与平衡观	
		LC4：物质与能量观	
		LC5：信息观	
		LC6：系统观	
		LC7：生态观	
	科学思维 （Scientific Thinking）	ST1：比较与分类	
		ST2：分析与综合	
		ST3：归纳与演绎	
		ST4：抽象与概括	
		ST5：批判性思维	
		ST6：创造性思维	
	科学探究 （Scientific Inquiry）	SI1：发现并提出问题	
		SI2：形成猜想或假设	
		SI3：制定并实施方案	
		SI4：获取并处理数据	
		SI5：得出结论并作出解释	
		SI6：进行交流与讨论	
		SI7：团队合作以及好奇心和求知欲	
	社会责任 （Social Responsibility）	SR1：关注生物学中的社会议题	
		SR2：宣传生物学知识	
		SR3：解决现实有关生物学的问题	
学科核心素养的水平	同生物学课程标准中学业质量水平以及学科核心素养水平的划分，分为四个水平		

> 2. 人的红细胞和心肌细胞的主要成分都是蛋白质，但红细胞主要承担运输氧的作用，心肌细胞承担心脏律动作用，请从蛋白质结构的角度分析这两种细胞功能不同的主要原因。
>
> 3. 多糖和核酸都是由许多单体组成的多聚体，试从组成二者单体种类的角度分析，为什么核酸是遗传信息的携带者，而多糖不是？

图 5-1　评价内容判定示例

具体的判定过程结合图 5-1 的示例进行说明。示例为人教版生物必修 1 第 2 章"复习与提高"中的非选择题。从评价生命观念的角度来说，上述的第一道题以人体内不同细胞行使不同功能为背景，涉及蛋白质结构与功能多样性的学科知识，关乎结构与功能观，且题目中提示学生从"结构"的角度分析"功能"不同的原因，因此学生在回答该题时需要运用结构与功能观。第二道题以两种物质的组成为背景，涉及不同物质的组成以及特性的学科知识，关乎物质观的内容，题目中提示学生从组成单体种类即物质的组成角度分析原因，因此学生在解题时需要运用相应的物质观。这两道题在评价生命观念上分别评价的是结构与功能观和物质观。在生命观念上要求学生"运用结构与功能观、物质与能量观，说明生物体组成结构和功能之间的关系……在特定问题的情境中，分析生命现象……运用这些观念分析和解释简单情境中的生命现象"，这些均是普通高中生物学课程标准对生命观念水平二的描述，因此这两道题评价的相应生命观念素养处于水平二。另外，从评价科学思维的角度来说，由于这两道习题均提供两个对象，旨在让学生通过比较寻找和确定两者的差异点，且问题明确指出需要学生进行分析，因此这两道题在评价科学思维上是评价"比较"以及"分析"这两种思维方法。这两道题在科学思维上要求学生"用文字或图示的方式正确表达解释相应的生命现象"，这是普通高中生物学课程标准对科学思维水平二的描述，因此这两道题评价的科学思维素养处于水平二。这两道习题的评价内容编码分别是"LC1：2/ST1：2/ST2：2""LC4：2/ST1：2/ST2：2"，LC1 代表结构与功能观，ST1 代表比较与分类，ST2 代表分析与综合，LC4 代表物质与能量观，每个代号最后的数字代表相应的素养水平。

（二）评价形式的分析维度和指标

关于评价内容的分析尝试解决"评什么"的问题，而关于评价形式的研究则尝试解决"怎么评"的问题。通过文献研究发现，学科核心素养的评价研究较为关注习题的情境性、开放性以及真实性，本书在评价形式的研究上选择了这三个方面为研究方向，并根据相关的理论细化研究指标，具体见表 5-7。

表 5-7　评价形式的分析框架

情境性	情境来源	个人、地区或国家、全球性
	情境领域	健康与疾病、自然资源、环境质量、灾害、科学技术前沿
	情境熟悉程度	熟悉、关联、复杂
开放性	策略开放性	习题题型：判断题、选择题、填空题、简答题、论述题、作图表题、探究题、兴趣题等
	结论开放性	
	条件开放性	二者开放性对前两者开放性的影响
	情境开放性	
真实性	任务真实性	评价任务与已有知识的联系
		评价任务中知识、技能和态度的整合情况
		评价任务中学生的主体地位
	物理情境真实性	所提供的相关和不相关信息的种类和数量
	社会情境真实性	合作 / 独立完成
	评估结果或形式真实性	生产的高质量的产品或表现
		一系列的任务或多重学习指标
		以口头或书面形式向其他人展示成果
	评价标准真实性	评价标准的呈现
		评价标准的精确度以及透明度

1. 情境

根据罗日叶的情境分类学以及 PISA 对情境的分类确定情境分析的主要方面以及具体分类等，本书从情境的来源、情境的领域以及情境的熟悉程度入手对教科书的每一道习题的情境进行相应的分类。具体判定分类过程见表 5-8，该表以三道教科书习题为例，说明习题情境判定分类的过程。

表 5-8　习题情境分类的例题说明

习题出处	习题	习题情境判定分类
必修 1 第 2 章 复习与 提高 选择题 第 4 题 （38 页）	4. 某同学在烈日下参加足球比赛时突然晕倒，医生根据情况判断，立即给他做静脉滴注处理。请推测，这种情况下最合理的注射液应该是（　　） A. 生理盐水 B. 氨基酸溶液 C. 葡萄糖溶液 D. 葡萄糖生理盐水	该情境是在同伴交往中出现的情况，情境内容涉及个体出现健康事故，而该现象在学生的校内生活会有较大概率出现，且在教科书的正文内容部分也有所提及。因此，该情境属于"个人"来源的"健康与疾病"领域的"熟悉"情境
必修 2 第 6 章 第 4 节 "练习与 应用" 中的拓展 应用 第 3 题 （124 页）	3. 我国在修建青藏铁路时，不惜耗资修建了许多高架桥和涵洞。这对保护生物多样性有什么意义？这种做法适合在其他地区推广吗？请综合运用本章各节所学知识，从基因、物种和生态系统三个方面来论证。感兴趣的话，你还可以从经济和社会等角度提出自己的看法。	该习题情境是我国青藏地区的建设措施，情境内容涉及处理经济发展与生态环境之间关系以及对物种等自然资源的影响，而青藏铁路的建设以及修建高架桥和涵洞等本身是一种科学技术前沿的应用，关于青藏铁路建造的技术及特殊处理的原因学生可能不太知晓，但是关于青藏铁路建设的基本信息对于中国的学生而言并不陌生，在日常生活接触的媒体或其他学科的学习中均有涉及。因此，该习题情境属于"地区或国家"来源的涉及"自然资源""环境质量"以及"科学技术前沿"领域的"熟悉"情境

续表

习题出处	习题	习题情境判定分类
必修1 第2章 第2节 "练习与 应用" 中的拓展 应用 第2题 （22页）	2. 目前已经探明，在火星两极地区有固态水，而那里的土壤中含有生命必需的 Mg、Na、K 等元素。科学家也曾在火星上发现了流动水的痕迹。科学家据此推测，火星上曾经或者现在存在着生命。为什么科学家会作出这样的推测呢？	情境是有关火星探测的发现，关乎空间探索以及起源问题等，情境内容涉及火星上的物质存在，但该情境对于学生而言并未实际接触过也较小可能亲身经历，且关于火星探测的过程以及发现是丰富、复杂的。因此，该情境属于"全球性"来源的涉及"自然资源"以及"科学技术前沿"领域的"综合"情境

2. 开放性

通过文献研究发现，由于策略开放性和结论开放性很大程度上是由题型直接决定的，因此，对习题题型进行研究在一定程度上揭示了习题的策略开放性以及结论开放性。综合所选教科书习题类型以及已有题型分类，确定了8种题型，分别为判断题、选择题、填空题、简答题、论述题、作图表题、探究题、兴趣题。关于题型的判定相对较为简单，可直接根据习题设置的作答形式进行归类。条件开放性以及情境开放性主要涉及质性分析，评价内容及情境性和开放性的分析则涉及定量研究。

3. 真实性

古尔克斯提出的辨别真实性的五维度框架具有一定的权威性，但是该框架中的部分维度较为含糊或主观性较大，因此较难把握，其本人也承认，真实性的研究难以实现量化分析。因此，本书对教科书习题真实性的研究以定性分析的方式展开。由于习题的评价与其他评价相比具有一定的特殊性，因此结合教科书习题的特点，确定真实性五维度中的具体指标见表 5-7。

第三节　教科书习题的评价内容分析

人教版必修教科书中共有 431 道习题，其中必修 1 有 222 道，必修 2 有 209 道，习题设置有两个栏目，一是每一节课后的"练习与应用"栏目，二是每一章后的"复习与提高"栏目；美国教科书与人教版必修教科书内容相对应的内容中共有 712 道习题，习题设置有三个栏目，一是每一节课后的"assessment"栏目，二是每一章后的"chapter assessment"栏目，三是每一章后的"standardized test practice"栏目；纳尔逊教科书与人教版教科书必修内容相对应的内容中共有 696 道习题，习题设置有三个栏目，一是每一节课后的"quick check"栏目，二是每一章后的"biochallenge"栏目，三是每一章后的"chapter review"栏目；英国剑桥教科书与人教版教科书必修内容相对应的内容中共有 333 道习题，习题设置有两个栏目，一是每一节内容旁侧的"questions"栏目，二是每一章后的"examination style questions"；IBDP 教科书与人教版教科书必修内容相对应的内容中共有 133 道习题，习题设置有两个栏目，一是每一节课后的"exercises"栏目，二是每一章后的"practice questions"栏目。

各个版本教科书习题设置基本遵循由易到难的原则，符合学生的认知。且无论何种习题，教科书都尽量避免直接考查概念的死记硬背，而是努力创设情境，让学生活学活用，其目的和实质均指向对学生生物学学科核心素养的评价。为了从整体上和细节上更好地了解各个版本教科书中习题对学科核心素养的评价情况，本书选取习题中评价生物学学科核心素养的维度数量和水平等角度对教科书习题进行统计，从而完成对教科书习题评价内容的分析研究。

一、习题对生物学学科核心素养评价的维度分析

通过统计发现，人教版必修教科书中的 431 道习题中共有 403 道习题评价了生物学学科核心素养，占比 93.5%；美国教科书中的 712 道习题中共有 578 道习题评价了生物学学科核心素养，占比 81.2%；纳尔逊教科书中的 696 道习题中共有 610 道习题评价了生物学学科核心素养，占比

87.6%；英国剑桥教科书中的 333 道习题中共有 314 道习题评价了生物学学科核心素养，占比 94.3%；IBDP 教科书中的 133 道习题中共有 121 道习题评价了生物学学科核心素养，占比 91.0%。

　　各个版本教科书的课后习题对于生命观念、科学思维、科学探究和社会责任四个维度的评价各有侧重，对习题中评价生物学学科核心素养的具体内涵要素展开统计分析，结果见表 5-9、表 5-10。各国教科书对于生命观念、科学思维的评价较多，其中，人教版必修教科书、纳尔逊教科书、英国剑桥教科书、IBDP 教科书的习题对于生命观念的评价最多，美国教科书习题对于科学思维的评价次数略高于生命观念的评价。除此之外，各国教科书习题对于科学探究以及社会责任的评价都较少，显著低于对生命观念和科学思维的评价。

表 5-9　　人教版必修教科书习题评价各维度学科核心素养频次

单位：次

教科书版本	LC（生命观念）	ST（科学思维）	SI（科学探究）	SR（社会责任）
人教版必修 1	187	170	18	20
人教版必修 2	232	217	40	34

表 5-10　　国外教科书习题评价各维度学科核心素养频次

单位：次

教科书版本	LC（生命观念）	ST（科学思维）	SI（科学探究）	SR（社会责任）
美国	562	593	35	25
纳尔逊	602	531	17	17
英国剑桥	347	258	15	4
IBDP	147	107	3	6

（一）习题对生命观念维度评价的分析

　　人教版必修教科书、纳尔逊教科书、英国剑桥教科书、IBDP 教科书的习题对于生命观念的评价占比最高，美国教科书的习题对于生命观念的评价仅略低于科学思维，这说明通过习题对生命观念进行评价相对较易实现。生命观念的形成是基于对相关生物学知识的学习，学生可通过相应的

作答方式展示个人的生命观念水平，可借助相关生物学知识开展关于生命
观念的评价。本书对各国教科书习题所评价的生命观念的具体要素进行统
计分析，结果见表5-11、表5-12。

表 5-11　人教版必修教科书习题评价生命观念的频次统计

单位：次

教科书版本	LC1：结构与功能观	LC2：进化与适应观	LC3：稳态与平衡观	LC4：物质与能量观	LC5：信息观	LC6：系统观	LC7：生态观
人教版必修1	50	9	10	97	5	14	2
人教版必修2	4	49	1	55	112	4	12

表 5-12　国外教科书习题评价生命观念的频次统计

单位：次

教科书版本	LC1：结构与功能观	LC2：进化与适应观	LC3：稳态与平衡观	LC4：物质与能量观	LC5：信息观	LC6：系统观	LC7：生态观
美国	131	73	19	245	76	1	17
纳尔逊	161	24	28	237	135	8	9
英国剑桥	93	19	2	176	40	2	15
IBDP	45	20	2	59	20	1	0

由表5-11、表5-12可知，人教版必修教科书在对生命观念的评价中，
LC4：物质与能量观的评价频次最高，LC5：信息观的评价频次则仅次于
前者。外国教科书中，除美国教科书之外，纳尔逊教科书、英国剑桥教
科书、IBDP教科书对于LC2：进化与适应观的评价低于人教版必修教科
书，但LC4：物质与能量观的评价频次也是最高的，仅次于前者的依次是
LC1：结构与功能观、LC5：信息观。这充分体现了生命的本质，即生命
系统是物质、能量和信息的统一体。另外，LC3：稳态与平衡观、LC6：
系统观以及LC7：生态观的评价频次则明显较少，该现象与所研究教科书
的内容仅为必修部分有关。

其中，评价LC1：结构与功能观以及LC4：物质与能量观的大部分习

题存在于必修 1、国外教科书与必修 1 内容对应的内容中，可能的原因是必修 1 及其对应的国外教科书的内容都围绕"细胞是基本的生命系统"的主线展开，主要包括"生命系统的层次""细胞的物质基础和结构""细胞的功能""细胞的发展和变化"等模块的内容。该部分内容涉及相关细胞结构行使相应功能、物质的变化运动和循环、能量的流动等，与结构与功能观以及物质与能量观的形成密切相关，因此，评价 LC1：结构与功能观和 LC4：物质与能量观的大部分习题出现在人教版教科书必修 1 中相关内容的配套习题中。

　　例如，人教版必修 1 第 3 章"细胞的基本结构"包括细胞膜的结构与功能、细胞器之间的分工合作以及细胞核的结构与功能等内容，美国教科书中与此相对应的内容为第 2 单元第 7 章"细胞的结构与功能"，这些内容与 LC1：结构与功能观直接关联。图 5-2、图 5-3 所示分别为人教版必修 1 第 3 章、美国教科书第 2 单元第 7 章第 2 节的习题，均需要学生基于对相应结构与功能的理解进行判断和分析，可以在一定程度上反映出学生的结构与功能观，这些习题均指向对学生结构与功能观的评价。

2. 细胞膜的特性和功能是由其结构决定的。下列相关叙述错误的是（　　）

A. 细胞膜的脂质结构使溶于脂质的物质，容易通过细胞膜

B. 由于磷脂双分子层内部是疏水的，因此水分子不能通过细胞膜

C. 细胞膜的蛋白质分子有物质运输功能

D. 细胞的生长现象不支持细胞膜的静态结构模型

1. 细胞核的结构与功能有密切的联系，据此判断下列相关表述是否正确。

（1）控制细胞器进行物质合成、能量转化等的指令，主要通过核孔从细胞核送到细胞质。（　　）

（2）细胞核功能的实现与细胞核中的染色质密切相关。（　　）

2. 细胞核内行使遗传功能的结构是（　　）

A. 核膜　　　 B. 核孔

C. 染色质　 D. 核仁

5. 各种细胞器在功能上既有分工又有合作。下列相关叙述错误的是（　　）

A. 植物细胞中的液泡与维持细胞的渗透压有关

B. 中心体和核糖体与蛋白质的合成有关

C. 内质网和高尔基体与分泌蛋白的加工有关

D. 叶绿体、线粒体与细胞内物质和能量的转化有关

图 5-2　人教版必修 1 评价 LC1：结构与功能观的习题示例

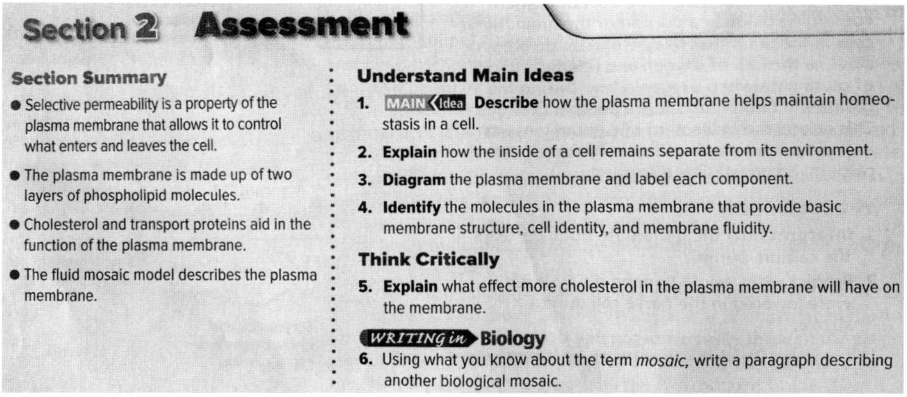

Section 2 Assessment

Section Summary

- Selective permeability is a property of the plasma membrane that allows it to control what enters and leaves the cell.

- The plasma membrane is made up of two layers of phospholipid molecules.

- Cholesterol and transport proteins aid in the function of the plasma membrane.

- The fluid mosaic model describes the plasma membrane.

Understand Main Ideas

1. **MAIN Idea Describe** how the plasma membrane helps maintain homeostasis in a cell.

2. **Explain** how the inside of a cell remains separate from its environment.

3. **Diagram** the plasma membrane and label each component.

4. **Identify** the molecules in the plasma membrane that provide basic membrane structure, cell identity, and membrane fluidity.

Think Critically

5. **Explain** what effect more cholesterol in the plasma membrane will have on the membrane.

WRITING in Biology

6. Using what you know about the term *mosaic*, write a paragraph describing another biological mosaic.

图 5-3　美国教科书评价 LC1：结构与功能观的习题示例

评价 LC2：进化与适应观以及 LC5：信息观的大部分习题存在于人教版必修 2、外国教科书与人教版必修 2 内容对应的内容中，原因是必修 2 的内容以"基因"为主线，围绕"人类如何意识到基因的存在""基因在哪里""基因是什么""基因如何行使功能""基因在传递过程中怎样变化""生物进化过程中基因频率如何改变"等几大关键问题展开。该部分内容涉及遗传信息的储存、传递、复制、表达以及生物的进化与适应、生物多样性等，与进化与适应观以及信息观的形成密切相关。因此，评价 LC2：进化与适应观和 LC5：信息观的大部分习题也会相应地出现在人教版必修 2 相关内容的配套习题中。

如人教版必修 2 第 6 章"生物的进化"包括生物有共同祖先的证据、自然选择与适应的形成、种群基因组成的变化与物种的形成以及协同进化与生物多样性形成等内容，这些内容与 LC2：进化与适应观直接关联，如图 5-4 所示，人教版必修 2 第 6 章部分习题，均需要学生基于生物的进化与适应观进行论述，这些习题均是对学生的进化与适应观进行的评价。

1. 如果有人坚持认为生物是自古以来就如此的，你认为能够反驳他的最有效的证据是什么？为什么？当你提供了你认为最有效的证据后，他还可能如何辩解？你又如何进一步反驳？

1. 用一位学者的话说，协同进化就是"生态的舞台，进化的表演"（The ecological theater and evolutionary play）。根据本节所学内容，谈谈你对这句话的理解。

2. 在进化地位上越高等的生物，适应能力越强吗？请说明你的观点和证据。

3. 与同种或类似的野生种类相比，家养动物的变异较多（如狗的变异比狼多）。对此你如何解释？

图 5-4　人教版必修 2 评价 LC2：进化与适应观的习题示例

美国教科书第 3 单元第 11 章复杂遗传和人类遗传学包括染色体和人类遗传的基本模式等内容，这些内容与 LC5：信息观直接关联。图 5-5 所示为美国教科书第 3 单元第 11 章第 1 节的习题，需要学生基于对信息观的理解进行分析和论述，因此这些习题均是对学生信息观进行的评价。

Section 1　Assessment

Section Summary
- Genetic disorders can be caused by dominant or recessive alleles.
- Cystic fibrosis is a genetic disorder that affects mucus and sweat secretions.
- Individuals with albinism do not have melanin in their skin, hair, and eyes.
- Huntington's disease affects the nervous system.
- Achondroplasia sometimes is called dwarfism.
- Pedigrees are used to study human inheritance patterns.

Understand Main Ideas
1. **MAIN Idea** Construct a family pedigree of two unaffected parents with a child who suffers from cystic fibrosis.
2. **Explain** the type of inheritance associated with Huntington's disease and achondroplasia.
3. **Interpret** Can two parents with albinism have an unaffected child? Explain.
4. **Diagram** Suppose both parents can roll their tongues but their son cannot. Draw a pedigree showing this trait, and label each symbol with the appropriate genotype.

Think Critically
MATH in Biology
5. Phenylketonuria (PKU) is a recessive genetic disorder. If both parents are carriers, what is the probability of this couple having a child with PKU? What is the chance of this couple having two children with PKU?
6. **Determine** When a couple requests a test for the cystic fibrosis gene, what types of questions might the physician ask before ordering the tests?

图 5-5　美国教科书评价 LC5：信息观的习题示例

各国教科书的相关习题对 LC3：稳态与平衡观、LC6：系统观以及 LC7：生态观的评价次数较少，原因可能是受研究条件限制，暂时仅研究了人教版必修教科书以及其对应的外国教科书相关内容，而由于课程改革，原必修 3 "生物与环境"的大部分内容被分别纳入相应选修模块。依据普通高中生物学课程标准中对课程内容的要求，LC3、LC6 以及 LC7 的评价将会较多地出现于选修 1《稳态与调节》以及选修 2《生物与环境》中。因为选修 1 模块包括人体的内环境与稳态、人和动物生命活动的调节以及植物的激素调节等内容，选修 2 模块包括种群和群落、生态系统、环境保护等内容，这些内容与上述三个方面的生命观念的形成密切相关。而在所研究的必修模块仅有少部分内容与上述三个方面的生命观念相关，因此也较少出现对其的评价。

（二）习题对科学思维维度评价的分析

人教版必修教科书、纳尔逊教科书、英国剑桥教科书、IBDP 教科书的习题对于科学思维的评价仅次于生命观念，而美国教科书习题对于科学思维的评价次数最高。可见，科学思维在学生完成习题时具有不可或缺性，且说明通过习题对科学思维进行评价也是相对较易实现的。生物学中的一些重要概念，如定律、原理、规律等都是人类科学思维的产物，学生习得这些知识则需要运用相应科学思维方法，经历相应的科学思维的过程。因此，学生利用习得的知识解决大部分的生物学问题均需要运用相应的科学思维方法，课后习题则让学生通过判断、选择以及文字阐述等来展示个人的科学思维过程，从而实现对其科学思维的评价。对各国教科书习题所评价的科学思维的具体要素进行统计分析，结果见表 5-13、表 5-14。

表 5-13　人教版教科书习题评价科学思维的频次统计

单位：次

教科书版本	ST1：比较与分类	ST2：分析与综合	ST3：归纳与演绎	ST4：抽象与概括	ST5：批判性思维	ST6：创造性思维
人教版必修 1	54	81	2	7	14	12
人教版必修 2	10	153	3	5	24	22

表 5-14　国外教科书习题评价科学思维的频次统计

单位：次

教科书版本	ST1：比较与分类	ST2：分析与综合	ST3：归纳与演绎	ST4：抽象与概括	ST5：批判性思维	ST6：创造性思维
美国	64	359	5	107	25	33
纳尔逊	90	315	6	94	15	11
英国剑桥	42	165	0	48	1	2
IBDP	23	55	0	29	0	0

由表 5-13、表 5-14 可知，人教版必修教科书、美国教科书、纳尔逊教科书、英国剑桥教科书和 IBDP 教科书在对科学思维进行的评价中，ST2：分析与综合的评价次数最多，且成倍地高于其他科学思维要素。其中，大部分习题侧重于"分析"的思维方法，充分体现了"分析"是自然科学中最基本的思维方法。除此之外，ST1：比较与分类、ST4：抽象与概括在美国教科书、纳尔逊教科书、英国剑桥教科书和 IBDP 教科书的习题中的评价次数都较多，仅次于对 ST2 的评价，而人教版必修教科书习题中较少评价 ST4：抽象与概括这一要素。各个版本的教科书习题中ST3：归纳与演绎、ST4：抽象与概括的评价次数则较少。

评价 ST2：分析与综合的大部分习题存在于人教版必修 2、国外教科书与必修 2 内容对应的内容中，可能的原因是必修 2 中有较多的"遗传题"。图 5-6 为必修 2 第 2 章复习与提高的非选择题，作答此类题目时需要学生运用正向分析或逆向分析的思维方法，即从已知到未知或从未知到已知，将习题涉及的对象进行一一分析，对涉及的遗传现象进行代代分析，在此基础上针对不同的问题进行其他思维活动的延续和拓展。必修 2 中较多习题均涉及对"分析"这一基本思维方法的评价。

1.下图是抗维生素 D 佝偻病的系谱图（图中深颜色表示患者），据图回答问题。

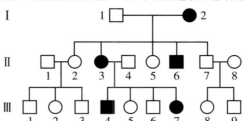

（1）科学家已经确定这种病是显性基因控制的疾病，你能根据系谱图找出依据吗？

（2）Ⅱ代的 5 号和 7 号是否携带致病基因？为什么？

（3）如果图中Ⅲ代 4 号与正常女性结婚，要想避免后代中出现患者，可以采取哪种优生措施？

图 5-6　人教版必修 2 中的遗传题示例

　　而评价 ST1：比较与分类的大部分习题集中于必修 1、国外教科书与必修 1 内容对应的内容中，可能的原因是必修 1 中存在较多的基础概念，这是学生学习生物学的基础，若在学习生物学的初始阶段就出现混淆，则会对后续生物学的学习造成影响。因此，必修 1 的习题中较多涉及动植物细胞、原核细胞和真核细胞、各细胞器、各生命活动过程的区分等考查基础概念或对生命过程的掌握情况的知识。较多评价 ST1：比较与分类的习题出现于必修 1 中，也从侧面反映了比较与分类是较为基础的一种逻辑思维方法。

　　图 5-7 的人教版必修 1 第 1 章复习与提高的非选择题，需要学生对不同生物或物质进行比较，以寻求它们之间的共同点和差异点，或者需要学生根据物质或生物的特征，把习题中所提供的对象进行分门归类。图 5-8 为美国教科书的章末测评习题的"术语回顾"模块，此模块通常为各小节习题的第一部分，且其中常有对术语间区别与联系的考查，这说明通过比较与分类清晰掌握术语和概念是生物学学习的基础。

2. 下图是人们常见的几种单细胞生物，据图回答下面的问题。

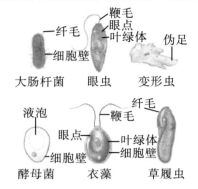

（1）这几种生物共有的结构是＿＿＿＿＿＿＿＿＿＿＿＿＿＿＿＿＿。

（2）与绿色开花植物细胞的结构和功能类似的生物是＿＿＿＿＿＿，你判断的依据是＿＿＿＿＿＿；与哺乳动物细胞的结构和功能类似的生物是＿＿＿＿＿＿，你判断的依据是＿＿＿＿＿＿。

（3）眼虫与植物和动物都有相同之处，从进化的角度看，你认为合理的解释是＿＿＿＿＿＿＿＿＿＿＿＿＿＿＿＿＿＿＿。

图 5-7　人教版必修 1 评价 ST1：比较与分类的习题示例

Section 4

Vocabulary Review

Explain the difference in the terms in each pair below. Then explain how the terms are related.

33. active transport, facilitated diffusion

34. endocytosis, exocytosis

35. hypertonic solution, hypotonic solution

图 5-8　美国教科书评价 ST1：比较与分类的习题示例

　　美国教科书、纳尔逊教科书、英国剑桥教科书和 IBDP 教科书的习题中对 ST4：抽象与概括要素的评价次数都较多，仅次于对 ST2：分析与综合的评价，其中大部分习题侧重于"抽象"的思维方法上。而人教版必修教科书习题中较少评价这一要素。与人教版必修教科书相比，国外教科书中有较多的作图表题，需要学生运用抽象的思维能力将知识或概念具象化地呈现出来。如图 5-9 所示，纳尔逊教科书将每章末的"章节回顾"测评中的第 1 题设置为概念地图题。绘制本章重要概念之间联系的图示，既考查学生对章节概念的掌握情况，又考查学生的抽象与概括思维能力。

Questions

1　Making connections between concepts ➜ Use at least eight of the chapter key words to draw a concept map relating to Mendelian inheritance. You may use any other words in drawing your map.

图 5-9　纳尔逊教科书中概念地图题示例

另外，人教版教科书习题在评价 ST5：批判性思维和 ST6：创造性思维时有较为明显的突破，在必修 1 和必修 2 中均设置了一些较为开放的习题，需要学生理性地评估、有目的性地反思、创新性地解决等。在评价这两个要素的习题占比上，人教版必修教科书与美国教科书、纳尔逊教科书持平，比英国剑桥教科书、IBDP 教科书的数量更高。由此可知，针对批判性思维和创新性思维的评价得到了重视。批判性思维以及创造性思维是生物学学科核心素养中的高阶思维，相比其他要素，这两者对学生思维活动的质与量有更高的要求，评价这两者时的素养水平也较高。设置开放性习题能够为学生展示高阶思维提供充分的发挥空间。

（三）习题对科学探究维度评价的分析

与生命观念和科学思维相比，各国教科书习题对于科学探究的评价都相对较少。整体而言，科学探究更侧重实践能力方面，其操作性较强，通过简单的纸笔测试不足以全面对其进行评价。因此，习题中对于科学探究的评价较少。但科学探究素养在教科书的其他栏目中得到了评价和发展，如人教版教科书的"思考与讨论""探究实践活动"等。对各国教科书习题所评价的科学探究具体要素进行统计分析，结果见表 5-15、表 5-16。

表 5-15　人教版教科书习题评价科学探究的频次统计

单位：次

教科书版本	SI1：发现并提出问题	SI2：形成猜想或假设	SI3：制定并实施方案	SI4：获取并处理数据	SI5：得出结论并作出解释	SI6：进行交流与讨论	SI7：团队合作以及好奇心和求知欲
人教版必修 1	0	4	5	4	5	0	0
人教版必修 2	0	8	6	4	21	2	0

表 5-16　国外教科书习题评价科学探究的频次统计

单位：次

教科书版本	SI1：发现并提出问题	SI2：形成猜想或假设	SI3：制定并实施方案	SI4：获取并处理数据	SI5：得出结论并作出解释	SI6：进行交流与讨论	SI7：团队合作以及好奇心和求知欲
美国	2	5	11	0	13	2	2
纳尔逊	0	2	3	1	7	4	0
英国剑桥	1	1	7	1	5	0	0
IBDP	0	0	0	0	3	0	0

由表 5-15、表 5-16 可知，各国教科书习题对科学探究各要素的评价有不同的侧重，但从整体上看，各国教科书习题对 SI5：得出结论并作出解释的评价次数最多。人教版必修教科书、美国教科书、纳尔逊教科书、IBDP 教科书习题对 SI5 要素的评价次数最多，英国剑桥教科书习题中对 SI5 的评价次数也仅次于 SI3：制定并实施方案。而对 SI1：发现并提出问题、SI6：进行交流与讨论以及 SI7：团队合作以及好奇心和求知欲等的评价次数则较少，甚至暂未出现。

对 SI5：得出结论并作出解释的评价次数最多，可能是由于在习题的评价方式下，相比评价科学探究的其他方面，"得出结论"以及"作出解释"更便于通过文字进行表达，因此对该要素的评价可行性较强。人教版必修教科书对 SI5 的评价大部分存在于必修 2 中，可能是因为必修 2 的习题涉及较多的探究实验，如图 5-10 所示的遗传学实验等，其大多需要学生根据习题所给的科学事实，结合已学的科学原理等知识，对实验现象或结果进行解释说明或给出相应的实验结论。

1.水稻的非糯性和糯性是一对相对性状，非糯性花粉中所含的淀粉是直链淀粉，遇碘变蓝黑色，而糯性花粉中所含的是支链淀粉，遇碘变橙红色。现在用纯种的非糯性水稻和纯种的糯性水稻杂交，取 F_1 花粉加碘液染色，在显微镜下观察，半数花粉呈蓝黑色，半数呈橙红色。请回答下列问题。

（1）花粉出现这种比例的原因是什么？

（2）实验结果验证了什么？

4.科学家对某地一种蟹的体色深浅进行了研究，结果如下图所示。不同体色的个体数量为什么会形成这样的差别呢？请提出假说进行解释。

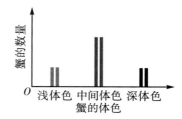

图 5-10　人教版必修 2 评价 SI5：得出结论并作出解释的习题示例

与其他国家的教科书相比，英国剑桥教科书和美国教科书的习题相对更重视对学生 SI3：制定并实施方案要素的评价。而各国教科书中评价 SI3：制定并实施方案的习题，大部分聚焦于"制定方案"上。如图 5-11、

二、拓展应用

1.细胞液中物质的浓度对于维持细胞的生命活动非常重要。现提供紫色洋葱鳞片叶表皮细胞，请设计实验，测定该细胞的细胞液的浓度相当于多少质量分数的蔗糖溶液。写出你的实验思路，并分析其中的基本原理。

2.温度变化会影响水分通过半透膜的扩散速率吗？请你提出假设，并设计检验该假设的实验方案。

2.现有某作物的两个纯合品种：抗病高秆（易倒伏）和感病矮秆（抗倒伏），抗病对感病为显性，高秆对矮秆为显性。如果要利用这两个品种进行杂交育种，获得具有抗病矮秆优良性状的新品种，在杂交育种前，需要正确地预测杂交结果。按照孟德尔遗传规律来预测杂交结果，需要满足三个条件，其中一个条件是抗病与感病这对相对性状受一对等位基因的控制，且符合分离定律。请回答下列问题。

（2）为了确定控制上述这两对性状的基因是否满足这三个条件，可用测交实验来进行检验。请你设计该测交实验的过程。

（3）获得的 F_2 中是否有抗病矮秆品种？应该进行怎样的处理才能获得纯合抗病矮秆品种？

图 5-11　人教版必修教科书评价 SI3：制定并实施方案的习题示例

4 Design and outline a laboratory experiment to investigate the effect of temperature on the cell surface membrane. Use samples of plant tissue that contains an intensely red，water-soluble pigment in the cell vacuoles（such as beetroot）.

　a）What steps would you take to ensure the significance of your results？

　b）What outcomes to your experiment do you expect？

图 5-12　英国剑桥教科书评价 SI3：制定并实施方案的习题示例

图 5-12 所示例题，习题大多明确指出实验或探究的目的，让学生设计相应的实验或探究方案以达到特定的目的，而对"实施方案"的评价则少之又少，因此，这种评价难以全面评价学生的科学探究能力等，仅能从某个方面进行较为片面的评价。

另外，仅人教版必修教科书、美国教科书和纳尔逊教科书对 SI6：进行交流与讨论的评价有所涉及，且评价次数都相对较少。多数对科学探究进行评价的习题侧重于让学生制定实验方案或通过实验结果写出相应的实验结论，更倾向于对学生"得出结论并作出解释"能力的评价，鲜有涉及关于探究过程以及探究结果的交流和讨论。这种表达与交流能力在与同伴的实际交流过程中体现得更为充分，因此，通过互动形式进行评价可能更为可靠。

而对 SI1：发现并提出问题的评价仅存在于美国教科书、英国剑桥教科书中，仅有美国教科书存在对 SI7：团队合作以及好奇心和求知欲的评价，且对该要素的评价的体现并不突出。大部分学生在习惯了输入式学习后，在一定程度上，"发现并提出问题"的能力较薄弱，但这方面的能力对学生日后的学习、工作以及生活等有着重要作用，因此，应加强这方面的训练和评价。从实际情况来看，这方面的能力训练和评价在教学过程中更易实现，可在教学过程中让学生经历提出问题并解决问题的过程，更有利于学生对科学探究形成较为系统的认识。对 SI7 的评价则指向对科学探究情意要素的评价，间接说明对情意要素的评价具有一定难度。其中团队合作的意识和能力可在习题一定的提示和引导下有所体现，但从现有习题来看，暂未发现对团队合作的需求提示等。学生的好奇心和求知欲多数出现在学习的初始阶段或过程中，发现并提出问题是学生好奇心和求知欲的体现，好奇心和求知欲又是学生长久发展的重要品质，因此，应加强对SI1：发现并提出问题的评价。

（四）习题对社会责任维度评价的分析

各国教科书习题在对社会责任的评价上做了较多尝试，体现了生物学学科的实用性和与时俱进的特点。但从整体上来说，习题对社会责任的评价相对较少，这与评价社会责任所需的情境和任务要求有关。评价社会责任所需的相关情境大多为社会性背景，更为复杂，也需要以生命观念作为支持，运用科学思维来思考、解决相关生物学问题，所以，对于社会责任的评价难以开展单一维度的评价，多与其他维度交叉进行评价。同时，社会责任的现实性较强，大多需要向社会群体或针对特定的社会现象进行表现，其任务要求在一定程度上具有定向性，任务范围较窄。换言之，评价社会责任对其习题情境以及任务要求有一定的限制，导致习题在该维度上的评价也较为有限。对各国教科书习题所评价的社会责任具体要素进行统计分析，结果见表 5-17、表 5-18。

表 5-17　人教版教科书习题评价社会责任的频次统计

单位：次

教科书版本	SR1：关注生物学中的社会议题	SR2：宣传生物学知识	SR3：解决现实有关生物学的问题
人教版必修 1	14	1	5
人教版必修 2	22	3	9

表 5-18　国外教科书习题评价社会责任的频次统计

单位：次

教科书版本	SR1：关注生物学中的社会议题	SR2：宣传生物学知识	SR3：解决现实有关生物学的问题
美国	20	3	2
纳尔逊	16	0	1
英国剑桥	4	0	0
IBDP	5	0	1

由表 5-17、表 5-18 可知，各国教科书习题对社会责任各要素的评价显示出一致的特点，即对 SR1：关注生物学中的社会议题的评价次数最多，而对于 SR2：宣传生物学知识方面的评价显著少于其他两个要素。仅有人教版必修教科书、美国教科书存在对 SR2 要素的评价。如图 5-13 所示例题，美国教科书中部分"写作"模块的习题显性地提出了向他人输出、宣传相关的生物学知识和观念的要求，较好地体现了对 SR2：宣传生物学知识要素的评价。

WRITING in ▶ Biology

8. Write a public service announcement about carcinogens. Choose a specific type of cancer, and write about the carcinogens linked to it.

图 5-13　美国教科书习题评价 SR2：宣传生物学知识的习题示例

相比之下，人教版必修教科书习题对于 SR3：解决现实有关生物学的问题的评价次数高于其他各国，体现出人教版必修教科书不仅重视对学生社会责任的情意方面的要求，还强调了社会责任的实践层次的要求。如图 5-14 所示例题，相关习题需要学生运用生物学知识解释和解决实际生产、生活当中的生物学问题，而 SR2 则更侧重于向他人输出相关的生物学知识和观念等。

1. 民间有一种"吃什么补什么"的说法，如吃鱼眼能明目，喝虎骨酒可以壮筋骨。请你运用本节所学的知识对这种说法作出评价。

2. 有性生殖使雌雄两性生殖细胞的细胞核融合为一个新的细胞核，从而使后代的遗传物质同亲代相比，既有继承，又有变化。从这个角度看，你能找出不支持克隆人的论据吗？你还能说出其他论据吗？

1. 在严查偷猎野生动物的行动中，执法部门发现某餐馆出售的一种烤肉比较可疑，餐馆工作人员说是"山羊肉"，经实验室检验，执法部门确定这种"山羊肉"来自国家二级保护动物斑羚。你认为执法部门最可能采取哪种检测方法？为什么？

2. 我国一些城市在交通路口启用了人脸识别技术，针对行人和非机动车闯红灯等违规行为进行抓拍。这种技术应用的前提是每个人都具有独一无二的面孔。为什么人群中没有一模一样的两个人呢？请你从生物学的角度评述人脸识别技术的可行性。

图 5-14　人教版必修教科书中评价社会责任的习题示例

总体上看，各个版本教科书的习题在生物学学科核心素养各维度不同方面的评价上存在一定的差异，其中，教科书习题在对生命观念、科学思维、社会责任不同方面的评价上具有一定的相似性，而在对科学探究不同方面的评价上存在一定的差异。以上大部分习题示例除评价上述相应分析维度的生物学学科核心素养外，还评价了其他维度的生物学学科核心素养。

二、评价生物学学科核心素养的维度数量

按照生物学评价学科核心素养的维度数量可分为无素养评价、单一维度素养评价、多维度素养评价三种类型。根据该分类对各国教科书中的习题进行相应的归类统计，结果见表 5-19、表 5-20。

表 5-19　人教版必修教科书习题按评价学科核心素养的维度数量分类统计结果

单位：道

教科书版本	无素养评价	单一维度素养评价	多维度素养评价
人教版必修	28	166	237

表 5-20　国外教科书习题按评价学科核心素养的维度数量分类统计结果

单位：道

教科书版本	无素养评价	单一维度素养评价	多维度素养评价
美国	134	170	408
纳尔逊	86	283	328
英国剑桥	19	100	215
IBDP	12	42	80

由以上分类统计结果可知，人教版必修教科书中无素养评价的习题有 28 道，占 6.5%，单一维度素养评价的习题有 166 道，占 38.5%，多维度素养评价的习题有 237 道，占 55.0%；美国教科书中无素养评价的习题有 134 道，占 18.8%，单一维度素养评价的习题有 170 道，占 23.9%，多维度素养评价的习题有 408 道，占 57.3%；纳尔逊教科书中无素养评价的习题有 86 道，占 12.3%，单一维度素养评价的习题有 283 道，占 40.6%，

多维度素养评价的习题有 328 道，占 47.1%；英国剑桥教科书中无素养评价的习题有 19 道，占 5.7%，单一维度素养评价的习题有 100 道，占 30.0%，多维度素养评价的习题有 215 道，占 64.4%；IBDP 教科书中无素养评价的习题有 12 道，占 9.0%，单一维度素养评价的习题有 42 道，占 31.3%，多维度素养评价的习题有 80 道，占 59.7%。各国教科书习题以多维度素养评价为主。

（一）少量习题无明显的素养评价倾向

由表 5-19、表 5-20 可知，教科书中的习题大部分均指向对生物学学科核心素养进行评价，但仍存在少量习题直接考查术语概念等纯理论知识，无任何明显的素养评价倾向。图 5-15 所示题目为人教版必修 2 第 1 章第 1 节课后的"概念检测"模块的判断题，其题干简要阐述孟德尔一对相对性状的豌豆杂交实验，但其问题直接考查的是隐性性状的概念定义，而该概念与各生命观念之间又无必然的联系，因此该习题无明显的素养评价。

1. 在孟德尔的一对相对性状的豌豆杂交实验中，F_1 都表现为显性性状，F_1 的自交后代却出现了性状分离。据此判断下列相关表述是否正确。

（1）隐性性状是指生物体不能表现出来的性状。（　　　）

图 5-15　人教版必修教科书无明显评价学科核心素养的习题示例

（二）部分习题评价单一维度的素养

对单一维度素养评价的习题进行具体维度的分析统计，结果如图 5-16、图 5-17、图 5-18、图 5-19、图 5-20 所示，各个版本的教科书习题都呈现出较为一致的情况，即 LC（生命观念）以及 ST（科学思维）的占比较高，而单一维度的 SI（科学探究）和 SR（社会责任）的素养评价明显较少。其中，人教版必修教科书、纳尔逊教科书、英国剑桥教科书和 IBDP 教科书习题中 LC（生命观念）的占比是最高的，而美国教科书习题中 ST（科学思维）的占比略高于 LC（生命观念）。该现象也间接说明生命观念和科学思维的评价相对更易于实现，这与各维度生物学学科核心素养的特性有关。

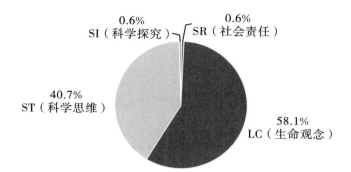

图 5-16　人教版教科书评价单一维度素养习题具体维度比例

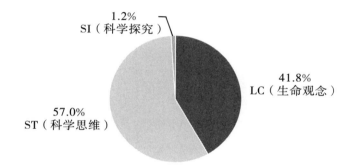

图 5-17　美国教科书评价单一维度素养习题具体维度比例

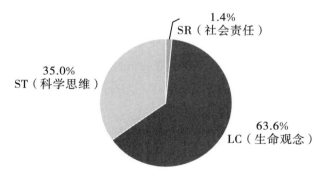

图 5-18　纳尔逊教科书评价单一维度素养习题具体维度比例

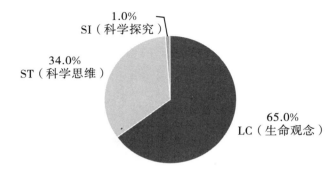

图 5-19　英国剑桥教科书评价单一维度素养习题具体维度比例

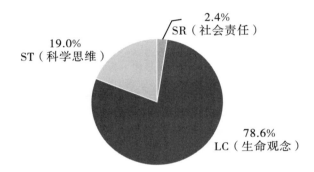

图 5-20　IBDP 教科书评价单一维度素养习题具体维度比例

　　尽管为单一维度素养的评价，但其中大部分习题对单一维度素养的评价涉及该维度下的多个内涵要素（如图 5-21、图 5-22、图 5-23、图 5-24、图 5-25），体现了各维度素养内不同要素间的相互联系，也符合对于生物学学科核心素养的认识。

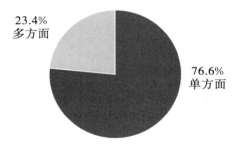

图 5-21　人教版必修教科书评价单一维度素养习题单方面与多方面的比例

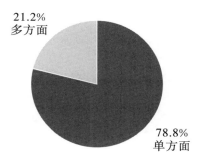

图 5-22 美国教科书评价单一维度素养习题单方面与多方面的比例

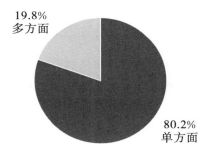

图 5-23 纳尔逊教科书评价单一维度素养习题单方面与多方面的比例

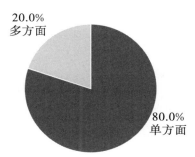

图 5-24 英国剑桥教科书评价单一维度素养习题单方面与多方面的比例

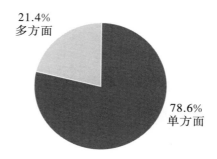

图 5-25　IBDP 教科书评价单一维度素养习题单方面与多方面的比例

　　如图 5-26 所示题目为人教版必修 1 第 2 章"复习与提高"模块的选择题，此时学生已掌握蛋白质等细胞的物质组成，已初步具有物质与能量观、结构与功能观等生命观念。该习题内容涉及从氨基酸形成蛋白质的过程以及蛋白质的结构多样性。学生需要明确该过程实质是物质变化运动的过程以及蛋白质空间结构属于分子层面的结构，这种结构的多样性是以物质作为基础的，也体现了物质观与结构观之间的联系。因此，该习题需要学生运用结构观与物质观进行判断，换言之该习题评价了学生的结构观与物质观。由于结构观与物质观、物质观与信息观、信息观与进化观等均有联系，因此在评价单一维度素养时，也往往同时评价了多个方面，尤其是对生命观念的评价。

　　　　7. 由许多氨基酸缩合而成的肽链，经过盘曲折叠才能形成具有一定空间结构的蛋白质。下列有关蛋白质结构多样性原因的叙述，错误的是（　　　）
　　　　　A. 组成肽链的化学元素不同
　　　　　B. 肽链的盘曲折叠方式不同
　　　　　C. 组成蛋白质的氨基酸排列顺序不同
　　　　　D. 组成蛋白质的氨基酸种类和数量不同

图 5-26　人教版教科书评价单一维度素养的多方面习题示例

（三）习题以多维度的素养评价为主

　　生物学学科核心素养本身是一个有机整体，各维度相辅相成，在素养评价时各维度的评价会交织在一起。例如，在形成和运用生命观念的过程中，需要科学思维的辅助，而生命观念的形成和运用又会反作用于科学思维，使其得到训练和提升。因此，在理解生物学知识、解决生物学问题时，往往需要两者甚至更多生物学学科核心素养的参与。

正因为如此，各个版本教科书的习题大多以多维度的素养评价为主。在多维度的素养评价中，国内外教科书习题在各种交叉类型的分布有所不同，但整体而言LC+ST（生命观念＋科学思维）的交叉最为明显，其次为LC+ST+SI（生命观念＋科学思维＋科学探究）以及LC+ST+SR（生命观念＋科学思维＋社会责任）三者的交叉（见表5-21、表5-22、表5-23、表5-24、表5-25）。其余几种交叉组合所占比例均较少，这在一定程度上反映出了不同素养维度之间的关联程度。

表 5-21　人教版必修教科书评价多维度素养习题具体维度频次统计

单位：道

评价维度	LC+ST	LC+ST+SI	LC+ST+SR	ST+SI	LC+SR	ST+SR	LC+ST+SI+SR	LC+SI	ST+SI+SR
习题数	148	32	24	10	7	7	5	3	1

表 5-22　美国教科书评价多维度素养习题具体维度频次统计

单位：道

评价维度	LC+ST	LC+ST+SI	LC+ST+SR	ST+SI	ST+SR	LC+ST+SI+SR
习题数	356	18	11	11	8	4

表 5-23　纳尔逊教科书评价多维度素养习题具体维度频次统计

单位：道

评价维度	LC+ST	ST+SR	ST+SI	LC+ST+SI	LC+ST+SR	LC+ST+SI+SR	LC+SI	LC+SR
习题数	304	6	5	5	4	2	1	1

表 5-24　英国剑桥教科书评价多维度素养习题具体维度频次统计

单位：道

评价维度	LC+ST	LC+ST+SI	LC+SR	ST+SI	LC+SI	LC+ST+SR
习题数	199	10	2	2	1	1

表 5-25　IBDP 教科书评价多维度素养习题具体维度频次统计

单位：道

评价维度	LC+ST	LC+ST+SI	LC+ST+SR	ST+SR
习题数	74	2	2	2

此外，经对比发现，各个版本教科书现有习题中暂未发现 SI+SR（科学探究＋社会责任）以及 LC+SI+SR（生命观念＋科学探究＋社会责任）的素养维度交叉的组合，该现象与科学探究以及社会责任本身各自的素养特性有关。科学探究和社会责任两个维度的素养要求较高，交叉叠加后对学生的各方面要求也将大幅度提升。作为课后习题而言，其目的并非选拔学生，而是评价学习成果、巩固所学知识，因此该类习题较少。且就当前教科书习题的评价方式而言，较难实现同时评价两个操作性较强、具有较大现实意义的素养维度。

总的来说，生物学学科核心素养的四个维度不是孤立的，而是相辅相成的，因此各素养的各方面难以单独评价，习题也需要各素养各方面相互作用共同完成。

三、习题对生物学学科核心素养评价的水平分析

习题评价了学科核心素养的不同维度，且评价了学科核心素养的不同水平。将国内外教科书习题所评价的学科核心素养的水平分别进行统计，结果见表 5-26、表 5-27、表 5-28、表 5-29、表 5-30。

表 5-26　人教版必修教科书习题评价素养水平频次统计

单位：次

评价维度	水平一	水平二	水平三	水平四
SR（社会责任）	3	5	0	0
SI（科学探究）	17	74	24	8
ST（科学思维）	159	177	30	27
LC（生命观念）	245	131	5	9

表 5-27　美国教科书习题评价素养水平频次统计

单位：次

评价维度	水平一	水平二	水平三	水平四
SR（社会责任）	6	15	4	0
SI（科学探究）	0	17	18	0
ST（科学思维）	167	333	92	0
LC（生命观念）	259	281	22	0

表 5-28　纳尔逊教科书习题评价素养水平频次统计

单位：次

评价维度	水平一	水平二	水平三	水平四
SR（社会责任）	12	3	2	0
SI（科学探究）	4	10	3	0
ST（科学思维）	216	279	36	0
LC（生命观念）	434	166	2	0

表 5-29　英国剑桥教科书习题评价素养水平频次统计

单位：次

评价维度	水平一	水平二	水平三	水平四
SR（社会责任）	2	2	0	0
SI（科学探究）	1	13	1	0
ST（科学思维）	56	192	10	0
LC（生命观念）	171	173	3	0

表 5-30　IBDP 教科书习题评价素养水平频次统计

单位：次

评价维度	水平一	水平二	水平三	水平四
SR（社会责任）	3	3	0	0
SI（科学探究）	0	0	3	0
ST（科学思维）	32	71	4	0
LC（生命观念）	85	61	1	0

（一）教科书习题对于学科核心素养的评价主要集中在水平一和水平二

由表 5-26 至表 5-30 可知，在人教版必修教科书、纳尔逊教科书习题中，学科核心素养的评价次数最多的是水平一，而在美国教科书、英国剑桥教科书、IBDP 教科书中，学科核心素养的评价次数最多的则是水平二。虽然各版本教科书习题对于生物学学科核心素养的评价水平分布有一定的差异，但总体而言，习题对于学科核心素养的评价主要集中在水平一和水平二上，且数量远高于对水平三、水平四的评价。

而水平一、水平二的习题相当于学业水平合格考试的水平，其所要求解决的问题相对简单，旨在让大部分学生都能够完成，从而达到课后习题设置的目的。基于对教科书普适性的特点，考虑到不同层次学生的需求，不宜设置太多难度较大的习题，因此，各版本教科书习题对于学科核心素养的评价仅有小部分能够达到水平三，鲜有涉及水平四。

（二）对素养水平三及水平四的评价主要是对科学思维的评价

由表 5-26 至表 5-30 可知，各版本教科书习题对素养水平一及水平二的评价中，主要以生命观念以及科学思维的评价为主，仅有少量会涉及科学探究以及社会责任，这符合不同素养维度的特征，也间接说明生命观念以及科学思维相对较易评价的特点。而对素养水平三及水平四的评价较少，且其中对科学思维的评价仍占较大比例。

对教科书习题中评价水平三的科学思维进行分析，结果见表 5-31、表 5-32、表 5-33、表 5-34、表 5-35。人教版必修教科书习题中大部分是对 ST5：批判性思维以及 ST6：创造性思维的评价，这是因为批判性思维和创造性思维属于高阶思维品质，其所解决的问题较为开放、复杂，对学生要求较高，评价水平也相应较高。如图 5-27 所示例题需要学生基于事实和证据等，对可能的结果或发展趋势作出预测或解释，或需要学生通过逻辑推理阐明个人立场，作出相应的决策，并提供相应的证据来支持自己的观点等。在对该方面素养进行评价时，所评价的水平也相应较高。对素养水平四的评价只在生命观念以及科学思维的评价中有所涉及，这是因为教科书习题的书面作答形式难以满足学生对四级水平的科学探究以及社会责任的评价要求。

表 5-31　人教版教科书习题评价素养水平三中科学思维的具体情况

科学思维的具体要素	ST1：比较与分类	ST2：分析与综合	ST3：归纳与演绎	ST4：抽象与概括	ST5：批判性思维	ST6：创造性思维
水平三中的评价次数（次）	1	4	0	3	23	25

表 5-32　美国教科书习题评价素养水平三中科学思维的具体情况

科学思维的具体要素	ST1：比较与分类	ST2：分析与综合	ST3：归纳与演绎	ST4：抽象与概括	ST5：批判性思维	ST6：创造性思维
水平三中的评价次数（次）	3	47	1	17	9	15

表 5-33　纳尔逊教科书习题评价素养水平三中科学思维的具体情况

科学思维的具体要素	ST1：比较与分类	ST2：分析与综合	ST3：归纳与演绎	ST4：抽象与概括	ST5：批判性思维	ST6：创造性思维
水平三中的评价次数（次）	0	11	1	9	5	7

表 5-34　英国剑桥教科书习题评价素养水平三中科学思维的具体情况

科学思维的具体要素	ST1：比较与分类	ST2：分析与综合	ST3：归纳与演绎	ST4：抽象与概括	ST5：批判性思维	ST6：创造性思维
水平三中的评价次数（次）	1	5	0	3	0	0

表 5-35　IBDP 教科书习题评价素养水平三中科学思维的具体情况

科学思维的具体要素	ST1：比较与分类	ST2：分析与综合	ST3：归纳与演绎	ST4：抽象与概括	ST5：批判性思维	ST6：创造性思维
水平三中的评价次数（次）	0	3	0	1	0	0

2. 在玻璃瓶底部铺一层潮湿的土壤，播下一粒种子，将玻璃瓶密封，放在靠近窗户能照到阳光的地方，室内温度保持在30℃左右。不久，这粒种子萌发长成幼苗。你能预测这株植物幼苗能够生存多长时间吗？如果能，请说明理由。如果不能，请说明你还需要哪些关于植物及其环境因素的信息。

1. 有人认为，工蜂不能繁殖后代，因此，它们适于采集花粉的性状在进化上没有意义。你同意这种观点吗？为什么？

3. "人们现在都生活在各种人工环境中，因此，人类的进化不再受到自然选择的影响。"你同意这一观点吗？写一段文字阐明你支持或反对的理由。

图 5-27　人教版教科书习题对水平三的批判性思维和创新思维评价的示例

　　而国外教科书中，评价水平三的科学思维习题所考查的要素与人教版必修教科书有所不同。美国教科书、纳尔逊教科书评价水平三的科学思维也有较多是对 ST5：批判性思维以及 ST6：创造性思维的评价，而英国剑桥教科书和 IBDP 教科书评价水平三的科学思维却缺乏对 ST5、ST6 要素的评价。另外，国内外教科书在此方面较大的不同体现在，外国教科书习题中有较多对三级水平 ST2：分析与综合、ST4：抽象与概括的评价。这一方面从侧面证明了分析是自然科学中最基本的思维方法，另一方面是由于外国教科书中较常出现作图表的题型，而人教版必修教科书中却很少出现。

（三）生命观念的评价起点略低于其余三个维度素养

　　由表 5-26 至表 5-30 可知，人教版必修教科书、纳尔逊教科书、IBDP 教科书习题对生命观念的评价中占比最大的是水平一，而美国教科书、英国剑桥教科书习题对生命观念的评价中水平一与水平二基本持平。因此，从整体上看，教科书习题对生命观念的评价都以水平一为主，水平三仅占一小部分。但对科学思维、科学探究、社会责任这三个维度的评价则以水平二为主，且对水平三的评价明显较多。由此可见，习题对其余三个维度的评价起点略高于生命观念，如图 5-27 所示的例题，其所要求解决的问题相对复杂，解决问题的程度要求相对较高。

　　通过对教科书习题评价的素养维度进行分析后发现，各个版本教科书习题对于不同维度生物学学科核心素养的评价既有共性又有差异性。在大部分维度的分析中，各个版本教科书习题呈现出较为一致的表现，但在"习题对科学探究素养的分析""习题对多维度素养的评价""习题对生物学学科核心素养评价的水平"中，各个版本教科书习题又呈现出一定的不同。

　　每个版本教科书习题对于不同维度生物学学科核心素养的评价也存在数量和分布上的差异。数量上的差异主要体现在由于各素养维度的特点不同，教科书习题对于生命观念和科学思维维度的评价明显多于科学探究和社会责任维度。而由于各素养维度的内涵不同，所覆盖内容不同，教科书习题对各维度内不同方面具体素养的评价也有所差异。分布上的差异主要体现在由于对生物学学科核心素养的评价基于生物学学科知识，因此对各维度素养评价在不同教科书中存在着数量分布以及章节分布上的差异，尤其是生命观念的评价上体现得较为明显。另外，由于生物学学科核心素养是一个完整的体系，不同维度以及不同方面之间相互联系，因此，一道习题常会同时对多个维度或多个方面的生物学学科核心素养进行评价。通过对教科书习题评价的素养水平进行分析后发现，习题对于素养水平的评价主要集中在一级和二级水平，较少达到四级水平，符合其作为教科书习题的目的和要求，且主要是由于不同维度素养本身存在层次和复杂程度上的实质性差异，而造成评价水平上的差异。

第四节　教科书习题的情境分析

　　当前，通过设置情境化问题来评估学生的生物学学科核心素养已成为国内外研究的共识。由于生物学学科核心素养是基于学生对未来社会发展以及个人生活的需要提出的，具有一定的现实意义，且其形成以及发展处在多种情境中，学生的学科核心素养可通过各种情境来表现和展示，因此，对学生生物学学科核心素养的评价也需要处在相应的情境中。情境蕴涵大量信息，能够为学生提供线索帮助和设置解题限制，而让学生经历各种不同情境、解决有意义的任务，能使学生充分发挥其生物学学科核心素养水平。总之，情境是评价学生生物学学科核心素养发展水平的重要依托。根据所制定的研究工具，笔者对教科书习题中的情境来源、领域以及呈现方式进行了判定、分析。

　　笔者根据习题情境的来源、领域以及呈现方式分别进行分类、统计，在分类过程中发现，国内外教科书中仍有部分习题未设置情境，直接呈现任务要求，无情境的习题也没有相关的解题提示。当学生遇到没有情境支撑的习题时，大多只是较为孤立地回顾生物学知识，而未深入情境中应用一定水平的知识去解决真实的问题，因此，对无情境的习题更多的还是停留在对简单记忆水平的评价，仅考查学生对相关生物学概念掌握的基本情况，并未深入概念的形成或概念的运用等。无情境的习题难以实现学生与学科知识以及现实生活的交流和互动，也难以有效评价学生的生物学学科核心素养。但从另一方面来说，少量无情境习题的出现也可以避免由于过多的情境给学生造成的认知负担。因为在评价中若出现过多情境，学生需要花费大量的时间和精力去理解情境本身，而减弱了对评价任务的关注，阻碍学生展现个人的生物学学科核心素养。也正因为此，习题中通常基于同一个情境设置多个不同的评价任务，寻求评价中情境在量上的适度平衡。若出现过多的无情境习题，则会影响对生物学学科核心素养的评价。因此，需要在确保能够有效评价学生的生物学学科核心素养的前提下，合理设置习题情境的比例。

　　通过分析发现，人教版教科书必修 1 以及必修 2 中的无情境习题多出现于每节课后习题的"概念检测"中，其中多为选择题和判断题，但必修 1 以及必修 2 中无情境习题在数量上存在一些差异，具体如图 5-28 所示，必修 1 中的无情境习题多于必修 2。这与必修 1 以及必修 2 中的知识内容以及习题风格有关。必修 1 是学生学习高中生物学的基础，内容大多为基础性的概念知识。如图 5-29 所示的必修 1 习题，其直接让学生判断相关表述正确与否，未提供任何相关的情境，而直接考查学生对于真核和原核生物的类

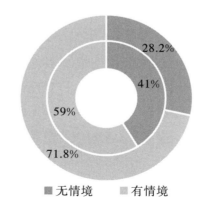

图 5-28　人教版必修教科书习题有情境与无情境比例

（注：图中内圈为必修 1，外圈为必修 2）

别、特征以及蛋白质等相关知识掌握的基本情况。而如图 5-30 所示的必修
2 中"概念检测"的判断题多以现实生活中相应的遗传现象为情境，并据
此情境设置相应的问题。另外在必修 2 有些章节的"概念检测"中并无判
断题，只为学生提供情境，让学生进入情境中去思考问题。

一、概念检测

1. 基于对原核生物和真核生物的理解，判断下列表述是否正确。

（1）真菌和细菌是原核生物。
（　　）

（2）原核生物中既有自养生物，又有异养生物。（　　）

（3）原核生物是单细胞生物，真核生物既有单细胞生物也有多细胞生物。
（　　）

一、概念检测

1. 判断下列有关蛋白质的表述是否正确。

（1）蛋白质彻底水解的产物是氨基酸。（　　）

（2）氨基酸仅通过脱水缩合的方式就可以形成蛋白质。（　　）

（3）只有细胞内才有蛋白质分布。
（　　）

（4）蛋白质的空间结构与其功能密切相关。（　　）

图 5-29　人教版必修 1 中无情境习题示例

一、概念检测

我国大面积栽培的水稻有粳稻（主要种植在北方）和籼稻（主要种植在南方）。研究发现，粳稻的 *bZIP73* 基因通过一系列作用，增强了粳稻对低温的耐受性。与粳稻相比，籼稻的 *bZIP73* 基因中有 1 个脱氧核苷酸不同，从而导致两种水稻的相应蛋白质存在 1 个氨基酸的差异。判断下列表述是否正确。

（1）*bZIP73* 基因的 1 个核苷酸的差异是由基因突变导致的。（　　）

（2）*bZIP73* 蛋白质的 1 个氨基酸的差异是由基因重组导致的。（　　）

（3）基因的碱基序列改变，一定会导致表达的蛋白质失去活性。（　　）

一、概念检测

1. 科学研究发现，未经人工转基因操作的番薯都含有农杆菌的部分基因，而这些基因的遗传效应促使番薯根部发生膨大产生了可食用的部分，因此番薯被人类选育并种植。下列相关叙述错误的是（　　）

A. 农杆菌这些特定的基因可以在番薯细胞内复制

B. 农杆菌和番薯的基因都是 4 种碱基对的随机排列

C. 农杆菌和番薯的基因都是有遗传效应的 DNA 片段

D. 农杆菌这些特定的基因可能在自然条件下转入了番薯细胞

图 5-30　人教版必修 2 中"概念检测"习题示例

由图 5-31 可知，相较于人教版教科书，外国教科书中无情境的习题占比更大，美国教科书、IBDP 教科书无情境习题的比例甚至分别高达 71% 和 67%。通过分析发现，美国教科书无情境习题多出现在每节课后测评的"要点理解"以及章后测评的"属于回顾""要点理解"中，题型多为简答题和选择题。纳尔逊教科书无情境习题则主要分布在每节的"快速检测"中，绝大多数为简答题。英国剑桥教科书的无情境习题主要位于每节的旁栏问题中，题型有简答题和选择题等。IBDP 教科书的无情境试题则分布于每节课后练习中，题型主要为简答。以上 4 个版本教科书的无情境习题考查的内容多为较基础的术语和概念。如图 5-32 所示的美国教科书第 7 章"细胞的结构与功能"第 4 节"细胞运输"的课后习题，未将问题置于一定的情境中，而是直接考查学生对细胞运输类型、质膜控制物质进出细胞的原理等的记忆情况。与人教版教科书相似，外国教科书也有较大一部分习题为学生提供了丰富的情境，如图 5-33 所示的教科书第 12 章"细胞生长与分化"的章末习题，以摘自《科学》杂志上的一篇文章的文段为情境，考查学生对诱导多能干细胞（iPSCs）的了解情况，引导学生从情境中提取信息、解答问题。

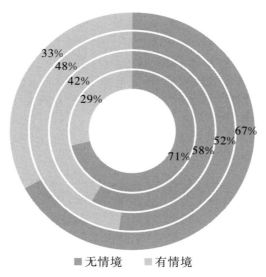

图 5-31　外国教科书习题有情境与无情境比例

（注：图中由内至外分别为美国教科书、英国剑桥教科书、纳尔逊教科书、IBDP 教科书）

Section 4　Assessment

Section Summary

- Cells maintain homeostasis using passive and active transport.
- Concentration, temperature, and pressure affect the rate of diffusion.
- Cells must maintain homeostasis in all types of solutions, including isotonic, hypotonic, and hypertonic.
- Some large molecules are moved into and out of the cell using endocytosis and exocytosis.

Understand Main Ideas

1. MAIN Idea **List and describe** the types of cellular transport.
2. **Describe** how the plasma membrane controls what goes into and comes out of a cell.
3. **Sketch** a before and an after diagram of an animal cell placed in a hypotonic solution.
4. **Contrast** how facilitated diffusion is different from active transport.

Think Critically

5. **Describe** Some organisms that normally live in pond water contain water pumps. These pumps continually pump water out of the cell. Describe a scenario that might reverse the action of the pump.
6. **Summarize** the role of the phospholipid bilayer in cellular transport in living cells.

图 5-32　美国教科书"要点理解"习题示例

1　The following statement appeared in an article by IR Fox et al., 'Use of differentiated pluripotent stem cells in replacement therapy for treating disease', which was published in the journal Science on 22 August 2014.

Unlimited populations of differentiated PSCs
［pluripotent stem cells］should facilitate
blood therapies and hematopoietic stem cell
transplantation, as well as the treatment of heart,
pancreas, liver, muscle, and neurologic disorders.
However, successful cell transplantation will require
optimizing the best cell type and site for engraftment,
overcoming limitations to cell migration and
tissue integration, and possibly needing to control
immunologic reactivity.

Consider this statement and answer the following questions.

a　What challenges must be overcome before the use of PSCs can become a routine clinical practice?

b　What is meant by the phrase 'overcoming immunologic reactivity'?

c　If this article was about the use of induced pluripotent stem cells（iPSCs）, would immunologic reactivity be a challenge?　Explain your response.

图 5-33　纳尔逊教科书习题示例

　　国内外教科书中的大部分习题均设置有相关的问题情境来对学生的学科核心素养进行评价，旨在尽可能真实地为学生提供一个在日常生活中或未来的生产生活中可能会碰到的问题和场景，对学生形成刺激，使其参与情境，调动相应的学科知识，利用思维方法等来解决相应的问题，实现评价知识迁移的不同程度。另外，情境架起了连接评价内容与现实生活的桥梁，体现了生物学与真实生活的密切联系，突出了学以致用，保证了学生对评价内容的认同。

结合以上各图可知，无论从情境来源还是情境领域来说，习题的情境类型多种多样，可借此实现多层次和多方面的生物学学科核心素养评价，使得学科核心素养的评价更加全面，也有利于帮助和引导学生适应现实的生产生活。

一、习题情境来源的分析

按照情境的来源，可分为"个体""地区或国家""全球性"，这三种来源的情境涵盖学生的全部生活范围，利用这三种来源的情境对核心素养进行评价，将在未来增强和维持个人和社区的生活质量以及在公共政策的发展上具有促进作用。对国内外教科书中三种来源的习题情境进行统计，结果见表 5-36、表 5-37。

表 5-36　人教版教科书习题情境来源统计

单位：道

教科书版本	个人	地区或国家	全球性
人教版必修 1	115	25	10
人教版必修 2	119	4	6

表 5-37　国外教科书习题情境来源统计

单位：道

教科书版本	个人	地区或国家	全球性
IBDP	39	0	4
纳尔逊	282	18	36
英国剑桥	125	4	9
美国	129	35	44

（一）以"个体"来源的情境为主，"地区或国家"以及"全球性"的较少

由表 5-36 可知，人教版教科书中"个体"来源的习题情境为三种情境来源中最多的，但必修 1 和必修 2 中"个体"来源的情境各具特色，这与教科书中相关的学科内容不同有关。由于对相应学科内容的学习或与该部分内容相关的素养的培育是基于相关情境的，因此，对相关素养进行评价的情境也应类似于其学习情境，才能保证评价的有效性。必修 1 中内容多为细胞系统层次的学科内容，其对个体的生命活动具有重要作用，在相关内容的学习上以及相关素养的形成上均提供了一些"个体"来源的日常生活以及个人或动植物个体发育过程中的生命活动的情境。如图 5-34 所示，必修 1 中"个体"来源的习题情境，有的是在日常的同伴交往中出现的情形，有的是人体营养物质的摄入和变化，有的是植物个体内物质的输入等有关个人日常生活以及个人或动植物个体内生命活动的情境。这些情境中的对象大多是单一明确的个体，情境中的现象大多都是个人日常学习或者生活中所接触到的。必修 2 中的内容多与遗传相关，其学习情境多为相关的遗传现象，因此，涉及评价的"个体"来源的习题情境也多为遗传现象。如图 5-35 所示习题的情境均与个人家庭生活中个体性状以及疾病的遗传有关，与个体的家庭生活的联系较为密切。

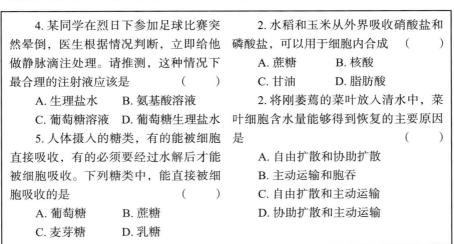

图 5-34　人教版必修 1 中"个体"来源的习题情境示例

2. 人眼的虹膜有褐色的和蓝色的，褐色是由显性遗传因子控制的，蓝色是由隐性遗传因子控制的。已知一个蓝眼男人与一个褐眼女人（这个女人的母亲是蓝眼）结婚，这对夫妇生下蓝眼孩子的可能性是 （ ）
A.1/2　　　B.1/4
C.1/8　　　D.1/6

1. 人的白化病是常染色体遗传病，正常（A）对白化（a）是显性。一对表型正常的夫妇，生了一个既患白化病又患红绿色盲的男孩。回答下列问题。
（1）这对夫妇的基因型是_____。
（2）在这对夫妇的后代中，如果出现既不患白化病也不患红绿色盲的孩子，则孩子的基因型是_____。

4. 某女性患有乳腺癌，她通过基因检测发现自己和女儿体内的 BRCAI 基因都发生了突变。研究表明，该基因突变的人群患乳腺癌的风险比正常人高若干倍。在医生的建议下，她的女儿尽管未发现患乳腺癌，也切除了双侧乳腺。如何评价这一决策？家族中的其他人是否也应进行基因检测？

图 5-35　人教版必修 2 中"个体"来源的习题情境示例

国外教科书中"个体"来源的习题情境在三种情境来源中占比最高，但各国教科书中"个体"来源的习题情境的分布以及内容略有不同，美国教科书"个体"来源的习题情境主要分布在第 10 章至第 12 章以及第 15 章内容中，该部分内容包含遗传学和进化的相关知识，与人教版必修 2 相似，在习题情境内容上多为个体有关的遗传疾病、动植物性状的遗传等。英国剑桥教科书、纳尔逊教科书、IBDP 教科书中"个体"来源的习题情境的分布较为均匀，部分章节为细胞物质、结构、代谢、增殖等相关内容。细胞是最基本的生命系统，它的结构、代谢、增殖于个体而言有着不可或缺的作用，在这些章节的课后习题中也提供了较多关于细胞与个体生命活动相关的情境，也有部分情境与实际生产生活相联系。如图 5-36 所示习题情境贴近个人生活经验，考查了学生对沙门氏菌繁殖速度的掌握情况以及计算能力。除此之外，还有章节介绍了遗传学相关内容，课后习题的情境主要聚焦于个体的遗传疾病分析、农牧业育种工作等。如图 5-37 所示习题的情境与人类遗传病的成因、诊断息息相关，也融入开放式的情境，让学生判断他人观点的正误。

总之，无论是国内还是国外教科书，"个体"来源的习题情境多聚焦于学生的日常生活，情境对象以及现象均来自个体生活经验或个体的生命活动，始终围绕"个体"层面。但也正因为此，大多"个体"来源的习题情境相比"地区或国家"以及"全球性"来源的情境更具有普遍性与基础性，与学生的日常生活联系更为紧密。

MATH in ▶ Biology

6. Imagine that today at 1 P.M., a single *Salmonella* bacterial cell landed on potato salad sitting on your kitchen counter. Assuming your kitchen provides an optimal environment for bacterial growth, how many bacterial cells will be present at 3 P.M. today?

图 5-36　美国教科书中"个体"来源的习题情境示例

6 Demonstrating knowledge and understanding ➔ Some chromosomes，when present as a trisomy in a human，produce obvious signs or clinical conditions in the affected person and are typically diagnosed soon after birth.

a Which chromosomes are these？

b How would these conditions be diagnosed？

c Briefly explain how a trisomy can be produced.

d A student stated：'Strange how the number-1 and the number-2 chromosomes are not examples of clinically recognised trisomies. It must be that they are never involved in a nondisjunction. It looks like only a few chromosomes are subject to that kind of error'.

　　Carefully consider this statement and indicate whether or not you agree with this student and give a reason for your decision.

图 5-37　纳尔逊教科书中"个体"来源的习题情境示例

　　教科书中"地区或国家"以及"全球性"来源的习题情境明显较少，可能是因为相比于"个体"来源的习题情境，这两个来源的习题情境与学生的联系会在较大程度上受到学生不同生活环境的显著影响，因此，考虑到使用对象存在不同的差异以及保证评价的公平性，习题在该两类来源的情境设置较少。这也说明了当设置这两类来源的评价情境时，需要充分考虑所评价对象群体的背景情况以及差异性等，相对于"个体"来源的情境而言，这两类情境的设置更有难度。通过对比发现，这两种来源的情境对学生而言，其熟悉程度大部分属于"关联"或"综合"程度，也在一定程度上佐证了这两种来源的情境与学生之间的联系不如"个体"来源的密切。但这两个来源的习题情境能够从更宽广的视角来评价学生的生物学学科核心素养，且有助于培养学生的大局意识和全球性视野，因此可更均匀地分配设置。

（二）人教版必修2中的"地区或国家"以及"全球性"情境来源的习题多于人教版必修1

"个体"来源的情境在人教版两本必修教科书习题中较为均匀分布，而"地区或国家"以及"全球性"来源的习题在必修2中略多于必修1。这与必修2遗传与进化的内容有关。如关于生物的进化是全人类所共同面对的问题，且生物的进化与适应具有一定的地域性，因此，必修2第6章生物的进化中的较多习题情境是"地区或国家"以及"全球性"来源的。另外，这两种来源的情境大多具有一定的社会性，是评价社会责任的重要载体。如图5-38所示习题示例左侧习题以我国人脸识别技术的实际应用为情境，与遗传学知识产生联系，既可评价学生的科学思维，也可对学生的社会责任进行评价。右侧习题以苯丙酮尿症以及我国针对苯丙酮尿症开展的补助项目为情境，加强学生对于国家相关政策措施的理解，可以评价学生的生物学学科核心素养，还可以激发学生的爱国情怀等。

2. 我国一些城市在交通路口启用了人脸识别技术，针对行人和非机动车闯红灯等违规行为进行抓拍。这种技术应用的前提是每个人都具有独一无二的面孔。为什么人群中没有一模一样的两个人呢？请你从生物学的角度评述人脸识别技术的可行性。

（3）苯丙酮尿症表现为苯丙氨酸的代谢产物之一——苯丙酮酸积累，并从尿中大量排出，而苯丙酮酸在脑中积累可阻碍脑的发育，造成智力低下。从2009年起，我国政府启动了苯丙酮尿症患儿特殊奶粉补助项目，这种特殊奶粉不含苯丙氨酸。启动这个项目的意义是什么？

图 5-38　人教版必修2中"地区或国家"情境来源习题示例

（三）外国教科书中"全球性"情境来源的习题多于人教版教科书

国外教科书中"全球性"情境来源的习题占有情境习题的比例是12.8%，高于人教版教科书必修 1、必修 2 的占比 5.7%。一个重要的原因是国外教科书编写组织如 IBDP 等提倡的国际教育理念——培养学生的国际视野、严谨的治学态度、批判性思维和研究能力，关注学生的全面发展，期望培养学生成为世界公民。这部分"全球性"来源的习题或从科学本质出发，探讨科学技术对科学乃至人类发展的作用，或着眼于全球生态环境以及生物多样性的保护。如图 5-39 所示习题以国际组织为转基因植物等申请专利为情境，引导学生分析现有专利体系对于保护生物多样性的利害关系，评价学生的批判性思维和全球性视野。

Essay Question

Recently, some international trade agreements have allowed scientists and companies to patent the discoveries they make about organisms and their genetic material. For instance, it is possible to patent seeds that have genes for disease resistance and plants that can be used in medicine or industry. Owners of patents now have greater control over the use of these organisms.

Using the information in the paragraph above, answer the following question in essay format.

21. Based on what you know about biodiversity, identify some pros and cons of a patent system. Write an essay exploring the pros and cons of patenting discoveries about organisms.

图 5-39　美国教科书"全球性"情境来源习题示例

二、习题情境领域

（一）习题情境大多属于"健康与疾病""自然资源"领域

由表 5-38、表 5-39 可知，国内外教科书中的习题情境属于"健康与疾病"和"自然资源"领域的较多。两个情境领域的习题在人教版必修 1 以及必修 2 中的分配较为均匀，但是在习题情境的侧重点上略有差异。必修 1

中的"健康与疾病"以及"自然资源"领域的习题情境倾向于关注微观层面，这与必修 1"分子与细胞"的学科内容有关。如图 5-40 所示例题，这些"健康与疾病"领域的习题情境着手点均是细胞器或者细胞周期等细胞层次与个体健康的联系，有些习题聚焦在分子层面与个体健康的联系上。如图 5-41 所示例题，这些"自然资源"领域的习题情境也聚焦于动植物的分子层面或者是生理过程上，这些情境的关注点对于学生而言是不可视或者不常见的微观现象，较为抽象。尽管如此，在必修 1 中这些情境也能够较为有效地评价学生的结构与功能观、物质与能量观、系统观等，而且其对于学生了解个体的生命活动以及在日常生活中维持个体的健康有着促进作用。

表 5-38　人教版教科书习题情境领域统计

单位：道

教科书版本	健康与疾病	自然资源	环境质量	灾害	科学技术前沿
人教版必修 1	43	99	7	1	37
人教版必修 2	52	79	2	0	27

表 5-39　国外教科书习题情境来源统计

单位：道

教科书版本	健康与疾病	自然资源	环境质量	灾害	科学技术前沿
IBDP	19	17	1	1	5
纳尔逊	116	147	2	3	68
英国剑桥	29	48	2	3	56
美国	69	70	28	4	37

　　4.在成人体内，心肌细胞中的数量显著多于腹肌细胞中数量的细胞器是（　　）

A.核糖体　　　　B.线粒体
C.内质网　　　　D.高尔基体

　　2.细胞周期是靠细胞内部精确的调控实现的。如果这种调控出现异常，就可能导致细胞的癌变。因此，研究细胞周期的调控机制对防治癌症有重要意义。感兴趣的同学可以收集这方面的资料，了解其新进展。

图 5-40　人教版必修 1"健康与疾病"领域习题情境示例

2. 水稻和小麦的细胞中含有丰富的多糖，这些多糖是　　　　（　　）

　　A. 淀粉和糖原

　　B. 糖原和纤维素

　　C. 淀粉和纤维素

　　D. 蔗糖和麦芽糖

3. 植物利用硝酸盐需要硝酸还原酶，缺 Mn^{2+} 的植物无法利用硝酸盐。据此，对 Mn^{2+} 的作用，正确的推测是　（　　）

　　A. 对维持细胞的形态有重要作用

　　B. 对维持细胞的酸碱平衡有重要作用

　　C. 对调节细胞的渗透压有重要作用

　　D. Mn^{2+} 是硝酸还原酶的活化剂

图 5-41　人教版必修 1 "自然资源" 领域习题情境示例

相对于必修 1 而言，必修 2 中的 "健康与疾病" 以及 "自然资源" 领域的习题情境则较为具象。如图 5-42 所示例题，这些 "健康与疾病" 领域的习题情境大多关于人体的某些显性特征或遗传病等。如图 5-43 所示例题，这些 "自然资源" 领域的习题情境多涉及动植物的性状以及动植物的物种进化等。尽管它们都发生在基因或者染色体等微观层面，但在情境的设计和描述上却较为具象，拉近了学生与相关情境以及生物学知识之间的距离，便于学生更好地展示相应的生物学学科核心素养，进而实现对其更有效的评价。

3. 人的双眼皮和单眼皮是由一对等位基因控制的性状，双眼皮为显性性状，单眼皮为隐性性状。如果父母都是双眼皮，后代中会出现单眼皮吗？有的同学父母都是单眼皮，自己却是双眼皮，也有证据表明他（她）确实是父母亲生的，对此，你能作出合理的解释吗？你由此体会到遗传规律有什么特点？

二、拓展应用

1. 正常人的体细胞中有 23 对染色体。有一种叫 "13 三体综合征" 的遗传病，患者头小，患先天性心脏病，智力远低于常人。对患者进行染色体检查，发现患者的 13 号染色体不是正常的 1 对，而是 3 条。请尝试使用 "减数分裂中染色体变化的模型"，从精子或卵细胞形成的角度分析这种病产生的原因。

图 5-42　人教版必修 2 "健康与疾病" 领域习题情境示例

3. 某种猫的雄性个体有两种毛色：黄色和黑色；而雌性个体有三种毛色：黄色、黑色、黑黄相间。分析这种猫的基因，发现控制毛色的基因是位于 X 染色体上的一对等位基因：X^O（黄色）和 X^B（黑色），雄猫只有一条 X 染色体，因此，毛色不是黄色就是黑色。而雌猫却出现了黑黄相间的类型，这是为什么呢？是不是雌猫的有些细胞内 X^O 表达，而另一些细胞内 X^B 表达呢？请查找资料，寻找答案。

5. 褐花杓兰和西藏杓兰主要分布于我国西南地区，且分布区域有一定交叉。典型的褐花杓兰，花是深紫色的；典型的西藏杓兰，花是紫红色的。此外，它们还存在花色从浅红到深紫等一系列过渡类型。研究人员通过实验发现，这两种植物能够杂交并产生可育后代。请回答下列问题。

（1）这两种兰花的花色存在一系列过渡类型，能否用二者在自然状态下可以杂交来解释？如果能，能否确定过渡类型就是二者杂交形成的？

（2）研究人员建议将它们合并为一种。这一建议有道理吗？

图 5-43　人教版必修 2 "自然资源"领域习题情境示例

在外国教科书中，"健康与疾病"和"自然资源"情境领域的习题总数量相近，但在各章节的分布有所不同。如美国教科书中这两个情境领域的习题在各章中均有分布，但"健康与疾病"情境领域的习题主要分布在第 9 章至第 13 章以及第 15 章内，这些习题的情境与人教版必修 2 教科书中的情境相似，主要涉及动植物的性状和遗传疾病、进化等，在情境的表述上美国教科书不仅具体，而且力求简洁和直观。如图 5-44 所示习题用简短的题干和配图直观地呈现了美国老鼠梗犬的不同性状以及需要学生解决的问题，有助于学生快速进入情境、理解问题。而在英国剑桥教科书中，"健康与疾病"情境领域的习题主要分布于第 4 章、第 5 章和第 16 章中，主要涉及细胞结构、细胞的增殖、生长、分化以及遗传等相关内容，所示情境多为细胞乃至个体的物质运输、生物体的性状等，较为具体。而"自然资源"情境领域的习题则集中分布在第 2 章、第 12 章、第 16 章和第 17 章中，习题主要考查的内容为生物分子、呼吸作用、光合作用、自然选择与进化等，所示情境或落脚在基因、分子等微观层面，或落脚在生态、物种进化的宏观层面，在情境表述方面较为抽象。如图 5-45 所示习题要求学生列出水稻植物使其能够在沼泽条件下生存的特征，未提供其余辅助信息。

Think Critically

19. **Predict** There are two types of American rat terrier dogs–those without hair and those with hair. The presence of hair is a genetically determined trait. Some female rat terriers with hair produce only puppies with hair, whereas other females produce rat terrier puppies without hair. Explain how this can occur.

图 5-44　美国教科书"健康与疾病"领域习题情境示例

Question

15 List the features of the rice plant that enable it to survive swamp conditions. Annotate your list，so that the value of the adaptation is made clear.

图 5-45　英国剑桥教科书"自然资源"领域习题情境示例

（二）"环境质量"与"灾害"领域的习题情境较少

由表 5-38、表 5-39 可知，国内外教科书属于"环境质量"和"灾害"领域的习题情境较少。特别是"灾害"领域，在人教版教科书现有习题中只发现一道。如图 5-46 所示例题，其以物种入侵的灾害现象为情境，但实际上情境中并未针对具体的"灾害"情况进行描述。除此之外，暂未在人教版教科书中发现其他有关"灾害"领域的习题情境。而在国外教科书中选自"灾害"领域的情境与人教版教科书中的类似，包含物种入侵、丧失森林、热带雨林遭到破坏等，在表述上更为简单直白，如"以下哪个现象是由于热带雨林中森林被破坏造成的？"。但实际上自然或人为灾害类的习题情境如地震、火山、物种灭绝等均是学生较感兴趣的内容，借此内容也可充分反映学生关爱生命的观念、保护环境的生态意识和实践等，因此也是评价学生社会责任等学科核心素养的重要载体，可适当增加这些领域的习题情境。

2. 19 世纪 70 年代，10 对原产于美国的灰松鼠被引入英国，结果在英国大量繁殖、泛滥成灾。对生活在两国的灰松鼠种群，可以作出的判断是 （　　）

A. 两者尚未形成两个物种

B. 两者的外部形态有明显差别

C. 两者之间已经出现生殖隔离

D. 两者的基因库向不同方向改变

图 5-46　人教版必修 2"灾害"领域习题情境示例

值得注意的是，外国教科书中，美国教科书属于"环境质量"情境领域的习题数远远多于其余教科书，习题情境内容主要为环境因素与生物之间的关系。如图 5-47 所示习题以列表的形式展现了影响珊瑚生存的因素及各个因素的范围，为学生提供了分析、判断的依据，同时也促进学生了解生物的生存依赖于优质的环境，从而提升学生保护生态环境的积极性，这是值得我国乃至大部分国家命制教科书习题时考虑借鉴的。

Use the chart below to answer question 11.

Factors Affecting Coral Survival	
Factor	**Optimal Range**
Water temperature	23°C to 25°C
Salinity	30 to 40 parts per million
Sedimentation	little or no sedimentation
Depth	up to 48 m

11. Using the data in the chart, describe which region of the world would be optimal for coral growth.

图 5-47　美国教科书"环境质量"领域习题情境示例

（三）人教版教科书中部分习题情境是多领域交叉的

相较国外教科书，人教版教科书中有部分习题的情境是多领域交叉的，会出现一道习题的情境同时属于多个不同领域的情况。如图 5-48 所示例题，左侧是人教版必修 1 中的习题，其以化石燃料这种能源物质的开采和使用以及所导致的环境问题为情境，因此该习题情境既属于"自然资源"领域，也属于"环境质量"领域；右侧为人教版必修 2 中的习题，其以科学家的研究成果为大背景，而该研究内容又涉及相关生物学技术的应用、动物资源的利用以及相关人类疾病的治疗等，因此该习题情境既属于"健康与疾病"领域，也属于"自然资源"领域以及"科学技术前沿"领域。这些习题的情境均属于两个或两个以上领域，说明了生命活动的复杂性，也意味着学生需要运用一定的科学思维来理解情境、解决问题。因此，可基于这类情境开展对学生科学思维的考查和评价，引导学生分析相关生物学现象或问题的逻辑关系，辩证、理性地看待生物学问题。

（4）有人认为：化石燃料开采和使用能升高大气 CO_2 浓度，这有利于提高作物光合作用速率，对农业生产是有好处的。因此，没有必要限制化石燃料使用，世界主要国家之间也没有必要签署碳减排协议。请查找资料，对此观点作简要评述。	2. 我国科学家将含有人凝血因子基因的 DNA 片段注射到羊的受精卵中，由该受精卵发育而成的羊，分泌的乳汁中含有人的凝血因子，可治疗血友病。下列叙述错误的是（　　） A. 这项研究说明人和羊共用一套遗传密码 B. 该羊的乳腺细胞中含有人的凝血因子基因 C. 该羊分泌的乳汁中含有人的凝血因子基因 D. 该羊的后代也可能含有人的凝血因子基因

图 5-48　人教版教科书中多领域交叉的习题情境示例

三、习题情境的其他特点

（一）与国外教科书习题相比，人教版教科书部分习题情境与问题的相关性较弱

通过对习题情境的研究发现，大部分习题问题是根据情境设置的，问题的作答也需要基于对情境的理解和分析。学生会根据习题情境提供的信息和条件等进行描述、推理预测、解释论证等，显现出情境的价值。而

情境的价值很大程度上取决于问题的设计，若习题题干中提到的信息都为有用信息，即去掉真实情境后无法或较难回答相应的题目，这说明情境与问题之间高度相关，体现了该情境设置的意义。人教版教科书中存在少部分习题的问题与背景的相关性较弱的问题，如图 5-49 所示习题，左侧习题冬小麦在不同月份含水量变化的情境与该题的（3）问之间并无直接关系，（1）（2）问需要学生分析习题情境所提供的图表等信息，运用科学思维来完成相应科学探究过程，需要学生结合部分"水在细胞中的作用"的知识，因此，（1）（2）问本身就需要用到部分（3）问的内容。但（3）问并未提示学生需要基于本题作答，只要求学生直接阐述水在细胞中的重要作用，在无该习题情境下学生同样可以作答。因此（3）问与习题情境之间的相关性较弱。右侧的判断题和选择题均以科学实验为背景，但其问题是在考查概念定义等，与该情境之间相对独立，甚至可以类似于无情境习题。在此类情境与问题相关性较弱的习题中，其情境只是创设了表面的视

1. 在冬季来临过程中，随着气温的逐渐降低，植物体内发生了一系列适应低温的生理生化变化，抗寒能力逐渐增强。下图为冬小麦在不同时期含水量变化关系图。

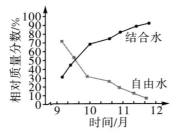

回答下列问题。

（1）冬小麦的含水量从 9 月至 12 月处于下降趋势，请解释原因。

（2）冬小麦的自由水下降非常快，而结合水则上升比较多，这是为什么？

（3）请阐述水在细胞中的重要作用。

1. 在孟德尔的一对相对性状的豌豆杂交实验中，F_1 都表现为显性性状，F_1 的自交后代却出现了性状分离。据此判断下列相关表述是否正确。

（1）隐性性状是指生物体不能表现出来的性状。　　　（　）

4. 研究人员对数千种生物的 DNA 碱基序列进行测定发现，没有任何两个物种的 DNA 序列是一样的。DNA 具有多样性的主要原因是　　　（　）

A.DNA 由 4 种碱基组成

B.DNA 具有规则的双螺旋结构

C.DNA 具有碱基互补配对的特点

D.DNA 的碱基对有很多种不同的排列顺序

图 5-49　人教版教科书习题情境与问题相关性较弱示例

觉效果或营造心理环境，并没有为解答习题提供有用的信息或条件，在某种程度上则相当于无情境习题。因此，此类情境与问题相关性较弱的习题评价生物学学科核心素养的效力非常有限，甚至无法对生物学学科核心素养进行评价。

相较人教版教科书，国外教科书绝大部分习题情境没有大段表述，但是情境与问题之间的相关性较强，学生需从情境中认真提取信息才能较好地解答问题。如图 5-50 所示习题，题干描述了不同生理盐水的浓度、用法及其在治疗病人时发挥的作用，是学生解答问题 a 和 b 的重要线索。该练习题为纳尔逊教科书第 1 章"地球上基本的生命单位"的章末习题，细胞膜的功能、细胞的物质运输作为本章的重点内容之一，不仅需要学生理解概念，更要能将所学知识运用到现实生活中，练习题所示的医疗情境有利于学生将渗透压等相关知识进行迁移和应用。

2 Applying your knowledge and unders–tanding ➜ Sterile saline(NaCl)solutions, with or without glucose, may be used to treat a person in certain circumstances. The treatment may be delivered either orally or directly into a vein by intravenous infusion. The normal salinity level of body cells and the surrounding extracellular fluid is 0.9 per cent sodium chloride.

Fluids that might be administered include：

- normal-strength saline solution with 0.9 per cent saline, with solutes in balance with normal body fluids making the solution isotonic
- half-strength saline solution with 0.45 per cent salt, with fewer electrolytes making it hypotonic to body fluids；or
- double-strength saline, with greater than 0.9 per cent dissolved solutes, making it hypertonic to body fluids.

A patient（MM）is in urgent need of treatment following blood loss. To increase the circulating blood volume and raise the blood pressure, an emergency treatment while waiting on blood typing results, might be the intravenous infusion of a saline solution.

a Would you expect the saline solution selected for this purpose to be：

　i isotonic

　ii hypotonic

　iii hypertonic？

Explain your decision.

b The treatment was given intravenously. Would it be equally effective if given by mouth（orally）? Briefly explain.

图 5-50　纳尔逊教科书习题情境与问题相关性示例

（二）习题情境的呈现方式有差距

经过分析，笔者发现人教版教科书习题的情境在呈现方式上大多直接以文字形式呈现，大量的文字描述可能会造成学生审题疲劳，进而影响习题的评价效果。小部分习题情境以"文字＋图表"或"文字＋图片"的形式呈现。进一步分析发现，习题情境中的图表包括条形图、折线图、数据表格等。如图 5-51 所示习题，图表反映的是数据，是学生解决问题所需的证据，解答此题需要学生对相关数据和证据进行处理和分析等，因此，以"文字＋图表"形式呈现情境的习题大多会对科学思维或科学探究维度素养进行评价。

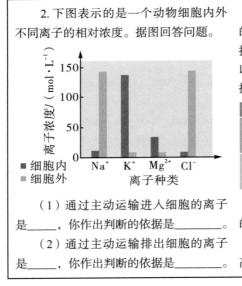

图 5-51　人教版教科书习题情境中图表呈现示例

习题情境中的图片包括流程图、遗传图、模型图等，除此之外，还有一些"背景图"。如图 5-52 所示习题情境图片，这些图片并不包含与问题作答相关的信息，仅是对情境的一种额外的补充说明，更多起到辅助理解情境或美观的作用。

2. 柽柳（见下图）是强耐盐植物，它的叶子和嫩枝可以将吸收到植物体内的无机盐排出体外。柽柳的根部吸收无机盐离子是主动运输还是被动运输？如果要设计实验加以证明，请说出实验思路。

2. 我国一些城市在交通路口启用了人脸识别技术，针对行人和非机动车闯红灯等违规行为进行抓拍。这种技术应用的前提是每个人都具有独一无二的面孔。为什么人群中没有一模一样的两个人呢？请你从生物学的角度评述人脸识别技术的可行性。

图 5-52　人教版教科书习题情境中图片呈现示例

相比人教版教科书习题，国外教科书情境的呈现方式更为丰富，见表 5-40，虽然也有一大部分的习题以文字的方式呈现，但是以"文字＋图片"或"文字＋图表"形式呈现的习题情境也占有一席之地。习题情境中的图表类型与人教版教科书中的类似，有折线图、曲线图、数据表格等。如图 5-53 所示习题的图表，能够直观地将数据呈现给学生，考查学生获得数据、处理数据、分析数据的能力。值得注意的是，该习题图表下方标注了表中所示的数据来源，一方面体现了试题命制的严谨性，另一方面也便于学生依据来源查找相关文献进行自我学习，拓宽视野。

表 5-40　国外教科书习题情境呈现方式统计

单位：道

教科书版本	文字	图片	图表	文字＋图片	文字＋图表	图片＋图表	文字＋图片＋图表
IBDP	17	0	0	20	6	0	0
纳尔逊	212	4	3	70	35	0	12
英国剑桥	56	16	8	30	23	3	2
美国	149	21	5	15	17	1	0

　　通过对国内外教科书习题情境进行对比分析发现，教科书习题大多设置有情境，通过特定的情境来评价学生的生物学学科核心素养。但有少部分习题未设置情境，而是直接给出作答指令，检测学生对相关概念知识的记忆情况，其对核心素养的评价效果不佳。教科书习题的情境来源以及情境领域较广，涵盖学生在现实生活中所能接触到的范围。从情境来源来说，"个体"来源的习题情境明显多于"地区或国家"以及"全球性"来源的情境，其更关注个人生活的方方面面，与学生之间存在直接联系，我国"全球性"情境来源的习题少于国外教科书；从情境领域来说，由于生物学的学科性质，如作为自然科学的基础性、研究对象的特殊性以及与技术紧密相关的应用性等，教科书习题情境中健康与疾病、自然资源以及科学技术前沿领域的情境多于环境质量以及灾害领域的情境。尽管"地区或国家""全球性"来源的情境以及"环境质量"和"灾害"领域的情境在教科书的习题情境中占比较少，但其在评价和培养学生生物学学科核心素养方面发挥着重要作用，因此需加强关注。另外，同种来源或相同领域的习题情境在不同国家教科书中由于学科内容的不同而有不同的侧重点，各具特色。

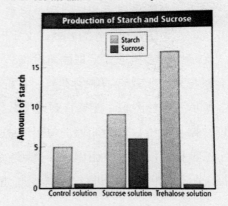

图 5-53　美国教科书习题情境呈现方式统计

第五节　教科书习题的开放性分析

　　开放性习题允许学生突破固定死板的解题思维，打破以往评价中学生处于被动的局面，鼓励学生灵活地、多视角、全方位地看待问题。在学生对开放性习题的作答中，学生的生物学学科核心素养将会一览无余地展现出来，使得对学科核心素养的评价更加全面。根据研究工具，习题的开放性包含四个方面，即条件开放性、情境开放性、策略开放性以及结论开放性。其中，策略开放性主要关注解题过程中的方法和途径，结论开放性则主要关注回答的答案，而这两者在一定程度上与习题的题型密切相关。不同题型的开放性程度不同，如选择题、判断题等封闭式习题的解题方法和结论则较为单一，而开放性的论述题等的解题途径和结论则较为多样化。因此，对教科书习题的题型分析在一定程度上可以反映习题的策略开放性和结论开放性。

一、题型分析

　　根据所制定的研究工具，本书对人教版教科书、IBDP 教科书、纳尔逊教科书、英国剑桥教科书、美国教科书的题型进行了判定、分类，按照开放性程度的顺序排列，主要包括判断题、选择题、填空题、替换题、简答题、论述题、探究题、作图表题、兴趣题九种题型。为了从整体和细节上更好地了解教科书习题的题型情况，本书对教科书习题的题型进行了相应的分类统计和分析研究，结果见表 5-41。经统计发现，人教版教科书中共有 431 道习题，其中，选择题有 130 道，为数量最多的题型，占比 30.2%，其次是简答题和判断题，分别占比 23.4% 和 22.7%，三者总共占比 76.3%；IBDP 教科书中共有 254 道习题，数量最多的题型为简答题，有 197 道，占比 77.6%，只含有选择题、简答题、论述题、探究题、作图表题五种题型；纳尔逊教科书中共有 1184 道习题，数量最多的为简答题，有 838 题，占比 70.8%，其次是判断题，占比 18.4%；英国剑桥教科书中共有 407 道习题，只含有简答题、论述题、探究题、作图表题四种题型，简答题有 325 道，占比 80.0%；美国教科书中共有 1755 道习题，其中简答题有

838 道，占比 47.7%，其次数量较多是选择题和论述题，分别占比 26.1% 和 14.0%。由此可见，5 个版本教科书中的习题类型多样，习题体现了不同程度的开放性，同时，题目设置偏重于传统题型，尤其是简答题。

表 5-41 国内外教科书习题题型统计

单位：道

教科书版本	判断题	选择题	填空题	替换题	简答题	论述题	探究题	作图表题	兴趣题
人教版	98	130	32	0	101	47	13	8	2
IBDP	0	25	0	0	197	14	3	15	0
纳尔逊	218	30	8	5	838	38	10	37	0
英国剑桥	0	0	0	0	325	15	18	49	0
美国	0	458	50	49	838	245	42	73	0

（一）题型较为丰富，以判断题、选择题、简答题等题型为主

表 5-41 所示 5 个版本教科书的习题不局限于单一或者封闭式的题型，从传统的、较为封闭的判断题、选择题和填空题到半开放的简答题或开放的论述题、探究题等均有涉足。不同题型给予学生作答的可能性和自由空间不同，其策略开放性和结论开放性也就不同，因此，题型的丰富多样，一定程度上可以满足不同水平或不同维度的素养评价要求。

虽然 5 个版本教科书习题题型丰富，但仍以判断题、选择题以及简答题为主，均注重学生对基础知识的掌握，主要检验概念理解的准确性，分析概念之间的逻辑关系。以人教版教科书为例，判断题全部出现在每节"练习与应用"的概念检测板块，主要是为了检测学生对本节相关概念等的掌握情况，因此会出现部分直接让学生判断概念对错而无关评价素养的内容，倘若涉及对学科核心素养的评价，大多仅是对学生的生命观念这一单一素养维度进行简单评价，且其只是一种初步具有相应生命观念的体现，因此其所评价的素养水平较低。选择题全部出现在每节"练习与应用"的概念检测板块以及每章"复习与提高"的选择题板块，其在一定程度上与判断题相差无几，仅是选项多少的差异，但正是因为选择题的选项增加，

有些需要学生逐一进行分析，且新教科书中选择题大多以学生较为熟悉的情境为背景，这使得选择题的作答需要进行一定的思维活动，因此大多选择题在对生命观念进行评价的同时，还会对学生的科学思维进行评价。除此之外，由于选择题的情境内容有时会涉及一些科学探究的具体过程或社会中的生物学现象或问题等，因此少量选择题也会对科学探究和社会责任进行评价。如图 5-54 所示选择题，左侧习题以质壁分离复原实验为情境，需要学生对实验现象进行预测；右侧习题以健康中国的举措之一为情境，需要学生明确各种手段的有效性和针对性。习题相应地会对科学探究以及社会责任的具体方面进行评价，但是由于它们以选择题的形式进行评价，其解题途径和结论都较为单一，选项在一定程度上为学生的作答提供了引导和帮助，因此，解题所要求运用的相关维度学科核心素养的水平层次较低，相应地习题所评价的素养水平也较低。判断题、选择题等封闭式习题的问题通常表述得较为明晰，会明确给出解决问题所需的信息等，有且只有一个正确的结论，大多也只存在一个明确的解题途径。该类习题对学生解题过程的关注较少，学生自由思考或发挥的空间也较小，但对于评价低水平的学科核心素养而言，这类习题又是不可缺少的，因为生物学学科核心素养的评价是多层次的，而这是低水平素养能够解决的主要问题类型。

---

3. 假如将甲乙两个植物细胞分别放入蔗糖溶液和甘油溶液中，两种溶液的浓度均比细胞液的浓度高，在显微镜下连续观察，可以预测甲乙两细胞的变化是（　　）

A. 甲乙两细胞发生质壁分离后，不发生质壁分离复原

B. 甲乙两细胞都发生质壁分离，但乙细胞很快发生质壁分离复原

C. 只有乙细胞发生质壁分离，但不会发生质壁分离复原

D. 甲乙两细胞发生质壁分离，随后都很快发生质壁分离复原

2. 预防和减少出生缺陷，是提高出生人口素质、推进健康中国建设的重要举措。下列有关预防和减少出生缺陷的表述，正确的是　　　　　（　　）

A. 禁止近亲结婚可杜绝遗传病患儿的降生

B. 遗传咨询可确定胎儿是否患唐氏综合征

C. 产前诊断可初步确定胎儿是否患猫叫综合征

D. 产前诊断可确定胎儿是否患所有的先天性疾病

图 5-54　人教版教科书中的选择题情境渗透科学探究和社会责任的示例

简答题大多数出现在每节"练习与应用"的拓展应用板块以及每章"复习与提高"的非选择题板块，有少量出现在每节"练习与应用"的概念检测板块。不同于判断题、选择题仅有唯一的答案，简答题在一定程度上允许学生组织自己的语言进行作答，也同于论述题等"言之有理即可"的开放性习题，有着相对明确但不唯一的答案，属于结论半开放性的习题。因其半开放性，使得学生具有较小的自由发挥的空间，学生可以在有限的空间内通过文字展示其学科核心素养。简答题大多要求学生运用学科核心素养较为简单地说明相关概念或现象等，因此多用以评价学科核心素养的中等水平。简答题大量出现而填空题明显减少，旨在让学生更多地尝试作出"解释性"回答而不是"填鸭式"回答。如图 5-55 所示例题，虽设置了填空题的标志性横线，但并非只是让学生简单地选择对象进行填空，后续还设置了对前者的说明解释，侧重于让学生去分析从而找出填空答案的依据。引导学生真正去理解和关注知识的形成过程，有利于培养学生的学科核心素养，同时也能够为评价学生的学科核心素养提供参考的依据，从而更有效地对学生的学科核心素养进行评价。国外教科书中的习题编排呈现出相同的趋势，如纳尔逊教科书中每一节的最后设有"快速

---

　　2. 下图表示的是一个动物细胞内外不同离子的相对浓度。据图回答问题。

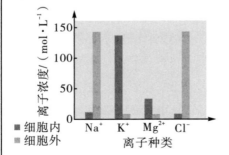

（1）通过主动运输进入细胞的离子是＿＿＿＿，你作出判断的依据是＿＿＿＿。

（2）通过主动运输排出细胞的离子是＿＿＿＿，你作出判断的依据是＿＿＿＿。

　　1. 我国科学家发现在体外实验条件下，某两种蛋白质可以形成含铁的杆状多聚体，这种多聚体能识别外界磁场并自动顺应磁场方向排列。编码这两种蛋白质的基因，在家鸽的视网膜中共同表达。请回答下列问题。

（1）家鸽视网膜细胞表达这两种蛋白质的基本过程是＿＿＿＿＿＿＿＿
＿＿＿＿＿＿＿＿。

（2）家鸽的所有细胞是否都含有这两个基因并进行表达（答"是"或"否"）＿＿＿＿，判断的理由是＿＿＿＿
＿＿＿＿＿＿＿＿＿＿＿＿。

图 5-55　人教版教科书中的简答题示例

检测"栏目，题型全以简答题的形式呈现，在每一章的最后设有"章节复习"栏目，也是以简答题为主，如图 5-56 所示。相比之下，填空题将会在习题、高考试题以及学科核心素养的评价中渐渐"失宠"，占比将会相应减少。

QUICK CHECK

31 What are the inputs to aerobic respiration?

32 What are the end products of aerobic respiration?

33 Where in a cell do the following reactions take place?

　　a The initial breakdown of glucose to pyruvate glycolysis

　　b The major production of ATP

34 Which human tissue has the greater rate of aerobic respiration：kidney or skin?

35 What change occurs in the rate of aerobic respiration by heart muscle when a person changes from resting to strenuously exercising?

图 5-56　纳尔逊教科书中的简答题示例

（二）在论述题上有较大的实质性突破

如图 5-57、图 5-58、图 5-59、图 5-60、图 5-61 所示，除上述三种主要题型外，在剩余题型中，论述题相对占比较多，在人教版教科书、美国教科书、英国剑桥教科书、纳尔逊教科书和 IBDP 教科书习题中占比分别为 10.9%、14.0%、3.7%、3.2% 和 5.5%，且具有许多突破性的尝试。即使是论述题占比相对较少的纳尔逊教科书，也体现出了论述题重视知识的迁移、方法的运用和发散思维的培养，尤其是运用所学知识分析和解决新情境中的问题。如图 5-62 所示人教版教科书中的例题，以及图 5-63 所示的纳尔逊教科书中的例题，大多数论述题均需要学生表明个人对相关技术或说法的观点，并通过搜集资料或利用已有知识组织语言，提供相应的证据来支撑自己的观点，即要求学生为自己的观点或回答提供充足的证据以"自圆其说"。但此类习题的作答并无对错之分，也不存在标准答案，学生可以根据自己的理解，选择文字、图表等合适的方式作答，而评价者根据学生的不同回答判定其生物学学科核心素养的水平，充分体现评价策略和结论的开放性。此类习题不仅关注作答中的科学性，而且关注学生表达陈述中所展现出的思想观念和逻辑思维等，是评价学生命观念以及科学思维的有效方式。特别是对学生的批判性思维和创造性思维等高阶思维品质进行评价，较多需要通过设计此类开放式的问题来开展，以保证能够为学生提供充分的发挥空间。除此之外，此类题目中设置有较多有关生物学的社会热点议题，如克隆人等，让学生进行科学理性的判断、探讨和评价等，是评价学生社会责任的重要载体。学生在作答此类题目过程中可以充分表现自己对相关问题或知识理解的深度和广度，将自己的知识脉络以及思考过程更具体地呈现出来，为学科核心素养的评价提供详细、有力的依据，从而实现对学生的学科核心素养进行有据可依的评价。

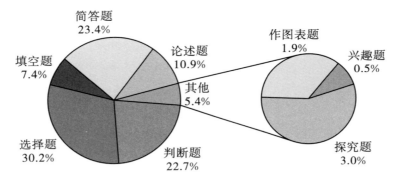

图 5-57　人教版教科书习题题型统计

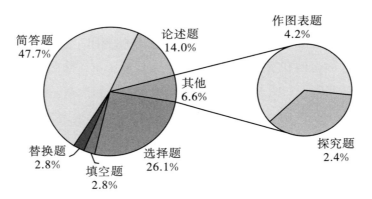

图 5-58　美国教科书习题题型统计

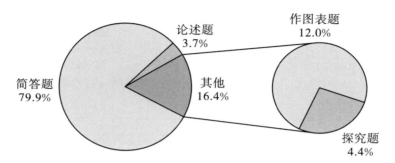

图 5-59 英国剑桥教科书习题题型统计

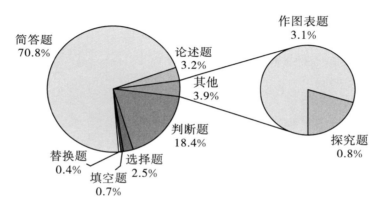

图 5-60 纳尔逊教科书习题题型统计

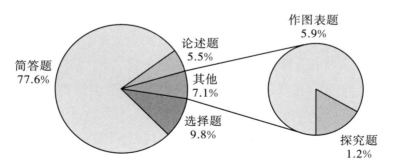

图 5-61 IBDP 教科书习题题型统计

（注：因四舍五入，合计数可能不是 100%）

2. 与传统的生产方式相比，植物工厂生产蔬菜等食物有哪些优势？又面临哪些困难？你对植物工厂的发展前景持什么观点？请搜集资料，结合自己的思考写一篇综述性短文。

3."人们现在都生活在各种人工环境中，因此，人类的进化不再受到自然选择的影响。"你同意这一观点吗？写一段文字阐明你支持或反对的理由。

图 5-62   人教版教科书论述题示例

15 Refer to figure i.30 on page 32.

a By what process do the cells in the salt gland produce a secretion with a much higher concentration than that in the cytosol of the gland cells?

b Does this process require an input of energy?

c Would you predict that a salt-secreting mechanism might also be present in:

- marine turtles
- sea snakes
- freshwater crocodiles?

Briefly explain your decisions

图 5-63   纳尔逊教科书论述题示例

（三）探究题、作图表题、兴趣题等仍较少

如图 5-57 至图 5-61 所示，5 个版本教科书中探究题、作图表题、兴趣题的占比明显较少，探究题占比除英国剑桥教科书外均不超过 4%，其中 IBDP 教科书与纳尔逊教科书中的探究题分别只占 1.2% 和 0.8%。兴趣题寥寥无几，只有人教版教科书中有两题。相比之下，作图表题保留了较多的数量，英国剑桥教科书中的作图表题明显多于其他教科书，占比为 12%。探究题是评价科学探究素养的重要题型，目前教科书中的探究题大致可以分为三类：第一类如图 5-64 所示的理论探究类，要求学生提出假说以解释相应的现象，并通过查阅资料等理论探究的方法来证明假说。第二类如图 5-65 所示的设计实验方案类，学生明确题意或提出假说后，通过设计实验方案，以达到特定的实验目的。第三类如图 5-66 所示的完善探究类，大多探究操作过程已基本完成，但在数据处理或现象解释等环节

上略有欠缺，因此需要学生提出一定的处理方式或作出相应的解释。以上三类探究题在一定程度上对学生科学探究中的提出假说、设计实验方案、数据处理、作出解释等单一的探究技能以及相应的科学思维进行了评价，但无论是以上何种类型的探究题，均属于理论探究或仅是实践探究的"纸上谈兵"阶段，并未涉及实践探究的实际操作内容。而这又是科学探究素养的核心内容之一，若日常学习中缺乏此类有关科学探究的评价，学生在最终阶段性的有关科学探究的评价中将难以有突出、优异的素养表现。因此，在探究题部分，除了可以设置以上三种类型，还可以在探究题的评价内容和形式上作出一些尝试。例如，在评价内容上，可以设计从单一技能的评价到综合多项技能的评价；在评价形式上，可以设计需要实践操作的习题，让学生在日常学习中动手训练，或让学生记录实践操作过程并进行展示，或通过演示等途径完成习题，使得探究题更具实践意义，也使习题的解题策略更加多元化、更加开放，实现对学生科学探究素养的真实、全面、综合的评价。

二、拓展应用

溶酶体内含有多种水解酶，为什么溶酶体膜不会被这些水解酶分解？尝试提出一种假说，解释这种现象。如有可能，通过查阅资料验证你的假说。

图 5-64　人教版教科书理论探究类探究题示例

二、拓展应用

1. 细胞液中物质的浓度对于维持细胞的生命活动非常重要。现提供紫色洋葱鳞片叶表皮细胞，请设计实验，测定该细胞的细胞液的浓度相当于多少质量分数的蔗糖溶液。写出你的实验思路，并分析其中的基本原理。

2. 温度变化会影响水分通过半透膜的扩散速率吗？请你提出假设，并设计检验该假设的实验方案。

图 5-65　人教版教科书设计实验方案类探究题示例

2. 果蝇的灰身（B）对黑身（b）为显性，为了确定这对等位基因位于常染色体上还是 X 染色体上，某研究小组让一只灰身雄性果蝇与一只灰身雌性果蝇杂交，然后统计子一代果蝇的表型及数量比，结果为灰身：黑身 =3：1。根据这一实验数据，还不能确定 B 和 b 是位于常染色体上还是 X 染色体上，需要对后代进行更详细的统计和分析。请说说你的想法。

图 5-66　人教版教科书完善探究类探究题示例

　　目前教科书中的作图表题大致有两种类型。一种是如图 5-67 所示的梳理知识类的作图表题，其让学生回顾学过的知识，引导学生利用图表的形式梳理相关知识。又如图 5-68 所示的纳尔逊教科书中的绘制概念图，列出关键词（也可称其为概念），并且将概念之间通过连接单词或短语来形成命题。因为概念可以以许多不同的方式联系在一起，所以不存在单一的、正确的概念图，题目中还提供了示例。制作图表的过程需要学生运用抽象、概括等思维，将相关理论知识的关键内容抽提出来，并且运用形象思维将其进行图像化处理。另一种则是如图 5-69 所示在已有图表上进行操作的作图表题，这类题目让学生根据习题要求在已有图像的基础上继续进行相应的操作，如修改图中错误、作出相应的标记等，以直观形象地表示某种特定的现象或概念等。

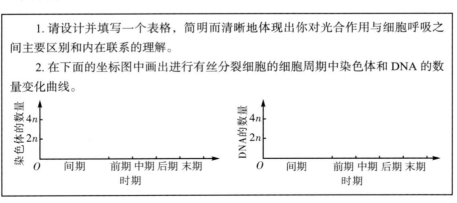

　　1. 请设计并填写一个表格，简明而清晰地体现出你对光合作用与细胞呼吸之间主要区别和内在联系的理解。
　　2. 在下面的坐标图中画出进行有丝分裂细胞的细胞周期中染色体和 DNA 的数量变化曲线。

图 5-67　人教版教科书梳理知识类作图表题示例

1 Making connections ➡ The key words listed above can also be called concepts. Concepts can be related to one another by using linking words or phrases to form propositions. For example, the concept 'compound light microscope' can be linked to the concept 'lenses' by the linking phrase 'contains at least two' to form a proposition. An arrow shows the sense of the relationship: when several concepts are related in a meaningful way, a concept map is formed. Because concepts can be related in many different ways, there is no single, correct concept map. Figure 1.42 shows one concept map containing some of the key words and other terms from this chapter.

Use at least six of the key words above to make a concept map relating to the movement of substances across a cell membrane. You may use other words in drawing your map.

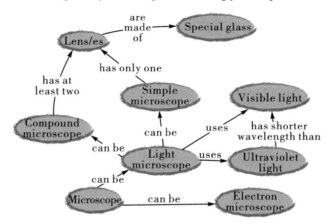

图 5-68　纳尔逊教科书梳理知识类作图表题示例

2. 下图表示最适温度下反应物浓度对酶所催化的化学反应速率的影响。

（1）请解释在 A、B、C 三点时该化学反应的状况。

（2）如果从 A 点开始温度升高 10℃，曲线会发生什么变化？为什么？请画出变化后的曲线。

（3）如果在 B 点时向反应混合物中加入少量同样的酶，曲线会发生什么变化？为什么？请画出相应的曲线。

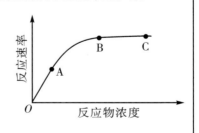

图 5-69　人教版教科书作图表题示例

教科书中的兴趣题屈指可数，如图 5-70 所示例题，该类习题较为明显的特征是其并不要求每一名学生都完成，而是让学生结合个人的兴趣和学习条件等来决定是否开展以及如何完成等。该种题型的习题所涉及的内容多为教科书知识内容拓展延伸的内容，并非要求所有学生必须掌握。其能够充分激发学生的学习兴趣，调动学生的学习积极性，因此，能够完成此类习题的学生通常表现出较高的生物学学科核心素养水平。换言之，该类习题通常用以评价高水平的生物学学科核心素养。在均衡各种题型的设计中，可适当增加一些兴趣题。在这些题型中，除兴趣题仅在人教版必修 1 外，其余题型在人教版必修 1、人教版必修 2 中均有分布，且分布均匀，以满足对不对维度和不同水平的生物学学科核心素养的评价要求。

---

2. 细胞周期是靠细胞内部精确的调控实现的。如果这种调控出现异常，就可能导致细胞的癌变。因此，研究细胞周期的调控机制对防治癌症有重要意义。感兴趣的同学可以收集这方面的资料，了解其新进展。

2. 干细胞疗法让许多恶性疾病患者看到了希望，但也有不少惨痛的教训。有兴趣的同学，可以了解这方面的信息，思考科学、技术和社会的关系。

图 5-70　人教版教科书兴趣题示例

二、条件开放性以及情境开放性

不同题型的开放性是一种相对性的概念，其与多方面因素有关。如在同种题型中，解题策略以及结论的开放性应相差不大，但实际上尽管是同种题型，其开放性程度仍存在一定的差异。如图 5-67 所示例题，这两道习题均为梳理知识类的作图表题，但二者的开放性则有较为明显的差异。两道习题提供作答形式的条件均为图表的形式，看似相同，但所提供的形式条件仍有一定差异，前者仅提示设计表格，学生可制作出不同花样的表格；而后者则提供了空白的、基本要素完整的坐标图，学生可在该坐标图上画出相应的曲线。另外，两道习题的内容条件具有一定的差异，前者内容范围较为宽泛，指向"光合作用和呼吸作用"两种生命活动，学生可以从多个方面如物质、能量、结构、过程等，从不同角度进行区别和关联，从而实现策略和结论的开放性，教师也能据此对不同学生表现出的生物学学科核心素养的不同水平进行评价；而后者内容条件则较为明确，是"有丝分裂中的染色体和 DNA 变化"，其策略和结论则受到作答形式和内容条件的限制，结论相对唯一。由此可见，习题所提供的条件有的是一种约束，有的是一种引导，所提供条件的开放性程度会在一定程度上影响解题策略的开放性以及结论的开放性。

除此之外，开放性的情境能够调动学生的积极性、自主性，使学生在与情境互动的过程中、实际矛盾或冲突的问题解决过程中，展现不同的生物学学科核心素养。情境的开放性指向其开放的价值取向，如相对于"个体"来源的情境而言，"地区或国家"和"全球性"来源的习题情境开放性程度更高。因为其大多基于一定的社会背景，会存在一些具有争议性的问题，如全球气候与能源或转基因等相关问题，这类习题允许学生持有不同的观点，具有结论的开放性。另外，相对于熟悉和关联情境而言，综合情境由于对象和对象行为的复杂性，使得解题中思考的方向也更加多样，解决问题的切入点也更多，进而使得解题策略和结论都具有一定的开放性，利于实现对生物学学科核心素养多维度和多水平的评价。

通过对教科书习题的开放性进行研究发现，习题开放性程度的不同可以满足对不同维度不同水平素养的评价要求。而习题的开放性受多方面因素的影响，不同方面的开放性之间会相互影响，主要表现在习题的内容和设问上，内容一定程度上决定了所提供的条件和情境，设问决定了其题型，题型直接关乎策略开放性和结论开放性，习题条件和情境又会间接影响习题的策略开放性和结论开放性。这四个方面共同决定习题的开放性程度，通常情况下，开放性程度越高的习题，其所评价的素养水平越高或素养维度的交叉融合程度越高。

第六节 教科书习题的真实性分析

关注习题的真实性是为了改进只关注事实性知识再现和回忆的评价方式，引导对学科核心素养这种有现实价值的学习结果进行评价。真实性的评价与学生未来社会生活的现实要求和挑战具有一致性，能够满足对学科核心素养的评价要求。本研究根据 Gulikers 提出的辨别真实性的五个维度对教科书习题的真实性情况进行定性分析。

一、评价任务真实性

一个习题问题即一个评价任务，而一个真实的评价任务对一项评估是至关重要的。学科核心素养是为了满足学生适应未来社会发展和个人生活的需要，对学科核心素养的评价任务应该类似于现实生活中已经历的或将遇到的问题。教科书中习题任务的真实性主要体现在三个方面：评价任务与已有知识的联系，评价任务中知识、技能和态度的整合情况以及评价任务中学生的主体地位。

（一）评价任务与已有知识的联系

由于教科书的习题均是根据各个章节的内容有针对性地进行设计，因此习题的评价任务均以学生已学过的知识为基础。如图 5-71 所示例题，

2. CO_2 浓度增加会对植物光合作用速率产生影响。研究人员以大豆、甘薯、花生、水稻、棉花作为实验材料，分别进行三种不同实验处理，甲组提供大气 CO_2 浓度（375 $\mu mol \cdot mol^{-1}$），乙组提供 CO_2 浓度倍增环境（750 $\mu mol \cdot mol^{-1}$），丙组先在 CO_2 浓度倍增的环境中培养 60 d，测定前一周恢复为大气 CO_2 浓度。整个生长过程保证充足的水分供应，选择晴天上午测定各组的光合作用速率。结果如下图所示。

回答下列问题。

（1）CO_2 浓度增加，作物光合作用速率发生的变化是_____；出现这种变化的原因是_____。

（2）在 CO_2 浓度倍增时，光合作用速率并未倍增，此时限制光合作用速率增加的因素可能是_____。

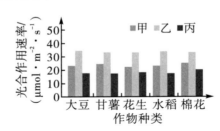

（3）丙组的光合作用速率比甲组低。有人推测可能是因为作物长期处于高浓度 CO_2 环境而降低了固定 CO_2 的酶的活性。这一推测成立吗？为什么？

（4）有人认为：化石燃料开采和使用能升高大气 CO_2 浓度，这有利于提高作物光合作用速率，对农业生产是有好处的。因此，没有必要限制化石燃料使用，世界主要国家之间也没有必要签署碳减排协议。请查找资料，对此观点作简要评述。

图 5-71　人教版必修 1 教科书评价任务真实性的习题示例

其为人教版教科书必修 1 第 5 章复习与提高中的非选择题。该题中的（1）（2）（3）题的评价任务与该节所学的光合作用的知识相关联，（4）题除与光合作用相关联外，还与呼吸作用、环境知识等相关联。

其他版本教科书的习题与人教版教科书习题类似，如图 5-72 所示例题为 IBDP 教科书中第 4 章第 3 节的课后小测习题，该题中的（a）（b）题的评价任务需要综合本节所学的光合作用知识和数学运算，（c）题需将光合作用相关知识与生活经验相联系来作出判断，（d）题除与光合作用、生态学知识相关联以外，还与地理、气象等跨学科知识相关，需要学生联系已有、已学的各学科知识来分析和解决问题。学生在思考评价任务时，会将评价任务与个体所具有的相关知识进行关联，调动已有的知识来分析和解决问题。而在现实生活中遇到相关的生物学问题时，学生也会尝试将问题与学科知识建立联系。这反映了教科书习题任务在与已有知识的联系上与现实情况类似，即体现真实性，也间接说明了对学科核心素养的评价需要建立在一定的学科知识的基础之上。

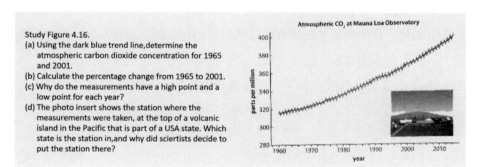

图 5-72　IBDP 教科书评价任务真实性的习题示例

（二）评价任务中知识、技能与态度的整合

大部分教科书习题的评估任务要求学生像现实生活中的专业人士一样整合知识、技能和态度（Knowledge，Skill，Attitude，简称 KSA）来解决问题，这种评价任务中 KSA 的整合的真实性在一定程度上说明了评价任务的复杂性与现实生活的类似性。与现实中不同的问题一样，教科书习题中不同的评价任务的 KSA 整合广度和深度各有所差异，从而实现不同评

价任务对学科核心素养不同维度和不同水平的评价。

　　如图 5-71 所示例题，（1）（2）题的评价任务主要是知识和技能的整合，（3）（4）题的评价任务则将知识、技能与态度进行整合，可见整合的广度有所差异。另外各题中技能与态度的侧重点有所不同，所以整合情况也略微不同。（1）（2）（3）题侧重实践探究方面的技能，如分析图表数据、作出解释等，且（3）题评价任务考查的态度仍是关于对本探究实验中一种推测的态度；但（4）题则侧重获取信息等偏向理论探究方面的技能，其考查的态度则升华至有关环境生态方面的态度问题，因此在一定程度上，（4）题的整合程度比（3）题略高一些。而如图 5-72 所示例题，（a）（b）题主要考查技能，（c）题考查了知识与技能的整合，而（d）题则将知识、技能和态度进行了较高程度的整合，需要学生综合各方面素养以解决问题。

　　一般情况下，评价任务的整合广度越宽，其复杂性越高，真实性也越高，评价的素养维度也越多；整合深度越深，其复杂性越高，真实性也越高，评价的素养水平越高。真实的评价任务强调任务能否完全重现学生现在或将来所处的工作领域或现实生活中的真实问题，但是现实中的问题大多是较为复杂的，对于处在基础教育阶段的学生而言，理解和解决这些问题困难较大，且可能适得其反。过分复杂的评价任务会对学生的认知造成负担，继而会对评价结果以及后续的学习产生消极的影响，真实性的评价任务有些是需要经过某种简化，才能适合基础教育阶段学生的心理发展和教育水平。

　　如图 5-71 所示例题以一项严谨的科学研究为背景，如图 5-72 所示例题基于美国航空航天局的真实检测数据，经过简化处理后形成了一系列复杂程度不同的评价任务，以不同的 KSA 整合情况对不同维度和水平的素养进行评价。在对学科核心素养进行评价的时候，需要从评价对象以及完成任务所需的素养入手，尽量保证评价任务中 KSA 的整合情况和现实中 KSA 的整合情况类似，即寻求二者在深层的反应机制上的一致性，关注学生解决任务的内在过程。大多数真实的问题都是复杂的，涉及多方面知识，有多种可能的解决方案，也有简单的现实生活中的问题，仅涉及单方面知识，仅有一个正确答案。如图 5-73 所示，该评价任务在现实世界中并不复杂，对于高一学生而言，已学过物质运输方式等相关知识，相对而言更为简单一些。

2. 将刚萎蔫的菜叶放入清水中，菜叶细胞含水量能够得到恢复的主要原因是（　　）

A. 自由扩散和协助扩散

B. 主动运输和胞吞

C. 自由扩散和主动运输

D. 协助扩散和主动运输

图 5-73　简单评价任务的习题示例

（三）评价任务中学生的自主性

让学生自主选择、分配任务、发表个人见解等对于学生参与真正的学习和评价至关重要，但在现实生活中，个体的自主性可能受到现实条件的限制，不占主体地位。

如图 5-71 所示，（1）（2）题的关注的是客观存在的实验现象，学生处于一种较为被动的评价状态中，（3）（4）题则侧重于学生个体的想法观念等，允许学生发表相关的个人见解。如图 5-72 所示的例题中，（a）（b）（c）题模拟了科研人员从检测数据中测算、发现问题、作出解释的过程，（d）题是让学生基于已有知识、经验参与空间站、测量地点的选址，发表自己的见解和建议，具有高度的开放性和自主性。因此，评估任务应该根据现实情况来实现不同程度的自主性。

总之，各个版本教科书习题中的大部分评估任务均关注类似现实情况中的问题与已有知识的联系、KSA 整合情况以及自主性程度，确保评价任务具有真实性，保证评价任务与现实生活或工作的联系，这是实现知识迁移、展现素养的基础。只有评估任务是真实的，才可能实现对学科核心素养的评价。

二、物理场景真实性

真实的评估通常涉及高保真度的情境，教科书中的习题通过控制情境的来源以及领域来保障情境的真实性。在情境中直接反映出的一些物理特征，如情境所提供的相关和不相关信息的种类、数量以及时间等，均属于物理场景。这与罗日叶情境分类学中的"内容参数"相似。真实的物理场景能够为学生尽可能真实地展现在现实情况下的学科核心素养水平提供必要条件。

　　各个版本教科书习题的物理场景中通常提供较多相关信息，均能为完成评价任务提供指示或帮助，很难从中发现不相关信息，只在少数的选择题和判断题中，所提供的物理场景的信息对于评价任务而言是无用信息。如图 5-74 所示例题，这两道选择题的物理场景与评价任务之间并无多大关系，其所提供的信息可有可无，对评价任务并不构成影响。习题中的物理场景并未提供任何与评价任务相关的信息，这在一定程度上反映出前面所述的部分习题情境与问题的相关性较弱。另外，在现实的物理场景中除出现无用信息外，还会存在一些干扰信息，这些信息可能会对学生完成评价任务形成一种阻碍，扰乱学生正确完成评价任务，但也能更为真实地评价学生的学科核心素养水平。因此，为了使物理场景更为真实，可在物理场景中提供一些无关信息或干扰信息，以更真实地模拟现实环境。

2. 预防和减少出生缺陷，是提高出生人口素质、推进健康中国建设的重要举措。下列有关预防和减少出生缺陷的表述，正确的是　　　　　　（　　） 　　A. 禁止近亲结婚可杜绝遗传病患儿的降生 　　B. 遗传咨询可确定胎儿是否患唐氏综合征 　　C. 产前诊断可初步确定胎儿是否患猫叫综合征 　　D. 产前诊断可确定胎儿是否患所有的先天性疾病	3. 癌症是当前严重威胁人类生命的疾病，是导致我国城市居民死亡的首要原因。下列有关癌细胞的叙述，错误的是　　　　　　（　　） 　　A. 具有细胞增殖失控的特点 　　B. 癌细胞只有原癌基因没有抑癌基因 　　C. 基因突变可能使正常细胞变成癌细胞 　　D. 细胞膜上糖蛋白减少，癌细胞易分散转移

图 5-74　物理场景提供无关信息习题示例

三、社会场景真实性

　　除了物理场景的真实性，社会场景的真实性也会影响学科核心素养评价的有效性。社会场景是指情境中的社会学特征，如与其他社会个体的互动等。一个真实的评价应该考虑现实生活中存在的社会过程，即评价的社会过程类似于现实中同等情况下的社会过程。因此，如果实际情况中需要合作完成任务，评价也应该涉及合作；如果实际情况是单独处理的，评价也应该以个人为单位开展。

美国教科书、纳尔逊教科书等习题中的小部分习题指明了需要学生合作完成。如图 5-75 所示例题为纳尔逊教科书第 14 章章末检测的最后一题，将科学技术进步可能带来的社会问题呈现给学生，并要求学生进行互

12 Discussion question ➡ In the past, the only test for the presence of chromosomal abnormalities in a fetus was through the use of a procedure known as amniocentesis. Amniocentesis is an invasive screening test that involves obtaining a sample of the amniotic fluid that surrounds the fetus by passing a needle into the uterus. Because this procedure has a one-in-one-hundred risk of causing a miscarriage about 40 per cent of women offered amniocentesis decline to have amniocentesis as they risk losing a healthy fetus.

More recently, a non-invasive screening test has become available that can detect chromosomal and some other abnormalities. This test detects fetal cells in a sample of the mother's blood. This test has a 99 per cent accuracy rate.

Data from the Department of Health in the United Kingdom show that the availability of this non-invasive test has led to a 34 per cent increase in pregnancy terminations in the 3-year period from 2011 to 2014.

Some findings：
■ The highest proportion of terminations（693）were due to the detection of Down syndrome.
■ A small number of terminations（10）were due to the detection of cleft palate, a treatable condition.
■ At least one woman had a termination after a false positive test for a chromosomal abnormality.

Hayley Goleniowska, the mother of an 8-year-old daughter with Down syndrome has commented：'In quieter moments I weep to think of what we could lose... It's not the test that worries me, it's how it is implemented'.

Dr Bryan Beattie, a fetal medicine consultant, has commented：'The real issue next, in around two or three years' time, will be an ethical one—where do you stop? Do you screen for breast cancer genes, for Huntington's—or taking it a step further, test for eye and hair colour?'

Source：J MacFarlane, 'New blood test blamed as women choosing to abort babies with Down's syndrome and other serious disabilities soars 34% in three years', *Mail on Sunday*, 14 June 2015.

Discuss these comments with a group of your classmates.

图 5-75 纳尔逊教科书社会场景习题示例

相交流和讨论。通过还原社会情境中各方共同协商解决社会问题，不仅较好地营造出真实的社会场景，更凸显其对学生社会责任素养的评价。

　　在人教版教科书习题中，多数为单独处理的评价任务，暂未发现需要学生合作完成的习题，人教版必修教科书习题在社会场景的真实性上稍有欠缺。进一步分析发现，有少量习题可以引导学生通过合作完成。如图5-76所示例题，习题中并未提示或指明需要学生合作完成评价任务，但该评价任务可引导学生以小组为单位完成，在完成过程中可使学生之间或者学生与社会产生互动，使学生明确个体责任，形成积极的相互关系等，这些有利于对生物学学科核心素养中的情意要素进行评价，如科学探究中的团队合作意识和能力，以及好奇心、求知欲等。

　　2.我国地域辽阔，古生物化石种类繁多，在生物进化的研究中起着非常重要的作用。下面是我国发现的一些著名的化石群：澄江生物化石群、热河生物化石群、山旺生物化石群、和政生物化石群、关岭生物化石群等。请任选一个化石群或当地已发现的化石群，查找相关资料，向全班同学介绍该化石群中主要的化石，以及该化石群的发现在研究生物进化中的重要意义。

澄江生物化石群的发现地已建成博物馆

图 5-76　人教版必修教科书社会场景习题示例

　　以上三个方面的真实性，既是学生学科核心素养形成和培养过程中的必要保证，也是评价学生核心素养发展水平的重要依托。学生在学校所获得的生物学学科知识或技能，无法升华形成生物学学科核心素养，或无法迁移到现实生活中，原因在于学校的学习活动缺乏真实性，或所依存的情境和任务被简化和抽象，割裂了生物学知识或生物学学科核心素养与现实生活的连接。因此，尽可能真实地模拟现实情况设计评价任务、物理场景以及社会场景，才能确保其对学生的生物学学科核心素养进行评价的真实性和有效性。

四、评价结果真实性

在一定的物理和社会场景下，一项评价任务会形成一个评价结果。评价结果是学生生物学学科核心素养水平的直接反映，是得出评价结论的重要依据。评价结果能够对学生的生物学学科核心素养作出有效的推断，评价结果的真实性在一定程度上直接决定了评价的有效性。

真实的评价结果应该是学生能够在学习过程中完成的思维表现或作品成果。

教科书习题所要求的评价结果大多数为文字表现，如论述题、探究题、兴趣题等，学生可通过创建高质量的回答、小论文或解决方案来展示能力，而选择题、判断题、填空题等，学生给出的符号或文字的质量水平，则相对较难判断。另外，教科书中少数习题会涉及行动表现。如图 5-76 所示，人教版教科书中的习题结果需要"向全班同学介绍该化石群"，这需要一定的行动表现来展现生物学学科核心素养。如图 5-77 所示，纳尔逊教科书中的习题结果需要"同学对真实地震事件进行讨论"，在真实的社会生活背景下，以问题串的形式依次分析讨论地震灾害引发的生物学问题以及解决措施，并且针对每一项措施的作用进行观点表述，使学生知识的迁移、方法的运用和发散思维的过程得到综合呈现。生物学学科核心素养可以指导学生的实际行动，因此，可以适当增加评价结果的不同形式，如写作题、同学合作编短剧等题型。美国教科书中的"生活中的生物学"是单列出来的一类题目，这类题目大部分是提出生活中的一个问题，给出查询的网站，让学生写出自己的观点、建议或者动手实际做些事情，题目实践性较强，且开放性强，没有标准答案。美国教科书的习题中也出现了科技写作的题目，这类题型考查学生查阅、收集、整理资料的能力以及科技类论文写作的能力。而关于作品成果形式的评价结果，在教科书中暂未出现，但作品是学生实践的成果，是评价学生科学探究素养的重要依据，因此，科学探究的评价可以尝试通过增设制作作品的评价任务来开展。

17 Discussion question → In Haiti, a disastrous earthquake in January 2010 killed and injured hundreds of thousands of people, left even more homeless, destroyed buildings and damaged infrastructure including roads, telecommunications, water supplies and water treatment plants. Homeless people sought shelter in camps that soon became overcrowded. Cholera infections broke out and developed into an epidemic. By February 2014, nearly 700 000 cases of cholera had been reported, resulting in more than 8000 deaths.

a What is the causative agent of cholera?

b What causes the particular effects of a cholera infection?

c By what means is cholera spread?

d What possible health consequences would be expected from the destruction of the water supplies and the re-housing of large numbers of people in temporary camps?

e In an attempt to halt the spread of cholera the United Nations and its partners worked with the Haitian Government to introduce measures including:

- repair of water treatment plants
- distribution of water purification tablets and hygiene kits to families
- distribution of oral rehydration salts packs to treatment centres
- introduction of community health education programs
- introduction of oral vaccines for cholera
- introduction of rapid diagnosis tests to distinguish cholera from diarrhoea.

Consider each of these measures in turn and discuss how each might contribute to slowing and stopping the spread of cholera.

图 5-77　纳尔逊教科书社会场景习题示例

　　单一的评价结果无法全面反映学生所有的素养能力，单一的评价任务往往也不能一步到位地实现对所有生物学学科核心素养的评价，真实的评估应该涉及一系列的任务或多重学习指标，以便基于众多的评价结果得出公平的评价结论。教科书在每个章节后平均设置了 9 道习题用以评价相关章节内容或素养能力。另外，在一些习题中利用同一个情境设置了多个评价任务，从宏观和微观层面都形成了一系列的评价任务，这是因为生物学学科核心素养是较为复杂的建构，包含多个不同的维度以及不同的要素等，能够跨越多个不同的评价任务，其复杂性决定了评价个体的生物学学科核心素养需要收集的证据是丰富多样的。孤立单一的评价结果不足以为评价学生的生物学学科核心素养提供充分的依据，只有收集不同情境、时间、形式的多方面评价结果以及在形成结果过程中个体的具体认识、反思和调整等，才能实现对学生生物学学科核心素养较为合理、准确的评价。

除此之外，教科书中的论述题等习题允许学生以口头或书面形式向其他人展示他们的成果，且大多都要求有书面形式的文字说明，为学生提供对自己的表现或形成的作品进行解释、论证或辩护的机会，也为评价者提供了判断对学生生物学学科核心素养的理解和评价是否合理的依据。如图5-76所示例题，要求学生以口头表达形式向全班同学介绍一个化石群，展示个人的评价结果，这种公开展示评价结果或对其进行解释、辩护的方式，有助于学生对自己在任务解决过程中的表现进行反省，审视自己所运用方法以及所得出结论的合理性，进而将评价过程转换成学习过程，实现"以评价促发展"的课程理念。

五、评价标准真实性

评价标准是将评价结果转换成评价结论的重要依据，其在一定程度上会指导学生的学习以及学生的评价结果。基于教科书的使用目的等实际情况的考虑，教科书中没有直接呈现有关各习题的评价标准或答案提示等，这在一定程度上没有实现"事先公布""透明"等评价标准真实性的要求，可能会使部分学生在一些开放性的评价任务中缺乏方向性。但在课堂教学活动过程中教师会有所提示，而且在每章最后的本章小结中，总结了该章需要形成的素养以及素养水平，因此在一定程度上教科书已经将评价标准间接提供给学生。如图5-78所示，这些标准均与生物学学科核心素养的不同维度以及不同水平有关，因此具有一定的现实意义，即学生在未来的工作和生活中遇到类似情况也可以此标准进行评价。其可以向学生提供相应水平的生物学学科核心素养表现的特征信息，可以让学生进一步了解相关维度、相关水平生物学学科核心素养的表现预期，一定程度上可以为学生的表现指明方向。但对于习题中评价任务而言，该评价标准并非十分精细明确，针对性较弱，特别是教科书中的论述题、兴趣题等具有开放性的评价任务，为学生提供了足够充分的表现机会和空间，但同时也增加了对学生多样化的开放性表现进行合理评价的难度。这就需要教师根据具体的评价任务，以学业质量标准所刻画的水平特征为依据，开发相应等级的、具体的描述性评价标准。只有这样，评价的结论才具有可比性和可推广性。

发展素养

通过本章的学习，应在以下几方面得到发展。

●阐明生命活动不仅具有物质基础，还需要能量驱动，而能量的供应和利用都离不开物质的变化（化学反应），物质是能量的载体，能量是物质变化的动力，初步形成生物学的物质和能量观，并尝试运用这一观念解释细胞的生命活动。

●通过本章的探究实践，进一步学会控制自变量，观察和检测因变量的变化，能设置对照组和重复实验，并能将这些方法和技能应用于其他的探究活动。

●基于酶和光合作用的探索历程的学习，认同科学是在实验和争论中前进的，伟大科学家的观点也可能有一定的局限性。科学工作者既要继承前人的科学成果，善于汲取不同的学术见解，又要有创新精神，锲而不舍，促进科学的发展。

●举例说明酶、细胞呼吸和光合作用等科学知识与生活和生产紧密联系，关注这些原理的广泛应用，认同科学技术的重要价值。

图 5-78　人教版教科书中评价标准示例

人教版教科书习题在社会场景中仅关注学生个人的独立，而忽略了合作的过程；在评价标准上仅以本章小结中的"发展素养"为指引，而无其他标准提示。因此，教科书习题在社会场景以及评价标准上的真实性较弱。另外，教科书习题通过与已有知识建立联系、整合知识、技能和态度，凸显学生的主体地位来确保评价任务的真实性；通过提供不同的情境以及信息种类和数量来实现不同程度的物理场景的真实性；通过设置一系列的评价任务和多重指标，让学生向他人进行成果展示以寻求评价结果与形式的真实性。

真实性本身是一个连续的概念，并非只有真实和虚假两个极端，二者中间有许多过渡层次。真实性的五个维度是一个有机的整体，其允许习题在这五个维度的真实性处于不同水平。由于现实情况的复杂性，评价难以完全重现现实世界中的情况，因此，在设计评价时应尽可能做到多方面地接近现实情况。

　　真实性也是一个相对主观的概念，对于不同的学生个体而言存在差异性，同样的评价对有经历的或将来可能遇到的人而言是真实的，而对于没有经验的且未来也不会遇到的人而言，该评价在一定程度上是没有意义的。这也间接说明了教师和评价开发人员认为的真实性与学生认为的真实性不一定相同，要设计真实的评估，需要对评价对象有充分的了解。总之，对生物学学科核心素养进行评价时需要从多方面进行考虑，设计真实性的评价任务、评价情境、评价结果以及评价标准等，让学生处理有意义的问题，增加有价值的教育经历，实现对生物学学科核心素养的评价，帮助学生实现从学校到社会的知识迁移。

第七节　国内外高中生物学教科书中习题分析的结论与启示

　　本章通过分析人教版必修教科书、美国教科书、纳尔逊教科书、英国剑桥教科书和 IBDP 教科书中的习题，尝试了解各版本教科书习题在"评什么"以及"怎么评"两大问题上的联系与区别。本节对各版本教科书习题定量和定性分析的结果进行归纳，总结出各版本教科书习题在评价内容、情境、开放性和真实性四方面的异同，并对未来我国教科书的编研提出启示。

一、国内外高中生物学教科书中习题分析的结论
（一）习题的评价内容

1.指向对生物学学科核心素养的评价，但各有侧重

　　各版本教科书习题对于生命观念、科学思维、科学探究和社会责任四个维度的评价各有侧重，从整体上看，各版本教科书习题对于生命观念、科学思维的评价频次显著高于科学探究和社会责任，生命观念以及科学思维的评价较于科学探究以及社会责任的评价更易实现，说明在不同维度的生物学学科核心素养的评价存在素养的差异。

　　虽然各版本教科书习题对于生命观念各要素评价的侧重有所不同，但

也具有一定的共性，如 LC4：物质与能量观、LC5：信息观、LC1：结构与功能观等要素的评价频次最高，充分体现了生命的本质，即生命系统是物质、能量和信息的统一体。另外，LC3：稳态与平衡观、LC6：系统观以及 LC7：生态观的评价频次明显较少，该现象与本研究所分析的教科书内容仅为必修部分有关。

各版本教科书在对科学思维进行的评价中，ST2：分析与综合的评价频次最多，且成倍地高于其他科学思维要素，其中大部分习题侧重于分析的思维方法上，充分体现了分析是自然科学中最基本的思维方法。另外，与人教版必修教科书相比，国外教科书中有较多的作图表题，美国教科书、纳尔逊教科书、英国剑桥教科书和 IBDP 教科书等外国教科书习题中对 ST4：抽象与概括要素的评价频次明显较高，其中大部分习题侧重于抽象的思维方法。除此之外，人教版教科书习题在评价 ST5：批判性思维和 ST6：创造性思维有较为明显的突破，在评价这两个要素的习题占比上，人教版必修教科书与美国教科书、纳尔逊教科书持平，比英国剑桥教科书、IBDP 教科书的数量更高。由此可知，针对批判性思维和创新性思维的评价在国内已得到了重视。

各版本教科书习题对 SI5：得出结论并作出解释的评价频次最多，而相比之下英国剑桥教科书和美国教科书中的习题更重视对学生 SI1：发现并提出问题、SI3：制定并实施方案要素的评价，仅人教版必修教科书、美国教科书和英国剑桥教科书对 SI6：进行交流与讨论的评价有所涉及，但评价次数都相对较少。原因可能是在习题的评价方式下，相比评价科学探究的其他方面，"得出结论"以及"作出解释"更便于通过文字进行表达，在与同伴的实际交流过程中，关于探究过程以及探究结果的交流和讨论能力体现得更为充分，通过互动形式进行评价更为可靠。

各版本教科书习题对社会责任各要素的评价特点较为一致，即对 SR1：关注生物学中的社会议题的评价频次最高，而仅有人教版必修教科书、美国教科书存在对 SR2 要素的评价。相比之下，人教版必修教科书习题对于 SR3：解决现实有关生物学的问题的评价频次高于其他各国，体现出人教版教科书不仅重视对学生社会责任的情意方面的要求，也强调社会责任的实践层次的要求。

综上，各版本教科书习题对生物学学科核心素养的评价具有整体上的一致性，但在素养中各维度的评价上有各自独特的偏向和侧重。针对不同国家教科书习题在此方面的特性进行研究，可以对习题内容和题型等进行改善，以实现对各素养、各方面评价更广泛和全面的覆盖。

2. 以多维度、多方面的素养评价为主

根据评价学科核心素养的维度数量的分类对各国教科书中的习题进行相应的归类统计之后发现，各国教科书习题呈现出较高的一致性，即少量习题无明显的素养评价倾向，部分习题评价单一维度的素养，大部分习题对多维度的素养进行综合评价。即使是对单一维度素养进行评价的习题，也涉及该维度下属的多个内涵要素，体现各维度素养内不同要素间的相互联系，符合对生物学学科核心素养的认识。在多维度的素养评价中，不同国家教科书习题在各种交叉类型的分布有所不同，但整体而言，LC+ST（生命观念＋科学思维）、LC+ST+SI（生命观念＋科学思维＋科学探究）以及LC+ST+SR（生命观念＋科学思维＋社会责任）的交叉类型较为常见，其余几种交叉组合所占比例均较少。该现象一方面与不同素养各自的素养特性有关，如科学探究、社会责任维度的素养要求较高，交叉叠加后对学生的各方面要求也将大幅度提升，另一方面也在一定程度上反映出不同素养维度之间的关联程度。

总而言之，生物学学科核心素养的四个维度是相辅相成的，各素养的各方面难以单独评价，习题也需要多维度、多方面相互作用共同完成。

3. 侧重评价基础水平的生物学学科核心素养

通过对各个版本教科书习题中生物学学科核心素养评价的水平进行对比研究发现，各版本教科书习题对于生物学学科核心素养的评价水平分布有一定的差异，但总体而言习题对于学科核心素养的评价主要集中在水平一和水平二上，且数量远高于对水平三、水平四的评价。而生物学学科核心素养的一、二级水平是生物学学业合格考试的水平，可以看出各版本教科书对于学科基础的重视。因此，若学生能解决教科书中的基础习题，在一定程度上就意味着学生已达到高中毕业生在生物学学科应该达到的合格要求。

经过对比可见，各版本教科书习题对素养水平三、水平四的评价主要是对科学思维的评价，而生命观念的评价起点略低于其余三个维度素养，通常以水平一的评价为主。值得注意的是，分析发现，人教版必修教科书习题所评价的水平三的科学思维中大部分是对 ST5：批判性思维以及 ST6：创造性思维的评价，在占比上超过英国剑桥教科书、IBDP 教科书，而国外教科书习题中对 ST2：分析与综合、ST4：抽象与概括要素的评价水平高于人教版必修教科书。

综合习题评价的素养维度和水平来看，不同维度的素养因其本身的内涵和性质的不同，其所评价的水平分布有所差异，科学思维中的创造性思维以及批判性思维等高阶思维要求较高，涉及的评价水平也集中在较高水平。另外，本书所采用的水平划分依据是普通高中生物学课程标准中对学业质量水平以及生物学学科核心素养的划分，这些水平表述在一般意义上刻画的学科核心素养及其表现特征，跨越了具体评价任务的抽象理论，但其所给出的水平描述包含相应的学科内容、情境范围限制、行为动词以及个别表现说明等，足以为生物学学科核心素养评价提供标准和依据。

（二）习题的情境

对各版本教科书的习题情境进行分析可知，各版本教科书习题都设置了多样化的习题情境，为不同维度的生物学学科核心素养的评价提供可能性。从来源上说，小至个体的生长发育，大至全球性问题，教科书习题情境均有涉及。不同来源的情境能满足不同维度学科核心素养评价的要求，如"地区或国家"以及"全球性"来源中有较多具有社会性的问题，能够较好地满足对社会责任素养的评价，但人教版教科书这两个情境来源的习题所占比例与外国教科书相比有很大的差距，可相应增加这两类情境来源的习题。从领域来说，教科书的习题情境领域涵盖了个体学习和生活所能接触的关于生物学科的知识领域，能够从多角度出发实现对生物学学科核心素养全方位的评价。情境所属领域与情境内容直接相关，教科书对生物学学科核心素养的评价需要考虑特定的学科内容，情境内容也需要与所学的学科内容保持一致。教科书内容不同，习题情境的领域也会发生相应的变化，无论是何种来源或何种领域的情境，都会考虑其与学生学习以及生活的关联性，即对于学生而言的熟悉程度。过于熟悉的情境，则会类似于对生活常识或对已有学习活动的重复性考核，从而无法提升学生的生物学学科核心素养；过于陌生的情境，对于学生而言也是没有意义的。因此，教科书习题的情境大都是学生较为熟悉的，但是又具有一定的挑战性的新情境。另外，教科书在习题处理上会根据评价需要，将相应的情况和问题等改进成适合用于评价学生现阶段生物学学科核心素养的情境。但在各版本教科书的部分习题情境中，情境与问题的相关性较弱，出现了情境与问题脱节的现象，造成情境意义的丧失。且情境的呈现方式较为单一，均采用文字说明，少量辅以图片或者图表支撑，容易造成学生审题疲劳，降低作答欲望和解题积极性。

（三）习题的开放性

各版本教科书设计了较多开放性习题，允许学生有不同想法，也允许学生为自己的回答辩解、论证等，为学生展现生物学学科核心素养提供充足的空间。人教版教科书在习题设置上与国外生物学课程改革的趋势是一致的：开放题能做到更科学、更完善地评估学生学习质量，测评出学生生物学基础知识的内化程度；能发展学生的高级思维水平，测评出学生在某个特定情境下甄别信息、收集信息、选取信息，并对这些信息进行分析归纳和综合的能力，测评学生在现实生活中解决实际问题的能力；开放题能激发学生主动学习的兴趣，保证学生的主体地位，促使学生主动学习。各版本教科书题目的设置均体现"知识的机械考查并不能对一个即将走上社会的青少年起到很好的作用，学生学习学科知识的最终目的就是解决生活实际问题"的知识取向。

（四）习题的真实性

通过比较不难发现，各版本教科书习题对于生物学学科核心素养的评价充分体现了其对情景真实性的关注，尤其是在任务真实性、物理场景真实性方面，做得较为到位。教科书中习题的评价任务通过与学生已有知识或已学知识建立联系，整合了相关的学科知识、技能和态度，让学生明确和认同评价任务的目的和意义，这是评价生物学学科核心素养的基础条件之一。教科书习题的物理场景通常提供有用和有限的资源，降低了现实世界中无关信息的干扰，使得物理场景针对性更强，评价指向更明确。

人教版教科书习题的社会场景较为单一，仅有个体独立完成的形式，而无与其他个体的互动等，且在个体层面也缺乏相应的竞争因素。这间接说明了教科书习题真正只关注个人的素养发展情况，而不关乎个体间的比较差异等。因此，人教版教科书习题的评价意义大于其比较意义。而美国教科书、纳尔逊教科书习题中可见小部分习题指明了需要学生合作完成，可为人教版教科书提供参考。各版本教科书习题均通过设计一系列的评价任务以求得到更为有效的评价结果，但相比之下，人教版教科书在评价结果的形式上较为单一，几乎全是书面形式，这在一定程度上可以反映出学生的生物学学科核心素养，但不足以充分证明学生的生物学学科核心素养情况。而美国教科书习题中较常出现合作编演短剧等习题形式，增加了评价结果的多样性和真实性。值得注意的是，各版本教科书习题中均未直接展示习题相关的、准确的、公开的评价标准，而评价标准对于学生的表现具有一定的引导作用，对于评价学生的生物学学科核心素养具有一定的参照作用。

二、国内外高中生物学教科书中习题分析的启示

（一）对我国进行生物学教科书习题中核心素养评价研究的启示

习题是教科书的重要组成部分，起到评价和加深概念理解的重要作用。研究高中生物学教科书的习题对于完善教科书习题的研究理论、学科核心素养的评价理论等有着重要的理论意义，有助于建立习题与评价以及生物学大概念连接的桥梁，推动对生物学学科核心素养评价的理论研究。目前，国内外大多数教科书习题的研究更关注评价内容和评价途径，且鲜有专文探讨教科书习题对于生物学学科核心素养的评价问题。本书立足于新课标的颁布与新教科书的使用，着眼于生物学学科核心素养的评价问题，在充分探讨国内外研究成果的基础上，选择人教版高中生物学教科书及4个版本国外教科书的习题，在相关理论的指导下采用定性和定量相结合的方法对其评价的内容、评价的形式等进行分析，为生物学学科核心素养的评价提供明确的导向。

（二）对我国高中生物学教科书中习题编写的启示

教科书习题是教科书的重要组成部分，习题的评价内容、情境、开放性和真实性等因素对于巩固知识、提升学生生物学学科核心素养具有不同的影响。依据前文对中外生物学教科书中习题呈现的研究，从以下四个方面为我国高中生物学教科书编写提出一些启示。

1. 习题评价内容应涵盖多维度、多素养、多层次的评价

由于生物学学科核心素养的四个维度是相辅相成的，各素养、各维度难以被单独评价，习题需要多维度、多方面相互作用共同完成。同时，教科书习题应以基础水平的评价为主，并在此基础上对较高水平的素养进行针对性评价。从总体上看，人教版教科书在评价内容的各方面都与其他4个版本的国外教科书较为一致，整体呈现出涵盖各素养及各素养维度、以基础水平评价为主的形态，符合对生物学学科核心素养进行评价的要求。在具体方面，人教版教科书在ST5：批判性思维、ST6：创造性思维等科学思维素养的评价频次甚至超过了国外教科书，由此可知，针对批判性思维和创新性思维的评价在国内已得到了重视；但在ST2：分析与综合、ST4：抽象与概括等维度的评价上稍弱，尤其是通过作图表题对学生抽象思维方法进行考查稍显不足。因此，教科书习题评价内容的编写应继续保持多维度、多素养、多层次的评价形态，发挥在对批判性思维等高阶思维评价等方面的优势，同时通过增设作图表题型等多种方式加强对抽象思维的考查和评价。

2. 习题编写应注重情境与问题的关联性

与无情境习题相比，情境化习题会呈现问题的背景资料，一些新颖的情境素材，如鲜为人知的科学史、科技前沿、生活现象等，对学生具有很大的吸引力。此类习题不仅能够加深学生对概念的理解，也能使学生对生物学技术前沿、食品和环境保护问题等产生浓厚的兴趣；既有助于学生将所学概念与实际生活相联系，又能起到评价核心素养的作用。经过分析可知，人教版教科书绝大部分习题为情境化试题，能够帮助学生建立概念与生活的联系，使抽象的概念具体化。同时，人教版教科书中存在少部分习题的问题与情境相关性较弱的问题，学生无须从情境中提取信息便能够

回答相应的题目。此类习题的情境仅仅起到营造心理环境、拓宽视野的作用，难以帮助学生进行概念的迁移和应用。因此，在教科书习题编写的过程中，命题者应基于情境素材中蕴涵的知识点、概念等进行问题的设置，或将要考查的知识融入情境信息中，再依据情境素材的内容进行设问，保证习题的情境与问题的关联性。

3. 习题的编写应保证条件和情境的开放性

教科书习题情境及问题中不应设置过多限制性信息和条件，以确保习题情境和条件的开放性，为习题策略的开放性和结论的开放性奠定基础。策略和结论的开放程度与习题的设问形式直接相关，因此，教科书中应设置多样的题型以及各种开放程度不同的习题。其中，教科书习题的论述题、探究题、兴趣题等开放性程度较高，学生可以充分展现自己的生物学学科核心素养，为生物学学科核心素养的评价提供有效、可靠的依据。

4. 习题的编写应加强社会情景、评价结果和标准的真实性

通过比较不难发现，各版本教科书习题在评价任务真实性、物理情景真实性方面都有较好的体现，说明各版本教科书均重视或开始重视习题真实性的重要性。与美国教科书、纳尔逊教科书相比，人教版教科书习题在社会情景真实性、评价结果真实性两方面的体现稍弱。因此，在社会情景方面，可借鉴美国教科书、纳尔逊教科书习题中需要合作完成的题目，在题干中明确强调合作完成的重要性。在评价结果方面，可以参考美国教科书习题的多样化形式，如编演短剧、写诗、制作海报等呈现方式。由于各版本教科书习题在评价标准真实性方面都有所欠缺，因此亟须探寻使评价标准在教科书中得到更好体现的各种方式。

○ 参考文献 ○

[1] 林崇德.学生发展核心素养：面向未来应该培养怎样的人？ [J].中国教育学刊，2016（6）：1-2.

[2] 彭寿清，张增田.从学科知识到核心素养：教科书编写理念的时代转换 [J].教育研究，2016，37（12）：106-111.

[3] 核心素养研究课题组.中国学生发展核心素养 [J].中国教育学刊，2016（10）：1-3.

[4] 张华.论核心素养的内涵 [J].全球教育展望，2016（4）：10-24.

[5] 左璜.基础教育课程改革的国际趋势：走向核心素养为本 [J].课程·教材·教法，2016，36（2）：39-46.

[6] 褚宏启，张咏梅，田一.我国学生的核心素养及其培育 [J].中小学管理，2015（9）：4-7.

[7] 张娜.DeSeCo 项目关于核心素养的研究及启示 [J].教育科学研究，2013（10）：39-45.

[8] 张娜.联合国教科文组织的核心素养研究及其启示 [J].教育导刊，2015（7）：93-96.

[9] 师曼，刘晟，刘霞，等.21 世纪核心素养的框架及要素研究 [J].华东师范大学学报（教育科学版），2016，34（3）：29-37.

[10] 顾秀林，丁念金.核心素养导向的课程改革：新加坡基础教育课程改革刍议 [J].外国中小学教育，2017（4）：68-75.

[11] 魏锐，刘坚，白新文，等."21 世纪核心素养 5C 模

型"研究设计 [J]. 华东师范大学学报（教育科学版），2020，38（2）：20-28.

[12] 张传燧，邹群霞. 学生核心素养及其培养的国际比较研究 [J]. 课程·教材·教法，2017，37（3）：37-44，36.

[13] 林崇德. 构建中国化的学生发展核心素养 [J]. 北京师范大学学报（社会科学版），2017（1）：66-73.

[14] 柳夕浪. 从"素质"到"核心素养"：关于"培养什么样的人"的进一步追问 [J]. 教育科学研究，2014（3）：5-11.

[15] 辛涛，姜宇，刘霞. 我国义务教育阶段学生核心素养模型的构建 [J]. 北京师范大学学报（社会科学版），2013（1）：5-11.

[16] 李艺，钟柏昌. 谈"核心素养" [J]. 教育研究，2015（9）：17-23，63.

[17] 褚宏启. 核心素养的概念与本质 [J]. 华东师范大学学报（教育科学版），2016，34（1）：1-3.

[18] 谭永平. 中学生物学课程在发展学生核心素养中的教育价值 [J]. 生物学教学，2016，41（5）：20-22.

[19] 谭永平. 生物学学科核心素养：内涵、外延与整体性 [J]. 课程·教材·教法，2018，38（8）：86-91.

[20] 赵占良. 对生物学学科核心素养的理解（一）：生命观念的内涵和意义 [J]. 中学生物教学，2019（11）：4-8.

[21] 朱正威. 略论中学生物教学中思想教育的基本点及其原则 [J]. 生物学通报，1988（7）：31-34.

[22] 吴成军. 以生命系统的视角提炼生命观念 [J]. 中学生物教学，2017（19）：4-7.

[23] 胡卫平，林崇德. 青少年的科学思维能力研究 [J]. 教育研究，2003（12）：19-23.

[24] 赵占良. 对生物学学科核心素养的理解（二）：科学思维及其教学 [J]. 中学生物教学，2019（19）：4-7.

[25] 赵占良. 人教版高中生物课标教材中的科学方法体系 [J]. 中学生

物教学，2007（3）：4-7.

[26] 杨蕴丽．表象—抽象—具体 对马克思科学理论思维方法的突破性研究：读施正一教授的《论科学的理论思维方法》[J]．集宁师专学报，2006（2）：47-52.

[27] 赵占良．试论中学生物学的学科本质 [J]．中学生物教学，2016（1/2）：4-8.

[28] 林崇德．中国学生核心素养研究 [J]．心理与行为研究，2017，15（2）：145-154.

[29] 黄四林，林崇德．社会责任素养的内涵与结构 [J]．北京师范大学学报（社会科学版），2018（1）：27-33.

[30] 王颖．高中生物学教材中社会责任素养的内涵与体现 [J]．课程·教材·教法，2020，40（2）：125-131.

[31] 王健．考查科学思维的理科考试命题策略探讨 [J]．中国考试，2016（10）：44-50.

[32] 朱玉军，王香凤．科学核心观念的内涵及其教育价值分析 [J]．化学教学，2017（8）：10-14.

[33] 谭永平．从发展核心素养的视角探讨高中生物必修内容的变革 [J]．课程·教材·教法，2016，36（7）：62-68.

[34] 沈骊天．生命信息与信息生命观 [J]．系统辩证学学报，1998，6（4）：71-73.

[35] 邓国天．生态观与可持续发展 [J]．科学技术与辩证法，1998，15（1）：12-15.

[36] 石鸥，张文．学生核心素养培养呼唤基于核心素养的教科书 [J]．课程·教材·教法，2016，36（9）：14-19.

[37] 张婷婷．美国高中大学先修课程的发展及启示 [J]．教育科学研究，2015（11）：60-66.

[38] 吴慧，任山章．中美高中生物教材中科学本质内容呈现的比较研究 [J]．中学生物学，2017，33（4）：62-64.

[39] 包春莹．例谈国外生物学教科书中关于科学本质的内容及其启示

[J]. 中学生物教学，2017（11）：4-7.

[40] 赵占良，谭永平 . 聚焦学科核心素养，彰显教材育人价值：普通高中生物学教材修订的总体思路 [J]. 课程·教材·教法，2020，40（1）：82-89.

[41] 包春莹 . 例析人教版高中新教科书中关于科学本质的内容 [J]. 中学生物教学，2019（17）：7-11.

[42] 郭舒晨，刘恩山 . 科学本质观中"科学知识可能随着研究的深入而改变"对科学教学的启示 [J]. 生物学通报，2018，53（12）：16-19.

[43] 杜程鹏，李幽兰 . 美国 AP 生物学课程简介及对我国高中生物学教学的启示 [J]. 生物学教学，2009，34（9）：8-10.

[44] 宋洁，李越，邓万燕，等 . 美国 AP 生物学课程革新对我国实验教学的启示 [J]. 中学生物学，2018，34（4）：64-66.

[45] 盛慧晓 . 大观念与基于大观念的课程建构 [J]. 当代教育科学，2015（18）：27-31.

[46] 胡玉华 . 科学教育中的核心概念及其教学价值 [J]. 课程·教材·教法，2015，35（3）：79-84.

[47] 何彩霞 . 对"科学主题"、"科学观念"的认识 [J]. 北京教育学院学报，2001，15（3）：51-54.

[48] 毕华林，万延岚 . 化学基本观念：内涵分析与教学建构 [J]. 课程·教材·教法，2014，34（4）：76-83.

[49] 谭永平 . 发展学科核心素养：为何及如何建立生命观念 [J]. 生物学教学，2017，42（10）：7-10.

[50] 赵蓉英 . 论知识网络的结构 [J]. 图书情报工作，2007，51（9）：6-10.

[51] 宋振韶 . 教科书插图的认知心理学研究 [J]. 北京师范大学学报（社会科学版），2005（6）：22-26.

[52] 赵占良 . 生物学教学强化知识间逻辑联系的意义和策略 [J]. 生物学通报，2009，44（9）：28-31.

[53] 蔡铁权，陈丽华 . 科学教育中的科学写作 [J]. 全球教育展望，2010，39（4）：85-89.

[54] 安军 . 高三生物学专题复习：生物学知识与进化的联系 [J]. 生物学通报，2013，48（9）：42-45.

[55] 谭永平 . 生物进化内容与我国中学生物教育 [J]. 课程·教材·教法，2004，24（5）：93-96.

[56] 赵玲 . 现代生物进化思想的两次飞跃及其哲学意义 [J]. 吉林大学社会科学学报，1994（3）：93-95，87.

[57] 李佳涛，王静，崔鸿 . 以"学习进阶"方式统整的美国科学教育课程：基于《K-12 科学教育框架》的分析 [J]. 外国教育研究，2013，40（5）：20-26.

[58] 胡玉华 . 美国《新一代科学教育标准》的设计理念及启示 [J]. 中小学管理，2015（8）：27-29.

[59] 吴成军 . 基于生物学核心素养的高考命题研究 [J]. 中国考试，2016（10）：25-31.

[60] 李文明，吕福玉 . 信息的本体论意义与传播学价值 [J]. 山西大学学报（哲学社会科学版），2017，40（1）：48-58.

[61] 侯金川 . 物质·能量·信息统一论 [J]. 湘潭大学学报（哲学社会科学版），1997，21（5）：110-114.

[62] 沈骊天 . 系统哲学：21 世纪的先进世界观 [J]. 系统科学学报，2018，26（1）：1-8.

[63] 倪鹏云 . 系统科学与信息科学相结合的哲学思考 [J]. 系统辩证学学报，2003，11（1）：61-66，75.

[64] 冯亮 . 信息的本质及表现形态 [J]. 江西社会科学，2016，36（10）：33-38.

[65] 王信理 . 信息及其对生态系统的控制 [J]. 生态学杂志，1988，7（4）：45-50.

[66] 姜璐，范智 . 信息定义的探讨 [J]. 系统辩证学学报，2004，12（2）：28-30.

[67] 洪昆辉 . 再论信息的本质及特征 [J]. 云南行政学院学报，2002（2）：58-61.

[68] 李建会. 生命是什么？ [J]. 自然辩证法研究，2003，19（4）：86-91.

[69] 田爱景，李宗荣，林雨霖，等. 论生命及非生命信息运动的一般规律 [J]. 医学信息，1998，11（10）：21-25.

[70] 王天祥. 论在高中生物学教学中渗透信息观的意义和途径 [J]. 课程·教材·教法，2021，41（3）：117-122.

[71] 刁生富. 中心法则与分子生物学的生命观 [J]. 自然辩证法研究，2003，19（11）：21-24.

[72] 汪勇. 从信息传递的角度构建高中生物学知识框架 [J]. 生物学通报，2015，50（12）：33-35.

[73] 詹引，胡玉宁. 信息学三定律及其在生命信息学领域的体现 [J]. 卫生软科学，2009，23（2）：213-215.

[74] 邬焜. 物质思维·能量思维·信息思维：人类科学思维方式的三次大飞跃 [J]. 学术界，2002（2）：60-91.

[75] 赵占良. 试论提升学生的生物学理解力 [J]. 课程·教材·教法，2003（1）：58-61.

[76] 谭永平. 从发展核心素养的视角探讨高中生物必修内容的变革 [J]. 课程·教材·教法，2016，36（7）：62-68.

[77] 包春莹. 全面提升学生核心素养，为健康中国和美丽中国助力：人教版选择性必修1《稳态与调节》教材介绍 [J]. 中学生物教学，2020（16）：4-11.

[78] 李宗荣，周建中，张勇传. 关于生命信息学研究的进展：以不违背热力学第二定律的方式理解生命 [J]. 自然辩证法研究，2004，20（3）：63-66，101.

[79] 闵家胤. 信息：定义、起源和进化 [J]. 系统辩证学学报，1997，5（3）：18-22.

[80] 陈梅香，连榕. 情境学习理论在教育中的应用 [J]. 当代教育论坛（上半月刊），2005（4）：32-36.

[81] 赵占良. 生物学教学强化知识间逻辑联系的意义和策略 [J]. 生物

学通报，2009，44（9）：28-31.

[82] 王健 . 试论科学教育中科学史的教育价值 [J]. 新课程教学，2014（2）：4-9.

[83] 刘丹 . 试论高中生物学教材基于核心素养的情境创设：HOLT McDOUGAL 版 *BIOLOGY* 遗传部分的启示 [J]. 中学生物教学，2018（5）：4-7.

[84] 赵占良 . 普通高中生物新课标教材的设计思路 [J]. 课程・教材・教法，2004，24（12）：59-63.

[85] 包春莹 . 关于高中生物教科书图文整体设计的思考 [J]. 课程・教材・教法，2017，37（10）：110-114.

[86] 谭永平 . 促进生命观念建立的数字教学资源开发应用 [J]. 中小学数字化教学，2018（2）：4-6.

[87] 王金，胡兴昌 . 基于核心素养的高中生物教学情境设计策略 [J]. 现代中小学教育，2017，33（10）：45-48.

[88] 柳夕浪，张珊珊 . 素养教学的三大着力点 [J]. 中小学管理，2015（9）：7-10.

[89] 陈彦芬，高秀岭 . 英国国家科学课程标准中的科学探究 [J]. 上海教育科研，2005（6）：33-36.

[90] 王俊民 . 澳大利亚科学素养测评框架探析及启示 [J]. 外国中小学教育，2019（3）：47-56，46.

[91] 中国社会科学院语言研究所词典编辑室 . 现代汉语词典 [M].7 版 . 北京：商务印书馆，2016：1237.

[92] 李建会 . 生命科学哲学 [M]. 北京：北京师范大学出版社，2006：1.

[93] 哈伦 . 以大概念理念进行科学教育 [M]. 韦钰，译 . 北京：科学普及出版社，2016：18-19.

[94] 王幼殊 . 马克思主义认识论：哲学体系初探 [M]. 昆明：云南人民出版社，1990：335.

[95] 金观涛，刘青峰 . 观念史研究：中国现代重要政治术语的形成 [M]. 北京：法律出版社，2009：3-5.

[96] 迈尔.生物学思想发展的历史 [M].涂长晟，等译.2 版.成都：四川教育出版社，2010：45-49.

[97] 薛定谔.生命是什么 [M].罗来鸥，罗辽复，译.2 版.长沙：湖南科学技术出版社，2007：69-70.

[98] 维纳.控制论 [M].郝季仁，译.2 版.北京：科学出版社，1963：133.

[99] 肖峰.信息的哲学研究 [M].北京：中国社会科学出版社，2018：2.

[100] 周鸿铎.信息资源开发利用策略 [M].北京：中国发展出版社，2000.

[101] 吴相钰，陈守良，葛明德.陈阅增普通生物学 [M].4 版.北京：高等教育出版社，2014：48-51.

[102] 恩格斯.自然辩证法 [M].中共中央马克思恩格斯列宁斯大林著作编译局，译.北京：人民出版社，1971：277.

[103] 翟中和，王喜忠，丁明孝.细胞生物学 [M].3 版.北京：高等教育出版社，2007：227.

[104] 中华人民共和国教育部.普通高中生物学课程标准（2017 年版）[M].北京：人民教育出版社，2018.

[105]（美）国家研究理事会.美国国家科学教育标准 [M].戢守志，金庆和，梁静敏，等译.北京：科学技术文献出版社，1999：146-216.

[106] 王金刚.义务教育初中生物教材科学探究的比较研究 [D].武汉：华中师范大学，2013.

[107] Ministry of Education，Singapore.21st Century Competentcies[EB/OL][2021-09-24]. https：//www.moe.gov.sg/education-īn-sg/21st-century-competencies.

[108] ABD-EL-KHALICK F. Images of nature of science in middle grade science trade books[J]. New Advocate，2002，15（2）：121–127.

[109] ABD-EL-KHALICK F，WATERS M，LE A P. Representations of nature of science in high school chemistry textbooks over the past four decades[J]. Journal of Research in Science Teaching，2008，45（7）：835-855.

[110] International Baccalaureate Organization. Biology guide : first assessment 2016[M]. International Baccalaureate, 2015: 1-169.

[111] National Research Council. National science education standards[M]. Washington, D.C.: National Academy Press, 1996.

[112] NGSS Lead States. Next generation science standards: For states, by states[M]. Washington, DC: The National Academies Press, 2013.

[113] LEDERMAN N G, LEDERMAN J S. Nature of scientific knowledge and scientific inquiry: Building instructional capacity through professional development[M]// Fraser B J, Tobin K G, McRobbie C J (Eds.) . Second International handbook of science education, 2012: 335-359.